L'AVION, POUTINE, L'AMÉRIQUE... ET MOI

MARC DUGAIN

L'AVION, POUTINE, L'AMÉRIQUE… ET MOI

roman

ALBIN MICHEL

1.

La fête capitaliste, c'est à ça que j'assistais du haut d'un gratte-ciel de Manhattan. Imaginez-vous New York à la fin des années 1980 pour un jeune Français d'une trentaine d'années qui rêvait de cette Amérique nourricière de tant de fantasmes. C'est là qu'il fallait être. À Londres aussi, mais New York pour la finance, c'était comme le golf de St Andrews en Écosse pour les golfeurs. J'étais installé dans ces bureaux depuis un peu plus de dix-huit mois, après avoir travaillé trois ans dans la filiale de cette banque américaine à Paris. Ils m'avaient engagé là-bas comme « scout », un peu dans le genre de ces pisteurs qui servaient autrefois l'armée américaine en territoire amérindien.

Pour situer le contexte de la période dont je parle, il faut se souvenir que le capitalisme s'était remis de deux gros chocs pétroliers avant de refleurir pendant que le bloc soviétique embourbé en Afghanistan, épuisé par sa course folle aux armements, commençait à s'affaiblir, et déjà, après son effondrement prévisible, on spéculait sur un modèle économique unique qui recouvrirait la planète de sa bienveillante prospérité, sonnant la fin des idéologies, le cancer du siècle, pour ne plus suivre qu'une seule voie, celle de la richesse infinie. Reagan jouait son texte de président de l'orthodoxie libérale, et Thatcher, sa vassale britannique, pourfendait les mineurs qui osaient vouloir vivre de leur travail et lui survivre, pendant que Mitterrand donnait aux socialistes le goût de l'argent, du vrai argent, lui qui avait financé une bonne partie de sa campagne électorale avec des faux billets.

Bien sûr, j'avais les diplômes et le cursus qui correspondaient à leurs attentes mais surtout j'avais fait mes armes dans l'administration. Ils s'imaginaient que je connaissais les codes qu'ils peinaient à déchiffrer parce que le modèle français était unique au monde. Les castes, les grands corps, ils parvenaient à peu près à s'imaginer leur fonctionnement en réseaux, la franc-maçonnerie un peu moins, mais ce qui les intriguait surtout, c'était cette façon qu'on avait d'aimer l'argent tout en faisant semblant de s'en désintéresser, attitude qui conduisait à un système économique hybride inspiré par une protection sociale qu'ils trouvaient inutile. Les Américains se méfiaient de nous parce que depuis les premiers jours de la résistance contre l'occupant nazi, nous avions balancé entre le communisme et le gaullisme. Leur attitude se fondait sur une vieille inimitié entre deux grands hommes, de Gaulle et Roosevelt, laquelle avait conduit par la suite notre célèbre général à prendre ses distances dans des proportions que notre libérateur jugeait suspectes. Les Américains nous considéraient comme des crypto-communistes, sidérés de voir que l'État se chargeait à ce point de répartir les richesses alors que de leur point de vue, chacun ne devait compter que sur son mérite, sa brutalité à éliminer ses concurrents, à charge pour lui ensuite de participer à des œuvres de charité, de procéder à des donations afin de bien affirmer sa supériorité, sa condescendance, en l'échangeant contre une forte reconnaissance sociale.

Bref, voilà comment je suis devenu l'interface modeste entre deux façons de faire de l'argent, l'une débridée, l'autre alambiquée.

2.

Les Américains ne regardent que le résultat, et des résultats, ils ont fini par en avoir, en particulier dans le financement aéronautique, domaine dans lequel je me suis retrouvé. Le marché était en pleine expansion, tout en connaissant des crises régulières. Mais il n'était pas encore confronté à la folie qu'il allait vivre quelques années plus tard avec l'apparition du low-cost. Une ère de démocratisation sans précédent propulsait dans le ciel des millions de passagers lancés à la découverte légitime d'un monde qu'ils allaient passablement saccager, le nombre étant pour la nature l'ennemi du bien. En attendant, la lutte entre Boeing et Airbus faisait rage, et les conditions financières comptaient autant que le prix des avions. La corruption s'ajoutait dans certaines transactions pour faire la différence, une pratique qui prenait une forme variable selon les pays. Après deux ans passés dans cet univers très particulier, on m'a proposé de continuer à exercer dans ce domaine, mais depuis New York cette fois. Je l'ai vécu comme une consécration ouvrant la porte sur un monde fantasmé. Mon grand-père paternel avait servi dans la marine américaine pendant le dernier conflit mondial, et il en était revenu avec la médaille du courage de la ville de New York pour avoir sauvé une dizaine de marins américains lorsque, en sortie de port, son navire en avait éperonné un autre.

Mon autre grand-père et mon père avaient été gaullistes et m'avaient transmis leur méfiance pour cet eldorado où la réalité pouvait se montrer bien différente de l'image projetée, mais malgré cela, les États-Unis exerçaient sur les gens comme moi un pouvoir d'attraction irrésistible. L'autre partie de ma famille avait été communiste jusqu'à la répression russe du soulèvement hongrois en 1956, et le sentiment diffus de traîtrise qui aurait pu m'habiter n'a pas résisté à l'enthousiasme du grand saut dans cette civilisation qui dominait le monde.

L'Amérique ne serait pas parvenue à attirer et à fédérer autant d'individus de différentes origines et de différentes cultures si elle ne l'avait pas fait autour d'une seule valeur, exclusive, incontestable et facile à comprendre : l'argent. Pour quelqu'un qui avait baigné autant dans le gaullisme que dans le communisme, aussi pénétré d'esprit critique que je pensais l'être, ce choix de quitter la France, même pour quelques années, n'avait rien d'évident. Il m'a fallu mettre de l'ordre dans mes idées. Je l'ai fait en me persuadant que j'étais là pour convaincre ma mère dans sa tombe que celui qu'elle avait longtemps considéré comme un artiste bon à pas grand-chose pouvait réussir selon ses propres critères. Ensuite, je voyais l'opportunité de gagner de l'argent comme un moyen d'acquérir mon indépendance un jour et de ne plus avoir à servir quiconque, parce que j'avais trop aimé mon père pour tolérer qu'un autre que lui me donne des ordres. Je m'étais fixé l'objectif d'y parvenir à quarante ans. Pour quelle nouvelle vie ? Je n'en avais pas la moindre idée.

3.

La force de l'Amérique, c'est qu'elle n'offre pas vraiment d'alternative autre que de s'immerger dans le système en renonçant à son esprit critique pour le remplacer par une forme de naïveté émerveillée, ou de le fuir en acceptant une marginalité douloureuse.

Dans notre département, qui occupait tout un étage d'une tour vertigineuse, les règles reposaient sur un principe simple. Nous gagnions déjà largement notre vie mais aucun d'entre nous ne pouvait s'enorgueillir d'aligner à la fin de l'année une somme à sept chiffres, expression financière du Graal. C'était pourtant ce que nous devions viser. On vivait un étrange mélange de lutte féroce pour s'attribuer des clients en propre, et de franche collaboration pour que la banque ne les perde pas par excès de concurrence entre nous, ce qui demandait un talent d'équilibriste.

Une seule femme exerçait à notre niveau de responsabilité et elle était redoutable. Il n'était pas question pour elle d'égaler les hommes de l'équipe, elle visait seulement à les anéantir. Elle n'avait pour cela aucun état d'âme. Mais la cohésion du groupe nécessitait de faire semblant de former une famille et de se comporter à certains moments précis comme des amis de toujours, décontractés et profondément chaleureux. En dehors de quelques sorties communes organisées par la banque pour resserrer artificiellement les liens, le temps d'un match des Knicks de New York par exemple, on se devait d'être irréprochables pendant les grands-messes auxquelles étaient conviés nos principaux clients et investisseurs, des week-ends de ski dans le Vermont ou dans l'Utah, ou des tournois amicaux de golf en Floride. On passait beaucoup de temps à divertir nos clients en leur offrant des séjours d'une exquise convivialité, histoire de renforcer nos relations par un sentiment d'amitié complètement factice.

Je me souviens de m'être pris de sympathie pour le directeur financier d'une compagnie aérienne de l'Ouest, un brave type dont le rayonnement me semblait dépasser le simple cadre des compétences qui l'avaient mis là. Nous avons fait plusieurs opérations ensemble qui m'ont valu de gagner et de faire gagner à la banque beaucoup d'argent. Après tout ce temps, je me souviens encore de son nom. Il s'appelait Bruce Sneider. Il nous arrivait, lors de moments partagés, de parler d'autre chose que de business, et en ces occasions il montrait une curiosité et un sens critique rares chez ce genre de personnes. Il a quitté son poste trois ans après le début de notre collaboration pour un secteur qui ne présentait aucun intérêt pour notre service. J'ai essayé de garder le contact avec lui mais un de mes collègues, l'apprenant, m'a reproché cette perte de temps. Les clients qui sortaient de notre orbite sans espoir d'y revenir devaient disparaître de nos préoccupations pour toujours. Jouer la comédie de l'amitié résultait d'une aptitude étrangère à mes gènes, et je devais prendre en compte que seule la relation d'intérêt importait. C'était un peu comme vivre avec quelqu'un qui simule délibérément le plaisir dans l'amour, au bout d'un temps, cela vous renvoie à une insincérité déstabilisante.

*

Tout était faux, nos rapports entre nous comme nos relations avec nos clients. Il fallait juste espérer retrouver un peu d'authenticité à la maison. Pour mes collègues, ce n'était certainement pas le cas, et j'avais les éléments pour en juger. Lors des soirées ou des week-ends corporate où nos conjoints étaient invités, ils jouaient la partition des époux parfaits devant leurs femmes qui n'en revenaient pas de tant d'égards, sans se douter que, dès qu'ils se rendaient à l'étranger pour les affaires, ils se ruaient dans les bordels avec l'empressement qui succède à une longue période de jeûne. Ils sortaient des bouges, plus ou moins haut de gamme selon les villes, convaincus qu'ils n'avaient pas trompé leur femme puisque aucun autre lien que l'argent et l'assouvissement d'un désir bestial ne les liait à ces professionnelles qui y trouvaient forcément leur compte. Rien à voir avec l'adultère, qu'ils réprouvaient publiquement comme une trahison inacceptable. Ces missions à plusieurs pour essayer de décrocher le financement d'une livraison d'avions neufs avaient généralement comme décor l'Amérique du Sud, la grande zone d'influence des États-Unis. N'oublions pas que nous étions un peu avant la chute du mur en Europe et que les États-Unis avaient balayé, Cuba mis à part, les velléités des Soviétiques d'étendre leur hégémonie en Amérique du Sud. Les avancées communistes ou simplement progressistes étaient systématiquement contrées par des coups d'État sanglants qui installaient des dictateurs comme Videla en Argentine ou Pinochet au Chili.

Pour les Américains qui m'entouraient, ce n'était pas la question, personne ne faisait de politique, personne ne voulait rien savoir, on était là pour prendre de l'argent et du bon temps dans les meilleurs restaurants des capitales où on séjournait, pour finir ensuite les soirées dans des bordels de luxe ou à picoler avec nos clients, qui trouvaient dans l'alcool le moyen d'oublier leur absence de moralité. Il fallait venir avec la meilleure offre pour la compagnie aérienne mais surtout avec la meilleure proposition dans la façon de rincer une chaîne de décideurs sans l'accord desquels rien ne pouvait se conclure. Dans certains cas, s'agissant de compagnies nationales, la corruption des personnes s'ajoutait à celle des partis politiques en place. Le système était à peu près le même dans tous les cas de figure. Généralement, on nous désignait un apporteur d'affaire, un intermédiaire grassement rémunéré pour soi-disant nous introduire auprès d'une compagnie que nous connaissions déjà bien. Il revenait ensuite à ce *middle man* de répartir la commission prélevée sur la bête. La présence de cet intermédiaire nous évitait d'avoir à parler de ces sujets avec nos interlocuteurs dans la compagnie, de telle sorte qu'on ne savait jamais précisément qui avait touché quoi et combien. Ainsi, on était complètement propres du point de vue de la législation américaine, qui réprimait la corruption pour obtenir des marchés extérieurs. L'intermédiaire s'occupait aussi bien des rétrocessions sur la vente des matériels que sur leur financement et au final, cela faisait un énorme paquet d'argent qu'il redistribuait à travers des sociétés offshore dans des paradis fiscaux. Dans de nombreux pays, tout le monde touchait, du modeste directeur financier de la compagnie jusqu'au chef de l'État. Le système reprenait exactement le schéma prévu habituellement dans les marchés d'armement. Ce qui nous incombait essentiellement, c'était de prévoir dans les calculs financiers la commission la plus importante possible pour le prétendu apporteur, parce que souvent la concurrence avec d'autres banques se jouait là.

La soirée la plus dantesque était celle qui suivait le *closing,* c'est-à-dire la signature des contrats. On célébrait l'évènement dans le meilleur restaurant de la ville pour finir dans un bouge de luxe où mes collègues se donnaient à fond, avant de retourner apaisés auprès de leur femme en prenant la mine du type épuisé par le voyage et la rudesse des négociations.

Évidemment, vous devez vous demander en quoi je faisais exception. Eh bien, en rien. Je me serais distingué, je me serais sans doute fait virer. Les autres n'auraient pas supporté que je sache sans m'être compromis. Je n'aurais pas pu être le seul à avoir l'air frais dans l'avion du retour et le seul à ne pas prendre ma part de la schizophrénie dans laquelle nous étions tous plongés. Tous, sauf Julia.

Ce qui me mettait à part, mais personne ne pouvait le savoir, c'est que si j'entrais bien dans le boxon avec mes collègues et si je prenais bien une chambre avec une fille, je n'y faisais pas grand-chose d'autre que parler. Je ne suis différent des autres mâles que dans le fait que je ne peux pas désirer une femme qui ne me désire pas elle-même. Je n'ai jamais prétendu que cette prévention me rende meilleur, et de toute façon, peu importe, parce que la morale n'a pas sa place dans ce récit sauf à en faire une profession de foi, et vous verrez que c'est loin d'être le cas. Avec le recul, je dirais que cette particularité qui est la mienne tient probablement à un narcissisme qui ferait les délices d'un psychothérapeute. Je restais avec la fille à discuter après l'avoir payée pour qu'elle n'ait pas l'impression de perdre son temps.

La plupart des filles prenaient cette réserve avec soulagement. Elles étaient là parce qu'elles n'avaient pas d'autre choix, si elles voulaient vivre décemment, que de se faire pénétrer à la va-vite par des hommes d'affaires en rut qui venaient défouler leur frustration d'avoir épuisé tout érotisme à la maison. L'Amérique, les Occidentaux en général maintenaient la pauvreté dans ces pays, et certaines femmes ne pouvaient survivre autrement qu'en vendant leur corps. De ce point de vue, j'étais pire qu'eux, parce que je n'avais pas perdu cet esprit critique proprement français qui fait qu'on gobe rarement les choses telles qu'on nous les présente et que j'avais une réelle conscience de ce qui se jouait. Mais moi, qu'est-ce que je faisais là à poser des billets sur le lit, tout en essayant de faire comprendre à la fille que je ne pouvais pas bander sauf à ressentir qu'elle me désirait vraiment, ce qu'elle était incapable de faire évidemment, même si elle s'en défendait avec beaucoup de gentillesse ? Parfois, quand elle ne parlait pas l'anglais, je lui mettais l'argent dans la main, la repoussais d'un sourire et d'un geste délicat, et on restait ainsi à se regarder une demi-heure les yeux dans le vague, comme si on attendait un avion dans la salle d'attente d'un aéroport perdu de Patagonie.

4.

La vérité est que la présence de Julia dans certaines missions changeait tout. Personne n'aurait supporté de se voir tel qu'il était dans le regard d'une femme. D'autant que celui de Julia vous sondait jusqu'aux profondeurs les plus dissimulées. Elle avait une façon très supérieure de vous faire comprendre qu'elle lisait en vous et que vos ressorts les plus intimes n'avaient aucun secret pour elle. Elle apparaissait comme une guerrière, seule contre une multitude d'hommes prêts à tout pour s'octroyer le pouvoir, les richesses disponibles, et la banque était une métaphore de cette situation de concurrence exacerbée où chacun n'œuvrait qu'avec un unique but. Julia avait compris qu'un détail me rendait différent des autres. Pas celui qui faisait que j'étais impuissant devant une femme qui ne me désirait pas, mais un rapport à l'argent un peu différent. Mes collègues étaient d'une ambition et d'une cupidité sans limites et étaient portés par l'appât du gain tout au long de leur existence comme s'ils n'avaient pas d'autre raison de vivre. Alors que moi, je m'étais fixé un chiffre qui devait assurer mon indépendance vis-à-vis du monde, et ce chiffre, je comptais bien l'atteindre vite pour m'offrir le luxe d'une seconde vie. Cette seconde vie m'apparaissait dans un songe qui flottait dans mon esprit, telle la vague promesse d'un monde meilleur et plus adapté à ce que j'étais, sans trop bien savoir qui j'étais en réalité. À trente ans, je me définissais plus par ce que je refusais que par des désirs stables, comme si ma personnalité se formait en creux.

Mon unique certitude était que je supportais difficilement l'autorité et que je n'avais aucune disposition pour me fondre dans un moule ou un modèle, résultat d'un regrettable conditionnement qui vous conduit à suivre un chemin sur une carte alors que quelqu'un d'autre tient le crayon. Je me persuadais que j'étais là pour accumuler assez afin d'acquérir ma liberté, mais avec cette distance de n'être jamais complètement dupe. Cette distance m'affaiblissait parce qu'on ne va pas à la guerre en doutant, et j'étais entouré de types convaincus que le sens profond de la vie humaine était simple : s'enrichir indéfiniment. Julia n'était pas différente. Elle aurait pu l'être mais elle avait choisi de battre les hommes sur leur propre terrain. À cette époque qui peut paraître lointaine, les femmes n'étaient pas en position de proposer une alternative au modèle masculin. La seule façon qu'elles avaient de s'imposer était de les vaincre dans une compétition dont ils avaient établi eux-mêmes les règles, qu'ils jugeaient intangibles. Julia ne se sentait visiblement pas d'autre choix que de dominer les hommes, ce qui la conduisait à considérer comme une faiblesse de socialiser avec ceux du « groupe aéro ».

Nous vivions ensemble dans une transparence financière totale. Quelqu'un à la comptabilité de la banque tenait un calcul précis de ce que chacun rapportait, de ce que chacun dépensait, et cette arithmétique du *profit and loss*, personne ne la contestait. Elle tombait chaque semestre quand un plus gradé que nous venait nous présenter notre résultat individuel. Il ne le faisait pas en face à face mais lors d'une réunion dans une salle transparente, l'Aquarium, au travers des vitres de laquelle tous les gens qui circulaient à l'étage pouvaient nous voir et lire sur nos visages la satisfaction ou la douleur du jugement rendu. Je m'en tirais toujours bien, je n'étais pas le type le plus rentable mais je naviguais en milieu de tableau. Dans l'inévitable classement qui nous était infligé, Julia arrivait seconde de tout le département, mais elle contestait la méthode de calcul lui attribuant des charges qui auraient dû être affectées, disait-elle, à d'autres centres de profit ! Une discussion compliquée et pas très intéressante, sauf pour elle qui voulait figurer en tête du groupe et que ça se sache. Les deux derniers du classement avaient d'autres soucis à considérer : la logique du système leur laissait six mois pour redresser la barre. La règle était qu'on giclait forcément si on figurait deux semestres de suite dans les deux derniers du classement de résultat net individuel. Une règle non écrite mais appliquée sans merci.

Julia et moi étions rarement sur les mêmes opérations, elle s'occupait à l'époque des compagnies américaines et canadiennes alors que, vous l'avez compris, je passais une grande partie de mon temps en Amérique du Sud.

5.

Si je me souviens bien, c'était après la réunion du premier semestre. Cette année-là, Julia figurait en tête du classement parce qu'elle avait imposé un changement des règles de calcul en faisant courir le bruit que si ce n'était pas fait, elle pourrait ne pas résister à une offre de Boeing, qui lui proposait un poste important dans son département de financement des ventes. Après la réunion, on s'est trouvés dans l'ascenseur, elle, moi et le malheureux qui finissait dernier du classement pour la deuxième fois, signe qu'il allait être viré dans les quinze jours. Il se tenait la tête penchée en avant, plus honteux que préoccupé de perdre son boulot. Il me faisait de la peine. Je l'imaginais rentrer dans sa maison du New Jersey pour annoncer à sa femme qu'ils allaient devoir déménager parce qu'il ne pourrait plus payer les traites. Du travail, il allait en retrouver, mais certainement pas dans une banque, et pas à ce niveau. En bon Samaritain, je lui ai proposé de déjeuner avec moi mais il a refusé sans lever la tête. Il a décliné au moment où la porte du rez-de-chaussée s'ouvrait sur le hall central en lâchant un « va te faire foutre » qui m'a sidéré avant que je comprenne qu'il avait pris mon invitation comme un acte de charité condescendant. Il est parti sans se retourner et probablement parce que j'étais gêné, j'ai été pris d'un fou rire qui n'a cessé que quand j'ai entendu une voix familière me dire : « Après un râteau pareil, tu mérites de ne pas déjeuner seul. Tu m'invites où ? » Sa proposition m'a surpris. Elle l'avait faite sans me regarder tout en continuant à avancer comme si elle déroulait un plan caché.

J'étais bien décidé à rester sur mes gardes comme je l'étais avec tous mes collègues du service. A priori, nous n'avions rien à échanger sur le plan professionnel. J'étais là depuis dix-huit mois et elle depuis plus longtemps, et durant le temps partagé à cet étage de la tour entre deux déplacements, elle n'avait jamais daigné m'adresser la parole autrement que pour des raisons purement techniques. Son nom de famille étant McAra, je me suis risqué à lui proposer un pub irlandais, qu'elle a accepté d'un air détaché, comme si le restaurant lui importait peu. Celui-ci faisait l'angle entre l'avenue où notre tour pointait vers le ciel et une petite rue sans intérêt. On est entrés et on s'est installés face à face dans une sorte de box où on pouvait parler sans être entendus, même si à ce stade on n'avait pas grand-chose à cacher. Elle a pris la carte sans dire un mot et j'en ai profité pour la dévisager, réalisant que je n'avais jamais vu d'aussi près cette beauté crispée qui était la sienne. Tout ce qui peut rendre une femme attrayante avait été soustrait chez elle au regard des autres. Ses yeux étaient noyés dans un maquillage excessif, ses cheveux tirés en arrière étaient plaqués sur son crâne et, pour finir, le dessin sensuel de ses lèvres était contrarié par un rouge à lèvres terne. On a commandé toujours sans rien se dire. C'était un peu à qui tiendrait le plus longtemps silencieux et voyant que j'avais des dispositions pour le rester, elle a craqué la première en reprenant là où on avait commencé :

– On ne se connaît pas mais je ne t'imaginais pas t'apitoyer sur ce pauvre Munroe. Il est clair qu'il n'était pas à sa place. Je ne comprends pas pourquoi on l'a mis là. Il n'avait même pas le charisme nécessaire pour le job, on dirait un représentant en quincaillerie industrielle qui parcourt sans relâche le pays dans un break essoufflé et qui transpire à grosses gouttes pour essayer de faire son chiffre.

– Parce que tu trouves que j'ai le charisme pour ce boulot ?

– Je n'irais pas jusque-là mais au moins tu as les résultats qui permettent de te maintenir.

C'était bien le genre à lancer des piques sans en avoir l'air.

– J'ajouterai que si tu n'as pas de charisme, tu le compenses par un certain charme.

– Qui tient à quoi ?

Elle simula une pause pour réfléchir.

– Je dirais que ton charme tient au fait que quand on te rencontre, on s'attend à ce que tu parles anglais à toute vitesse avec cet accent insupportable qu'ont les Français qui maîtrisent le vocabulaire sans aucune oreille pour les langues. Tu parles tellement sans accent que cette perfection paraît un accent en elle-même, c'est très déstabilisant.

D'autant que tu sais prendre des accents différents selon que tes interlocuteurs sont anglais ou texans. On se demande si tu n'es pas une sorte de caméléon. Je vais être franche avec toi. Tu m'intéresses non pas parce que tu es original mais parce que tu es complètement transparent. On voit à travers toi mais sans jamais t'apercevoir, tu me suis ?

– J'essaye.

Elle avait commandé un Coca et elle en a bu une gorgée avant de poursuivre.

– Tu es vraiment français ?

La question m'a surpris mais je ne l'ai pas montré.

– Autant qu'il est possible de l'être quand son père est d'origine catholique irlandaise, sa mère protestante, elle-même de mère juive polonaise et de père français d'origine allemande.

Je donnai des détails, des anecdotes sur eux. L'essentiel était d'éviter le sujet sensible : celui de la tragédie conjugale qui m'attendait chaque jour à la maison et me faisait sans cesse repousser l'heure du retour dans ma banlieue chic du Connecticut.

Elle a eu l'air intriguée.

– Et toi, tu es quoi ?

– Comment quoi ?

– Je veux dire ta religion.

– Tu veux que je te dise aussi mes positions préférées quand je fais l'amour ?

Elle a feint d'être choquée.

– Pourquoi tu dis ça ?

– Parce que c'est du même ordre, ça relève de la vie privée. Ici, vous promenez Dieu en laisse et vous l'accommodez à toutes les sauces. Moi, j'en fais une question intime sur laquelle je ne m'exprime pas. Cela dit, en Irlande je suis catholique, en France protestant huguenot, et juif avec mes amis juifs.

– Un caméléon, c'est ça !

– Non, souple et sincère dans ce que je suis.

– Tu vas faire ta vie aux États-Unis ?

J'ai pris un temps pour réfléchir à une question à laquelle je n'avais encore jamais pensé posément.

– Je ne sais pas, c'est ouvert. Il y a du bon et du moins bon.

– Qui sont ?

– Pour le bon, les paysages, une certaine efficacité, des opportunités. Pour le moins bon, une superficialité des relations entre les gens qui s'explique par le fait que cette société produit avant tout des concurrents. Des concurrents pour se partager un gâteau qu'elle pense pouvoir faire grossir à l'infini. Je vais prendre ma part du gâteau et on verra après. Et toi, quels sont tes objectifs ?

Je vis dans son regard qu'elle n'avait pas daigné s'attabler avec moi pour parler d'elle. Elle répondit en regardant ailleurs :

– Je ne me fixe aucune limite. Bientôt ils n'auront pas d'autre choix que de me nommer à la place de Caruthers (le patron du service). Et ensuite, on verra. Mais pour en revenir à toi, je ne te vois pas grandir dans la banque. Non pas parce que tu es étranger mais parce que tu as quelque chose de trouble et d'un peu indéfini qui les fera hésiter au moment de te nommer à de plus hautes responsabilités.

Je dois reconnaître que le portrait qu'elle avait fait de moi en deux phrases m'a saisi.

– En quoi je parais trouble ?

– Je ne sais pas, une distance peut-être, un flou sur tes motivations profondes.

– Il ne peut y avoir que deux motivations, l'argent et le pouvoir.

– Oui, et à te voir, tu donnes l'impression que tu t'es déjà fixé des limites sur les deux, ce qui suffit à rendre suspect un homme d'une trentaine d'années.

Reconnaître qu'elle était perspicace, c'était à plus ou moins long terme signer mon arrêt de mort dans la firme. Parce que le système n'admettait pas que ceux qui le servent définissent eux-mêmes des limites. Celles-ci existent et lui seul décide quand un individu les a atteintes, point final. J'ai répondu par une boutade.

– Oui, j'ai une limite, une seule. Je m'arrêterai quand j'aurai atteint à dollars constants la fortune de Joe Kennedy, le père de l'ancien président, à la fin des années 1930. C'était l'homme le plus riche des États-Unis de l'époque, au coude-à-coude avec Rockefeller. Sérieusement, j'apprends, et quand j'en saurai assez, je monterai ma boîte dans notre domaine ou dans un autre. Mais je n'ai pas vocation à servir les autres.

En disant ça, je lui donnais le gage de ne pas me mettre en travers de ses ambitions, tout en voyant bien qu'elle ne me considérait pas comme un adversaire de poids dans la poursuite de ses objectifs à court terme.

On a continué la conversation sur un ton badin en parlant de l'Irlande, où plongeaient ses racines lointaines. On est revenus sur le sujet des Kennedy, qu'elle détestait, contrairement à moi, et je lui ai confié qu'un de mes hobbies sur le peu de temps libre que me laissait la banque était de m'instruire sur l'assassinat des deux frères, qui restait la plus grande énigme du siècle. Puis, inévitablement, on a parlé boulot, nouvelles opportunités du marché, en particulier sur le leasing financier, où de nouveaux investisseurs apparaissaient, à nous de les capter pour nos opérations. Tout ça n'a pas duré une demi-heure. On est rentrés au bureau sans se dire grand-chose dans la rue pendant que je goûtais cette respiration trop courte avant de retourner dans notre cage en verre. Au pied de la tour, elle m'a demandé sans me regarder ce que je faisais le soir même. La question m'a surpris et avant même que j'esquisse un début de réponse, elle a dit :

– Je sais, tu rentres chez toi mais si tu en es d'accord, changement de programme : officiellement, un client important que la direction te demande de sortir en ville. Officieusement, on se retrouve au Fitzpatrick Hotel à vingt heures, la chambre sera à mon nom et tu demanderas le numéro à la réception.

– Et on ne dîne pas ?

– On a déjà assez parlé, non ?

6.

On pourrait considérer que jusqu'au moment où je suis entré dans la chambre, je contrôlais la situation, je veux dire... que je savais où j'en étais. Pour être honnête, je n'ai pas eu d'hésitation, j'ai déroulé mon bobard à ma femme au téléphone, et vu ma situation personnelle sur laquelle j'aurai l'occasion de m'étendre, aucune culpabilité à l'idée de ce que j'allais commettre ne m'a traversé l'esprit. Je m'attendais à une confrontation avec Julia. Elle dans le rôle de Cruella, prolongement de la femme que je connaissais et qui se payait un extra pour une soirée destinée à être aussitôt oubliée. J'ai vraiment cru que ça se passerait comme ça, dans une atmosphère érotique un peu guindée de durs à jouir new-yorkais qui se donnent à fond une soirée pour réaliser leurs fantasmes avant de réintégrer l'hypocrisie ambiante. Dans la chambre, j'ai découvert une tout autre femme, comme si les crispations qui la maintenaient dans son rôle avaient disparu. Ses cheveux étaient lâchés, libérant une chevelure abondante. Son visage sans maquillage semblait se dégager d'une longue étreinte et la lumière circulait dessus différemment. Elle était pieds nus dans un jean serré qui donnait des indications très précises sur ses formes, et le haut de son corps disparaissait dans un tee-shirt du MoMA très ample. À l'expression de son visage, j'ai compris que je n'allais pas sortir indemne de cette soirée. Nous n'avons pas échangé un mot.

Je suis resté debout un moment sans rien oser faire. Elle s'est campée devant moi, les bras levés, en m'invitant à la déshabiller. Tout ce qu'il importe de dire sur la suite, c'est que nous avons vraiment fait l'amour et pas seulement couché ensemble, ce à quoi je m'attendais, il faut bien le reconnaître. Et à faire l'amour comme ça, toute une partie de la nuit, avec l'acharnement d'un désir propulsé par des sentiments naissants, on finit immanquablement par tomber amoureux. Quand je me suis réveillé à neuf heures le matin suivant, seul dans la chambre, j'étais amoureux, amoureux fou de cette femme. J'aurais bien voulu que plus rien d'autre n'ait d'importance mais ce n'était pas le cas. À cette heure tardive, j'étais en retard pour participer à une réunion décisive avec un prospect de première importance et je n'avais même pas téléphoné pour prévenir. C'était grave. D'autant plus grave qu'une assistante du groupe aéro, paniquée par mon absence au rendez-vous, avait appelé ma femme pour lui demander si j'étais en chemin. Le temps de me doucher, de sauter dans mes vêtements puis de me précipiter dans un taxi, je suis arrivé au bureau trois bons quarts d'heure après l'heure prévue. Le nouveau client se trouvait dans la salle de réunion centrale, la cage de verre, en discussion avec Julia qui avait pris l'initiative de s'en occuper. J'ai prétexté un accrochage sans gravité, en voiture depuis le Connecticut, je me suis excusé platement mais le mal était fait. Julia avait harponné le client qui pouvait tout aussi bien lui revenir puisqu'il s'agissait d'une jeune compagnie mexicaine qui était sur le point d'acheter une vingtaine de Boeing 737-500 et qui comptait sur nous pour lui proposer un montage financier inventif. Parce que je n'étais pas rasé et que j'avais oublié de me coiffer, je souffrais de la comparaison avec une Julia impeccable, terriblement *executive*, et qui déroulait son argumentaire sans hésitations devant un jeune type plutôt beau gosse, en tout cas plus que moi, et qui ne semblait pas indifférent à cette beauté froide et volontairement anguleuse.

Lui ne pouvait pas imaginer la créature que je connaissais, diamétralement opposée à la femme qu'il avait devant les yeux, et je jouissais délibérément de ce privilège. Mais la Julia qui m'avait quitté à l'aube n'était plus celle-là, et elle était lancée pour me piquer mon prospect, une opération qui à elle seule m'aurait permis de me faire au bas mot 200 000 dollars de bonus. Et tout cela tournait dans ma tête jusqu'au vertige. Quand la réunion s'est terminée, j'ai bien compris à la façon dont le client m'a salué que je n'existais plus pour lui. La finalisation de la transaction avec la banque passerait exclusivement par Julia désormais. Je me suis laissé aller à penser que tout cela était prémédité mais je ne parvenais pas à le croire. Une fois le client raccompagné à la porte, Julia a rejoint son espace sans un mot pour moi, se contentant de me sourire comme si ce qui venait de se passer n'était que le résultat d'une fatalité. Je suis retourné penaud à mon bureau dans une confusion qui me paraissait sans issue. J'ai pris ma trousse de toilette de secours dans un de mes tiroirs et je suis parti me faire une beauté discrètement, surtout me raser, parce qu'à l'époque, paraître avec une barbe de deux jours dans une banque de Wall Street était soit un acte résolument politique, soit le signe d'une déchéance annoncée. Et il n'était question ni de l'un ni de l'autre.

7.

Un mensonge est vraiment de qualité quand il est au plus près de la vérité et qu'il n'en dérive que dans des proportions infinitésimales. Là, je parle évidemment du mensonge domestique, ordinaire, le mensonge politique, c'est différent : « Plus c'est gros, mieux ça passe », comme disait Goebbels, le maître à penser des menteurs.

– J'ai fini très tard avec le client, un Latino qui ne connaissait pas bien New York.

– Tu l'as emmené où ?

– Dans tous les lieux qui rappellent le New York qu'ils ont vu en image. On a fini à la tequila, j'ai compris que je ne pourrais pas conduire, qu'il n'y avait plus de train, j'ai pris une chambre au… au Fitzpatrick et je ne me suis pas réveillé pour la réunion matinale. Je suis furieux contre moi parce que j'ai l'impression qu'une femme de la boîte est en train de me piquer le deal.

Tout ce que ma femme a répondu à ces explications douteuses a été un laconique OK qui voulait dire en substance : « Merci d'avoir fait l'effort de me fournir un mensonge crédible. » Puis elle a raccroché. Mais elle a rappelé une demi-heure plus tard et d'un ton calme et serein, elle a lâché :

– Au cas où tu ne t'en souviendrais pas, tu n'as pas dormi au Fitzpatrick. Bonne journée.

Évidemment, aucune chambre n'avait été enregistrée à mon nom.

Il me restait une dizaine d'heures pour élaborer une nouvelle fable. Et puis j'ai laissé tomber l'idée de me justifier au nom des sacro-saints liens d'un mariage qui n'était plus qu'une fiction depuis bientôt deux ans.

Partir aux États-Unis avait été une façon de tenter de donner un nouvel élan à notre couple mais au contraire, son naufrage n'en avait été qu'accéléré. Nous le savions l'un comme l'autre, alors pourquoi faire semblant, pourquoi sauver les apparences à nos propres yeux ? La confusion est un état dont j'ai toujours essayé de me garder mais ce jour-là, j'étais au summum de ce qu'on peut faire en la matière quand les ennuis dans le travail et la vie privée s'emmêlent inextricablement. J'avais au fond de moi le souvenir de cette nuit avec Julia, cette autre Julia que celle qui déambulait maintenant dans nos bureaux transparents avec sa jupe noire serrée, son chemisier blanc ajusté, sa coiffure plaquée comme celle d'un danseur de tango gominé. Peu de choses semblaient réunir cette Julia-là et la femme que j'avais tenue dans mes bras la nuit précédente.

Ce n'est pas rien de pénétrer quelqu'un et on est en droit d'espérer une véritable intimité. L'amour crée chez moi une oscillation vertigineuse entre un renforcement spectaculaire et un affaiblissement pathétique, et là je me sentais au plus bas, à l'image de ces dépressions courtes mais impressionnantes qui ont jalonné ma vie comme des tornades dans un ciel clair. J'aurais volontiers sacrifié les 200 000 dollars pour que la Julia que j'avais connue cette nuit-là soit la vraie Julia. Mais elle semblait déjà si loin que je me demandais si elle n'était pas une simple hallucination. Les gars de mon équipe m'en voulaient de m'être fait piquer le client. J'ai passé une bonne partie de la journée en plein marasme avant de laisser parler ma colère, qui peut se révéler parfois aussi violente que mes courtes dépressions. Je me suis levé d'un bond et j'ai traversé le plateau comme un possédé pour surgir dans son bureau, où elle lisait quelques notes distraitement. Les Américains ont imaginé les bureaux ouverts moins pour créer du collectif que pour éviter que chacun se confine dans un espace de travail privé. Chacun peut être vu de tous à chaque instant, chacun peut voir tout le monde, sauf le big boss qui a droit à un bureau fermé, à son intimité et à ses secrets.

Que l'industrie numérique américaine se soit développée un peu plus tard sur les bases de cette transparence et sur le refus de la vie privée n'est pas surprenant. Tout le monde a donc pu remarquer que ma vitesse de déplacement n'était pas celle d'un homme serein et quand je suis entré dans le bureau de Julia, tous se sont poussés du coude afin de voir quelle petite scène dramatique allait se jouer pour les distraire. C'était pour eux celle d'un film muet, ce qui rendait les spectateurs d'autant plus attentifs et curieux de ce qui pouvait se dire entre nous. Cette pression m'a incité à refroidir et j'ai ralenti mes mouvements.

J'ai adressé un sourire à la salle avant de m'asseoir sans qu'elle m'invite à le faire, et toujours dans une apparente décontraction, je lui ai demandé à quoi elle jouait.

– À rien, absolument rien.

– Pourtant les faits sont troublants. Tu m'invites à passer la nuit avec toi, tu disparais de bonne heure en prenant soin de ne pas me réveiller, sachant que j'avais pas mal picolé avant de faire l'amour, c'est souvent comme ça, une forme de timidité contre laquelle je ne peux rien, et quand j'arrive au bureau, tu m'as piqué mon plus gros prospect de l'année...

– Les évènements n'ont que la cohérence qu'on veut bien leur donner. Pardonne-moi de ne pas être la même femme dans la sphère privée que dans mon travail, même si je conserve un lien très fort entre les deux. De là à y voir un complot, c'est que tu n'as pas bien saisi qui je suis en réalité. Et c'est très décevant. Tu sais, je me suis réveillée radieuse ce matin, et ce sentiment de solitude qui m'étreint en permanence avait subitement disparu. Et chose rarissime chez moi, j'ai commencé à faire des projets dans ma tête. Ta réaction prouve que j'ai eu tort. Sans ma présence ce matin, on perdait le client et à l'heure qu'il est, il serait en face.

Elle montra le gratte-ciel plein de bureaux à l'est qui nous prenait la lumière du matin. Elle poursuivit sur le même ton de lassitude :

– C'est d'autant plus ridicule que je suis prête à ce que tu suives le dossier avec moi. Je ne vois vraiment pas le problème. Mais quelle que soit ta décision, sache que tu viens de casser quelque chose d'irréparable.

Je n'ai rien trouvé de mieux à répondre que : « Est-ce que toi-même au moins, tu sais qui tu es ? » Elle a repoussé ma question d'un geste de la main condescendant pour cette assertion « psychologisante » qui sous-entendait qu'elle était suspecte de double personnalité, de dissociation ou de je ne sais quoi encore. J'ai compris que l'incompréhension installée entre nous était insurmontable et je l'ai exprimé en lui proposant d'en rester là dans notre relation personnelle mais de faire fifty-fifty sur le deal, ce qu'elle a accepté en détournant son regard vers la fenêtre, espérant sans doute que je profiterais de cette distraction pour disparaître. En retournant à mon bureau, j'ai réalisé ce que j'allais m'infliger en continuant à travailler avec elle, sachant que, me connaissant, mes sentiments n'allaient pas décliner, quels que soient mes efforts dans ce sens.

8.

Le soir, j'ai pris mon train pour rentrer chez moi avec l'appréhension de retrouver ce que je connaissais trop bien. Quelles que soient ses suites, cette nuit avec Julia m'avait offert un voyage dans un monde dont j'avais déjà la nostalgie. Assis à regarder les banlieues de New York s'effacer, j'avais le sentiment d'être une bête de cirque qui avait échappé à la vigilance de ses soigneurs avant d'être réintégrée dans son enclos. J'habitais dans un village du Connecticut au nom étrange où vivaient essentiellement des gens qui travaillaient à New York et qui, comme moi, participaient à cette transhumance quotidienne. Rien qu'à regarder les demeures, on pouvait calculer la mensualité que payaient leurs propriétaires chaque mois pour offrir au monde une image d'eux cohérente. J'aurais pu m'extraire de tout ça différemment, mais mon idée était de sortir de ce conditionnement par le haut. J'imaginais que mes voisins vivaient dans le même espoir, celui de s'élever au-dessus de la masse et de ses contingences.

En attendant, j'étais dans « le flot des emmerdés »,

comme disait Beckett que je n'ai lu que beaucoup plus tard, parce qu'à cette époque, lire des livres me paraissait une entreprise impossible. Je prenais lentement conscience que ce schéma n'était pas le mien mais que j'y avais été précipité par des circonstances familiales. Ma mère avait longtemps clamé que j'étais un artiste mais un artiste de quoi ? De rien : j'avais tâté un peu de la musique, de la peinture, sans véritable ambition, et j'aimais faire rire en imitant les hommes politiques et les accents du monde entier. Me qualifier d'artiste était une façon élégante pour elle de me fermer les portes de son monde, celui où elle avait réussi contre la volonté des hommes, de tous les hommes sauf le sien, mon père, qui l'avait toujours encouragée à s'imposer contre cette fatalité inhérente à son sexe. Je me suis contenté de ce statut jusqu'à la mort prématurée de mon père qui m'a plongé subitement dans l'âge adulte. Tant qu'il vivait, je ne m'étais pas clairement posé la question de ce que je voulais faire de ma vie. Et voilà que le cancer s'était emparé de lui à l'aube de la cinquantaine pour transformer en quelques mois un homme de stature impressionnante en fétu de paille. En le voyant dans sa boîte, tel un épouvantail à moineaux rangé dans l'attente des prochaines semailles, j'ai compris l'urgence qu'il y avait à vivre et surtout à donner du sens à cet âge adulte dans lequel j'étais entré sans passion.

J'étais né trop tard pour avoir vécu l'embrasement de la fin des années 1960. Partout dans le monde, là où elle pouvait le faire, la jeunesse avait dénoncé un modèle de domination et d'abrutissement par la consommation qui allait nous conduire dans une impasse un demi-siècle plus tard en détruisant la vie animale et la beauté autour de nous. Quand j'ai eu l'âge de rejoindre la contestation, la cohorte de mes aînés avait déjà commencé à renoncer à ses rêves pour prendre sa part du gâteau. Cela ne m'a pas empêché de divaguer, pris entre le besoin de structurer ma pensée avec un Marx anti-stalinien, l'attraction pour le pacifisme hippie et la tentation du non-être taoïste. J'ai finalement choisi de prouver à ma mère que j'étais capable de réussir dans cette société où elle avait elle-même percé malgré les obstacles. Je ne me souviens pas d'avoir choisi ma voie, elle s'est imposée à moi.

*

Avec 200 000 à 300 000 dollars par an, je dépassais déjà très largement les gains que mes parents avaient pu espérer un jour pour l'un de leurs fils. Mais j'étais loin des sommes que des gamins de vingt-cinq ans se faisaient sur les marchés financiers, je n'étais pas dans ce secteur où l'on avait complètement perdu le sens de la mesure. Nous, on gagnait bien, beaucoup, sans toutefois jamais de quoi prendre sa retraite à trente ans, la cloison nasale bouffée par la coke, le foie en éponge, à trimballer dans des cabriolets hors de prix des pauvres filles fascinées par ce qui brille, bref, à s'épuiser de vacuité. Ces réussites-là, le système les permettait parce que la finance déconnectée de l'économie réelle explosait alors dans un vaste jeu qui consistait à faire passer pour des raisons fallacieuses de l'argent d'une poche à l'autre sans aucune création de valeur. Mon éducation me rendait odieux cet enrichissement sans cause qui, cerise sur le gâteau, s'offrait le luxe de menacer le système de krach à intervalles réguliers. Ce virus du fric facile, indécent, gangrenait le capitalisme à quelques mois de sa victoire finale sur le communisme. Dans l'ombre se profilait la mondialisation, un système de cupidité généralisée, dont on pensait un peu vite qu'il nous éloignerait des conflits et des guerres par l'adhésion enthousiaste à l'argent-roi. Je déambulais dans ce milieu autocentré, avec au fond de moi cette superstition qui venait de mon père, ce prolétaire qui s'était hissé à la seule force des bras, convaincu que l'argent et le bonheur formaient un couple diabolique : ce que l'un accumulait, l'autre finissait inexorablement par le perdre. Cette prophétie populaire me revenait souvent en mémoire mais particulièrement ce jour-là, alors que je rejoignais mon foyer où le malheur s'était installé en meublé. Dans mon wagon bondé, je regardais un à un tous ces gens alignés qui rentraient chez eux, épuisés par la compétition que chacun vivait à son échelle, où l'autre n'était jamais mieux qu'un adversaire ou un encombrement. Et j'en revenais à moi, qui avais lâchement abandonné l'idée qu'un autre monde était possible.

9.

Les enfants étaient pensionnaires la semaine dans une école privée hors de prix mais qui avait l'avantage de les tenir éloignés de ce qui se jouait à la maison. On les avait eus très jeunes, même pour l'époque, pendant nos études, sur mon impulsion parce que la maladie de mon père m'avait bouleversé, comme si je craignais une prochaine extinction de notre famille. L'enfantement prématuré de ce couple à peine sorti de l'adolescence nous avait valu beaucoup de sympathie de la part de ceux qui admiraient cette détermination dans l'engagement. En couple à seize ans, parents à vingt, tout en poursuivant des études poussées : on pouvait trouver dans cette façon d'aborder l'âge adulte quelque chose d'exemplaire. Ou au contraire de complètement immature.

Dans ces années-là, où la peur de l'engagement commençait à poindre, le nôtre avait, pour certains, valeur d'exemple. Pourtant, la veille de mon mariage, j'ai douté, comme quelqu'un qui monte dans un avion et qui pressent qu'il va le regretter. Des signes, infimes mais suffisamment inquiétants, que quelque chose au plus profond de l'autre macère en attendant de surgir au grand jour. Une autre personne se préparait dans les coulisses, et j'ai vu ma femme progressivement perdre cette souplesse psychologique indispensable au couple, dont le succès repose sur de constants petits ajustements qui demandent vitalité et diplomatie. Les choses ont commencé à se gâter vraiment quand elle a décidé de renoncer à travailler alors qu'elle venait d'achever ses études. Ses diplômes lui auraient permis de décrocher n'importe quel boulot. Elle multipliait les lettres de candidature et me faisait croire que la réponse était toujours la même, un refus. En fait, elle n'envoyait pas les lettres, qui restaient dans une enveloppe timbrée, soigneusement rangées au grenier dans une valise. Gide disait que, dans un couple, ce qui frotte au début finit par faire très mal à la fin. Le souvenir que j'en ai, c'est que ça a commencé à frotter tout en étant déjà très douloureux.

J'étais trop jeune pour comprendre qu'elle avait simplement trop peur de la société, du monde professionnel. Quand j'ai découvert la valise, elle n'a pas voulu m'expliquer son geste, ou elle n'a pas pu. J'étais son mari, pas son psy, et je lui ai conseillé de consulter mais elle a refusé, et c'est là qu'elle s'est enfoncée dans une attitude incompréhensible. Elle se sacrifiait pour ma carrière alors que je ne lui avais rien demandé, bien au contraire, parce que j'avais en moi le modèle de ma mère, conquérante et indépendante. Elle se dévouait pour éduquer les enfants, ce dont j'étais incapable selon elle, trop absorbé que j'étais par ma réussite sociale. De sacrifice en sacrifice, elle s'était installée dans une posture de femme d'intérieur. Elle ne quittait pas sa maison, à laquelle elle imposait un ordre strict supposé remédier à un désordre intérieur qui ne faisait que croître chez elle.

Cette attitude a eu une conséquence désastreuse en tuant l'érotisme de notre couple, devenu essentiellement utilitaire. J'étais beaucoup trop jeune pour renoncer à cette part d'exaltation et de plaisir. La première fois que j'ai été infidèle, c'était avec une hôtesse de l'air, histoire de rester dans mon métier. Notre relation conjugale durait depuis douze ans et je n'avais jamais eu la moindre relation avec une autre femme, pas même échangé des regards équivoques. Rien, je regardais toujours devant moi. Quand j'ai commencé à la tromper, je crois pouvoir dire que je l'ai fait avec autant de conviction et de méthode que j'avais été fidèle jusque-là. Il m'arrive même de me demander si je ne me suis pas forcé parfois, comme si je cherchais à tout prix à survivre à l'atmosphère dévitalisée de notre couple qui s'enfonçait dans l'apparence et le mensonge. Cette tragédie intime m'obligeait à m'éloigner le plus possible de notre foyer, et donc des enfants, et je lui en voulais pour cela, parce que je n'aimais personne au monde plus qu'eux. Puis est arrivé ce que les psys appellent un acte manqué. J'avais rendez-vous avec une hôtesse, encore une, chez elle. Quand je suis arrivé, elle n'était pas là, alors j'ai pris un bout de papier sur lequel j'ai griffonné quelques mots utiles et tendres. Mais en repartant, au lieu de glisser le papier plié sous sa porte, je l'ai gardé dans ma poche. Ma femme a trouvé le mot en vidant les poches de mon pantalon.

On n'a pas vraiment eu d'explication, moi j'étais soulagé qu'elle sache, en espérant qu'elle allait réagir, et elle n'a eu que la confirmation de ses soupçons. Le pire, c'est qu'après ça, aucun de nous deux n'a changé et notre couple a subi une longue descente aux enfers, entraîné par la lâcheté. Et dans ces moments-là, tous les couples se ressemblent en invoquant la protection des enfants pour tolérer une médiocrité qui n'est pas plus tolérable pour eux que pour leurs parents. On classe souvent les animaux en deux grandes catégories : les prédateurs et les proies. L'homme est arrivé à un niveau de complexité suffisant pour s'autoriser à être les deux. Je me suis mis à la fuir, comme une proie devant son prédateur, en travaillant de plus en plus et en achetant un cheval, lui-même une proie dans la nature, qui me créait des contraintes bien utiles quand mon travail n'en produisait plus.

Pendant que je fuyais, lâche comme peuvent l'être les hommes quand ils s'estiment dans leur droit, elle se laissait aller à cette posture masochiste qui a pris progressivement un tour religieux. Quand on est victime de détresse psychologique, on n'a guère qu'une alternative : s'en remettre aux médecins ou à la foi. Je n'aurais pas insisté pour qu'elle voie un psy, elle se serait jetée avec moins de ferveur dans la religion. En dehors du fait qu'elle rejetait tout ce qui venait de moi, elle refusait catégoriquement toute introspection qui aurait pu l'aider à comprendre pourquoi elle avait tant changé en se repliant sur elle-même, phénomène qui avait commencé bien avant nos problèmes conjugaux. La tension que nous vivions ensemble est devenue progressivement insupportable. Je n'étais pas très calé en psychologie mais je voyais bien depuis quelque temps qu'elle tentait de me faire payer quelque chose qu'elle n'osait pas imputer à son père. Ce qui pourrait d'ailleurs expliquer qu'elle ait sombré dans l'anorexie au prétexte qu'elle voulait prendre exemple sur une soi-disant sainte, Marthe Robin, dont le fait d'armes avait été de survivre des années sans se nourrir. Elle a perdu une vingtaine de kilos avant de se stabiliser dans une maigreur terrifiante. Le pire, c'était sa jubilation à susciter la pitié chez les autres, les femmes du quartier en particulier, qui la confortaient dans son statut de martyre. Quitter la France pour les États-Unis lui a permis de changer d'horizon, elle a repris un peu de poids, cadeau de l'alimentation américaine qui tend à engraisser les humains comme des animaux d'élevage.

Le vendredi soir, les enfants rentraient et selon les semaines, elle donnait plus ou moins le change. Ils essayaient de se sauver à leur manière en fuyant la maison pour retrouver des copains et j'essayais de mon côté de passer avec eux tout le temps où je n'étais pas à cheval dans mon club d'équitation western. On profitait aussi de certains week-ends pour découvrir une autre Amérique que celle de notre quotidien, par des escapades plus au nord, le long de la côte du New Hampshire ou du Maine, ou toujours au nord mais plus à l'ouest, en direction du Vermont, un petit État montagneux particulièrement apaisant pour ceux qui vivent le stress de New York.

*

Dans ce train de banlieue riche qui me ramenait de New York vers le Connecticut, j'ai été pris d'une crise de panique que j'ai surmontée facilement en adoptant une méthode qui me réussissait assez bien depuis mon enfance, et qui consistait à me dire que j'étais un être sans importance et que me laisser aller à l'angoisse était une façon de m'en donner une sans rapport avec la réalité.

La seule discussion que j'avais eue avec ma femme ces derniers mois portait sur la dépression, et je me souvenais mot pour mot de ce que je lui avais dit : « La dépression, quand elle n'a pas de cause spécifiquement chimique, survient généralement quand on confronte trop violemment l'idée qu'on se fait du monde avec ce qu'il se révèle être vraiment. Si on n'accepte pas ce qu'il est réellement et qu'on n'a pas la force de se battre pour le changer, on finit par s'en prendre à soi-même, à se déprécier à ses propres yeux sans s'imaginer que la dépression est au fond une surestimation de soi. » Elle n'a pas compris ce que je voulais dire parce qu'elle m'a répondu qu'elle avait évacué le péché d'orgueil depuis longtemps et que ce n'était pas la question. D'ailleurs, elle refusait l'idée qu'elle faisait une dépression.

Pour en revenir à moi, ce n'est pas mon quotidien qui a créé cette crise de panique pendant laquelle j'ai pensé une seconde que je ne pourrais plus jamais respirer involontairement de ma vie et que je serais éternellement obligé de penser à respirer pour survivre. Non, je m'en voulais simplement de m'être abusé moi-même en faisant porter à

Julia tous mes espoirs d'une perspective amoureuse qui aurait pu me donner envie de revivre intensément. Les souvenirs de l'amante et de l'*executive woman* se mêlaient douloureusement. J'aurais voulu les réunir mais cela semblait impossible tant elles étaient dissociées. Elle se payait le luxe de vivre deux vies en même temps et j'en étais la victime, à un moment où la mienne s'enfonçait irrémédiablement, entraînée par la chute de ma femme qui refusait de se faire soigner.

De la gare, j'ai marché un quart d'heure jusqu'à la maison, comme je le faisais chaque matin et chaque soir quand mon travail ne me conduisait pas loin de New York, en pensant à mes jeunes années passées auprès d'une grand-mère juive dépressive qui ne parvenait pas à accepter l'idée d'avoir survécu à l'holocauste, jusqu'à se convaincre qu'elle n'était pas juive. Contrairement à ma femme, ma grand-mère avait vécu sa dépression courageusement, dans un combat de chaque instant, sans jamais céder un pouce, luttant contre toutes ses maladies psychosomatiques, pour finir par s'éteindre à quatre-vingt-quinze ans dans un soupir. C'est d'elle que je tenais, depuis l'enfance, ce questionnement constant sur le sens de l'existence, sur la difficulté de lui en donner un et surtout de s'y tenir.

Les lampadaires qui jalonnaient mon parcours de la gare à chez moi diffusaient la lumière qu'Edward Hopper avait su si bien restituer dans ses tableaux. Hopper, voilà un peintre que je pourrais peut-être me payer un jour. Pour en faire cadeau à un musée parce que je n'ai jamais eu le goût de la possession, ce piège de la fortune.

Tout était propre, d'une symétrie exemplaire. Aucune construction ne déparait dans cet alignement de demeures aux jardins impeccables, symboles d'un accomplissement social. Aucune trace de pauvres, de classe moyenne laborieuse ni d'ultra-riches, comme on les appellerait plus tard. Rien que des gens comme moi, avec une famille, des enfants, des rêves accessibles, un train de vie cohérent avec des revenus bien au-dessus de la moyenne. De quoi pouvoir s'enorgueillir, sans pour autant fanfaronner parce qu'un peu plus loin, à quelques miles de là, s'étalait un village aux mains de familles qui n'avaient plus besoin de compter depuis des générations.

Joe Kennedy, le fondateur de la dynastie, avait une formule. Il ne parlait pas de gagner de l'argent, il parlait de le prendre, comme il prenait les femmes qui l'entouraient. Moi, je voulais en gagner parce que mon père m'avait insufflé l'idée qu'au-delà de certains montants raisonnables liés au talent ou au mérite, on volait forcément quelqu'un. Il trouvait qu'au-delà d'un certain stade, qui était celui du confort, l'argent devenait obscène ou pitoyable, comme peuvent l'être certaines formes d'incontinence. Mes objectifs de conquête de la liberté par l'argent faisaient de moi quelqu'un de trouble et de contradictoire, mais j'en avais conscience et je l'assumais parce que sauf à tout foutre en l'air, je ne voyais pas d'alternative.

Je franchissais la dernière allée en pensant à ce qui m'attendait à la maison : une demande d'explications suivie de reproches. Mais tout cela dépendait de son état, des antidépresseurs qu'elle avait ingurgités. Mes défenses instinctives sont tombées quand je l'ai trouvée allongée dans le canapé du salon, une serviette humide posée sur ses yeux dans un noir complet. Comme je m'avançais vers elle, hésitant, elle a eu cette phrase sortie des ténèbres :

– Ne t'inquiète pas, pas la peine de tourner ton mensonge dans ta tête, on n'en parlera pas. Désormais on ne parlera plus jamais du passé ensemble, ni de l'avenir, on parlera du présent, et c'est bien assez. Le présent, c'est que j'ai une migraine ophtalmique et que j'ai l'impression que mes yeux vont surgir hors des orbites. Mais ne t'inquiète pas, je sais d'où ça vient. Je somatise une décision.

Je me suis assis près d'elle et je lui ai pris la main, ce qui ne m'était pas arrivé depuis longtemps.

– Quelle décision ?

Elle a laissé un long silence s'installer.

– Je veux bien me faire interner.

– Interner ?

– Oui. Pas définitivement mais je ne tiens plus. Tout s'effondre en moi. Je me suis renseignée, il y a une clinique spécialisée dans les dépressions pas très loin d'ici. Je pourrais faire une première session d'une semaine. Ce weekend, je voudrais le passer avec les enfants et tu m'y conduiras lundi matin. J'y resterai jusqu'à vendredi prochain et je serai là quand les enfants reviendront de pension. Je ne veux pas qu'ils me croient malade.

– Tu penses qu'ils ne s'en rendent pas compte ?

Elle a poursuivi d'une petite voix :

– Tu sais bien que ce n'est pas la même chose de supposer et d'avoir la preuve.

Un immense sentiment d'empathie et de pitié pour elle m'a envahi et je me suis retrouvé au bord des larmes. Jusque-là, j'avais eu l'impression que son état était tellement avancé qu'elle n'en avait plus conscience, que son cerveau se défendait par le déni. Mais soudainement, elle semblait parfaitement lucide sur sa condition et elle le disait comme quelqu'un qui use de ses dernières forces pour être sincère. Je me suis mis à rêver de cette confrontation avec un psychiatre, qu'elle parvienne à expulser ce nœud qui la liait à son père et qu'on en finisse avec ce transfert sur notre couple qui faisait de moi le méchant depuis plusieurs années. J'avais probablement aussi ma part de responsabilité dans son état mais rien qui puisse justifier un tel effondrement.

10.

Le lendemain matin, je suis parti chercher les enfants dans leur pensionnat chic qui me coûtait de quoi prendre un précepteur à domicile et j'ai fait la route avec une légèreté que je n'avais pas ressentie depuis des années. L'espoir prenait le dessus sur le reste et je crois que je n'ai jamais autant profité de cette route boisée qui serpentait au milieu d'une forêt splendide. Les enfants ont vu tout de suite que quelque chose était en train de changer et dès que nous sommes montés dans la voiture, je leur ai annoncé que leur mère avait décidé de se faire soigner, ce qu'ils ont pris avec l'enthousiasme relatif de leur âge mais ils étaient décidés comme moi à en faire une bonne nouvelle et je leur ai demandé de n'en rien montrer devant elle, toujours persuadée qu'ils n'avaient rien remarqué de son état. Je me suis investi de cet optimisme à l'américaine dont chacun accepte la superficialité pour sauver les apparences et pour le bien-être de tous, en laissant de côté le pessimisme profond de mes origines.

C'est ainsi que je me suis retrouvé en vacances de moi-même. J'ai emmené ma fille participer à un tournoi de tennis, pendant que mon fils a rejoint ses copains du quartier pour jouer au baseball, un sport pour lequel il commençait à s'enthousiasmer. Leurs caractères s'affirmaient, l'une déterminée, presque trop, à la limite de la rage, l'autre plus velléitaire, se cherchant une passion à laquelle se tenir, sans y parvenir. Chacun gérait différemment la maladie de leur mère et il était loisible de constater que la tragédie que nous vivions les avait déjà marqués pour toujours. Il leur faudrait certainement de longues années à l'âge adulte pour effacer les stigmates de cette terrible défaillance d'une des deux personnes qu'ils aimaient le plus au monde.

Cette situation m'obligeait à avoir un comportement particulier sans essayer de compenser ce qui ne pouvait l'être. Je savais qu'ils m'en tenaient pour partiellement responsable parce que ma femme se lâchait parfois quand je n'étais pas là et apparemment, elle avait fait état devant eux de mes incartades avec d'autres femmes. Ils ne pouvaient pas comprendre ce qui se jouait là pour moi, ils ne voyaient dans ce qu'elle leur rapportait que le côté moral de la chose. Ma fille m'en voulait particulièrement, et je la surprenais souvent à m'observer d'un regard oblique, comme si elle cherchait à savoir si j'étais la cause de la dépression de sa mère. Je sais qu'elle me jugeait égoïste de partir seul faire du cheval, de les laisser face à une mère qui leur offrait le spectacle de la désorganisation mentale sans le filtre de ma présence. Mais me sauver pour conserver mon équilibre et un peu de plaisir était le meilleur moyen de les protéger, en tout cas j'essayais de m'en convaincre.

Ce week-end d'espoir s'est terminé comme les autres. J'ai raccompagné les enfants dans leur école huppée et je suis rentré à la maison assez tard, en espérant ne pas croiser ma femme, qui dormait en divers endroits de la maison selon son humeur, le canapé du salon le plus souvent, parce qu'elle s'y assoupissait en regardant les images d'une chaîne où l'on ne parlait que de jardins et de décoration intérieure. Tout ce qu'elle avait appris en suivant de hautes études universitaires semblait s'être évanoui. On aurait dit Frau Goebbels dans le bunker d'Hitler attendant l'effondrement final de Berlin en parcourant un catalogue de papiers peints.

Par chance, nous avions un chien, un Kangal, grand berger d'Anatolie structuré par des siècles de dévouement à son travail de gardien de troupeau. Notre famille avait remplacé le troupeau et il faisait son travail de protection avec la même constance et la même loyauté. Nous étions aux États-Unis, jamais à l'abri d'un timbré décidé à tuer pour survivre à son propre échec et ces gens-là étaient armés, raison pour laquelle en cas d'agression, le chien n'aurait pas suffi. Il était là pour prévenir du danger mais quelqu'un de décidé avec une arme l'aurait éliminé sans difficulté. J'avais donc moi-même une arme dissimulée dans mon placard à vêtements, à une hauteur inaccessible pour les enfants et pour la femme de ménage portoricaine qui venait une fois par semaine. Alors que je me servais un verre avant d'aller me coucher, j'ai pensé à cette arme en me demandant si elle était vraiment hors d'atteinte pour tous ceux qui vivaient dans cette maison, et j'ai conclu qu'elle l'était.

Le lendemain matin, comme convenu, j'ai conduit ma femme dans l'institution qu'elle avait choisie. J'ai craint jusqu'au dernier moment qu'elle renonce, mais finalement elle est montée dans la voiture, le regard éteint et inexpressif. Je voulais rester optimiste et je me suis comporté en conséquence. Nous avons commencé à rouler et au bout de quelques instants, elle s'est mise à parler de cette voix rendue pâteuse par l'excès de Valium.

– Si c'est bien, peut-être que j'y resterai toujours. Enfin... si tu en as les moyens. Tu vois, si on avait su que ça arriverait, on serait restés en France, avec la sécurité sociale, tu n'aurais pas eu un centime à débourser. Mais ici, ça finira par te coûter ton salaire. On peut rentrer si tu veux. Ou partir au Canada, il paraît qu'ils ont un système de protection sociale.

– Je ne compte pas que tu restes enfermée là-dedans plus d'une semaine.

Elle a posé son regard sur le montant du pare-brise.

– Tu sais, la dépression, c'est comme l'apnée. Si tu descends trop vite et trop profond, tu ne remontes jamais. Je ne remonterai jamais. En allant là-bas, ce que j'espère, ce n'est pas de refaire surface, c'est d'accepter mon état, de le stabiliser d'une façon qui le rende supportable pour que je puisse être disponible pour les enfants. Que je me détache de toi, au fond, ce n'est pas si grave, tu n'auras été qu'un géniteur pour moi, mais les enfants... tu te rends compte... la dépression bouffe mon amour pour eux, alors qu'ils sont tout ce qui me reste.

J'ai pensé qu'elle allait se mettre à pleurer ensuite, et

cela m'aurait rassuré. Étrangement, à cet instant, c'est l'image de Julia qui s'est imposée, mystérieuse, ambiguë, cruelle. Pour lui échapper, j'ai fait un effort pour regarder ma femme. Elle se contentait de fixer un point lointain, le regard à nouveau vide après un bref moment de lucidité.

11.

L'institution était complètement cachée au bout d'une allée parfaitement entretenue, tournant entre des arbres majestueux qui semblaient avoir connu l'Amérique d'avant la colonisation blanche. Je l'ai laissée là, comme on dépose un enfant dans une garderie avant une journée de travail, non sans avoir eu un entretien préalable avec un jeune psychiatre de l'équipe, qui m'a fait savoir que même si mon avis ne comptait pas beaucoup, il voulait bien l'entendre. J'ai détaillé sa lente dégradation, ses manifestations, tout cela de mon point de vue, et il a été convenu qu'ils allaient la garder deux semaines, sans nous permettre, aux enfants et à moi, de lui rendre visite, de telle sorte que son état ne soit pas altéré par des réactions affectives à notre égard. Lorsque nous nous sommes quittés, j'ai vu qu'elle avait hâte de se réfugier dans ce monde où sa maladie devenait la norme rassurante et non plus l'exception.

Après une quinzaine de miles dans la campagne, je me suis glissé dans le flot des automobilistes qui se dirigeaient vers Manhattan. J'ai mis à peine une heure pour rejoindre la banque. Mes soirées des deux semaines à venir, celles du week-end exceptées, se libéraient d'un coup. Je n'avais aucune obligation de revenir chez moi.

J'ai décidé d'en profiter pour me changer les idées et de sortir tous les soirs. J'avais envie de traîner comme je ne l'avais pas fait depuis la fin de mes études. Le souvenir du regard de ma femme quand on s'était dit au revoir restait cependant brûlant. Elle m'avait salué en tendant la joue comme si nous étions totalement étrangers l'un à l'autre et que nous allions le demeurer pour toujours. J'avais eu le sentiment qu'elle me quittait pour de bon. Je n'avais pas décelé chez elle le moindre espoir de s'en sortir mais un soulagement à la perspective qu'on lui administre des médicaments qui l'assommeraient... Je ressentais au fond de moi la nostalgie de celle qu'elle avait été et qu'elle ne serait plus jamais. Je n'imaginais pas les médecins capables de lui permettre à nouveau de vivre normalement mais je ne voulais pas me l'avouer. Je ne connaissais pas d'exemple de personne descendue si bas qui refaisaient surface. Les sciences de l'âme parviennent souvent à expliquer, plus rarement à réparer.

*

Le bureau qui, ces derniers temps, me pesait, surtout depuis ma nuit avec Julia, m'est apparu subitement comme un havre de paix. La compétition qui régnait dans le département ne laissait pas beaucoup de place aux problèmes personnels, et les avouer vous mettait aussitôt en position de proie face à des prédateurs faussement compatissants. À l'empathie feinte succédait le calcul de la façon dont on allait profiter de la situation. On avait connu cela avec un jeune très dynamique qui avait dû quitter la banque parce que son assurance sociale ne lui permettait plus de soigner sa femme gravement atteinte de la maladie de Crohn. Face à ces dépenses insurmontables, le couple s'était réfugié au Canada, qui offrait un système plus protecteur. Deux jours après l'annonce de ses ennuis et de son départ prochain, les équipes s'étaient partagé les dépouilles de son business dans une hystérie bruyante. L'homo economicus s'imposait brutalement. Cette rudesse présentait l'avantage de vous forcer à oublier votre tragédie pour survivre. À la question de savoir comment ça va, l'Américain répond toujours par l'affirmative dans le genre : « Mieux que moi, ce serait exagéré. » Pour lui, le superlatif est un gri-gri contre le mauvais œil qui pourrait vous conduire à la déchéance, et avouer qu'on n'est pas en forme, c'est se coucher sur le dos devant un autre mâle dominant. Je n'avais pas d'autre choix que de m'arracher à mes malheurs et de n'en rien montrer.

Quand je me suis installé derrière mon bureau ce matin-là, une collaboratrice s'est jetée sur moi pour m'annoncer que l'offre que nous avions faite à une grosse compagnie sud-américaine venait d'être retenue par le DAF (le directeur administratif et financier) de cette société pour un méga-deal d'une vingtaine d'avions, tous des Boeing. La nouvelle avait fait le tour du plateau et chacun est accouru me féliciter. Je savais que c'était sincère parce que c'était bon pour tout le monde, même si c'était moi qui allais en tirer les plus grands profits. Je n'osais pas calculer ce qui, de la commission totale, allait tomber dans ma poche, c'était indécent. Indécent mais mérité parce que ce client, il y a encore quelques années, montrait des résultats qui n'inspiraient pas l'enthousiasme. J'avais vite analysé la source de son mal : une flotte bien trop hétérogène. En réorientant sa flotte sur un seul type d'avion, le 737, d'une seule marque, Boeing, il allait pouvoir réaliser des économies considérables en termes de qualification des pilotes et de maintenance. Je l'avais aidé à casser les contrats sur la flotte existante et je lui avais fait une proposition financière pour la nouvelle, que j'avais optimisée par un modèle mathématique original validé par Boeing.

Les mécanismes de la satisfaction sont aussi tortueux que compliqués chez moi, mais ils ne sont pas parvenus à gâcher mon bonheur.

Julia a été la dernière à venir me féliciter après avoir attendu que chacun de mes collègues l'ait fait.

– Super boulot, mon vieux, bravo !

Elle a dit ça sur un ton passablement désabusé.

– Ton année est faite et tu vas booster le bonus global, donc augmenter ton capital sympathie parmi les équipes. C'est très malin ce que tu as fait, d'y aller tout seul en conseil et d'être revenu avec un méga-deal, vraiment très malin.

Dans un premier temps, je n'ai pas répondu, l'ignorant, les yeux rivés sur mon ordinateur où les chiffres de ma commission personnelle s'affichaient. J'ai fini par dire :

– Le plus beau dans tout cela, c'est que tu n'étais pas là pour jouer les vautours en me distrayant avec ton corps parfait.

Elle s'est rembrunie.

– On ne parle pas de ça ici, si tu veux, on peut dîner ensemble dehors.

– Non, j'ai prévu de sortir ce soir, comme tous les soirs des jours qui viennent.

– Ah bon ! Tu n'es plus marié ?

– Si, mais ma femme a souhaité partir en HP pour une quinzaine de jours.

Elle a fait mine de ne pas donner d'importance à l'information que je venais de lui transmettre. Elle l'a prise à la légère :

– Je connais des femmes au foyer qui décident de partir seules à la neige, au ski ou en thalasso, mais je n'avais jamais entendu parler d'une femme qui se paye deux semaines en HP pour le plaisir !

J'étais furieux.

– C'est une blague ?

– Tu ne réalises pas la façon dont tu en as parlé, c'était dans cet esprit.

– Non, ce n'est pas drôle du tout.

– Alors je suis vraiment désolée. Et tu ne vas pas lui rendre visite ?

– Ça m'est interdit.

– Pourquoi ? C'est toi qui l'as rendue folle ?

Je n'avais plus envie de lui répondre mais je l'ai fait quand même :

– Non, c'est pour la continuité de son traitement, pour lui éviter toute émotion de quelque nature que ce soit.

Elle a baissé la voix en posant les fesses sur un coin de mon bureau et en croisant les bras :

– Je ne me pensais pas complice de la trahison d'une femme dans un tel état de faiblesse. Je ne pouvais pas le savoir puisque tu ne m'as rien dit.

J'ai parlé encore plus bas :

– Il n'y a rien de moins érotique que de parler de sa femme quand on est en train de la tromper.

– Ça dépend, j'en connais que ça excite. Bref, maintenant que je sais, notre relation devient impossible, ce serait tellement vil de ma part.

– Notre relation était déjà impossible avant que tu le saches...

– Oui, mais ça ne nous empêche pas de dîner et de voir tout ça à la lumière de qui nous sommes vraiment. Tu es d'accord, n'est-ce pas ? Difficile d'avoir une conversation sincère ici, non ? Tu me diras où et à quelle heure.

La journée s'est prolongée dans l'euphorie de mon succès qui, outre bien des avantages, avait celui de me permettre d'envisager de payer l'hospitalisation de ma femme sans difficulté. Mais j'aurais tout donné, tout ce que j'avais gagné pour qu'elle aille mieux, pour que disparaisse le spectre d'années où les enfants et moi allions devoir subir le poids de sa dépression comme une ancre plantée au fond de l'océan. Sa maladie plombait nos vies. Il m'arrivait de détester ce bureau et la névrose obsessionnelle pour l'argent qui l'animait, mais je l'ai vu ce jour-là comme un refuge.

En fin d'après-midi, j'ai appelé la clinique comme ils m'avaient autorisé à le faire pour prendre des nouvelles de ma femme, tout contact direct avec elle m'étant interdit. Après avoir attendu un moment, on m'a passé le médecin qui la traitait. Il a refroidi mon optimisme de la journée en me disant qu'elle souffrait plus de psychose que de dépression, qu'ils allaient tout faire pour me la rendre d'ici quinze jours, puisqu'elle n'envisageait pas une hospitalisation plus longue, mais qu'ils n'imaginaient pas qu'elle puisse vivre normalement ensuite.

– Elle est très atteinte.

Il répétait ces mots comme consterné d'entrevoir les limites de sa science. Ensuite, on a continué à discuter très simplement, comme deux personnes œuvrant dans la même direction.

– Comment expliquez-vous ça ?

Il a pris un long moment pour me répondre :

– Je me l'explique par une prédisposition psychologique et peut-être physiologique. S'y sont ajoutés probablement des éléments traumatisants.

– Vous voulez dire qu'elle aurait pu être abusée dans son enfance ou quelque chose comme ça ?

– Non, je ne crois pas. Vous voulez que je vous dise quelque chose ? Si vous additionnez une prédisposition et un traumatisme, vous ne parviendrez jamais à un tel niveau de psychose. Et c'est une grande psychotique. Elle a complètement perdu le contact avec le réel mais elle est assez douée pour qu'on ne le réalise pas.

J'étais étonné qu'il m'en dise autant aussi tôt. Il a repris :

– Il me faut rarement plus d'une journée pour évaluer un patient, et en général à la fin de celle-ci, je sais ce que je vais pouvoir faire, ce que je vais pouvoir espérer. Mon espoir pour votre femme, c'est de la stabiliser. La guérir ? Je n'y crois pas, et ce serait malhonnête de ma part de vous le faire croire.

– C'est quoi, l'avenir ?

– L'abrutir de médicaments pour freiner ses délires.

– Elle va finir en légume, c'est ça ?

– Je ne dirais pas cela comme ça, disons plutôt qu'elle va continuer sur une basse fréquence, assommée par la pharmacopée, qui est la seule option possible. Ne perdez pas de temps ni d'argent dans des psychothérapies sans fin, cela ne changera strictement rien à son état. Voilà mon diagnostic, il nous reste deux semaines pour le confirmer ou l'infirmer, ne prenez pas cela pour de l'orgueil mais je ne me suis jamais trompé. Parfois j'aimerais vraiment, malheureusement… Et je vais être encore plus honnête avec vous parce que vous êtes français et que vous m'êtes sympathique, parce que je vous sens plein de bonne volonté, la seule décision que vous aurez certainement à prendre au terme de ces deux semaines, c'est de savoir si vous la reprenez avec vous ou si vous envisagez un internement définitif. Pas dans notre institution, qui n'est pas prévue pour cela, mais ailleurs. Et si je vous parle aussi directement après si peu de temps, c'est qu'il y a autre chose… qu'on ne dit que dans un face-à-face.

– Vous ne voulez vraiment rien me dire ?

– Comme ça ? Au téléphone ? (Il a soupiré.) Au point où on en est… Votre femme m'a avoué que le peu d'énergie qui lui reste lui sert à lutter contre une obsession…

– Laquelle ?

– Celle de vous tuer et de tuer les enfants.

– Pardon ?

– Laissez-moi finir. Elle explique cela par le fait qu'elle ne s'imagine pas vivre longtemps et qu'elle ne voit pas comment vous et les enfants, vous ferez pour lui survivre. Elle pense que vous n'êtes pas capable de les élever. Elle pense aussi que les enfants ne peuvent pas grandir, vivre sans elle, et que la seule perspective qu'ils auraient si elle venait à disparaître, ce serait une lente déchéance. Elle est convaincue que vous devez tous mourir en même temps, comme si vous quatre n'aviez jamais existé.

Le choc fut d'une violence inouïe mais quelques secondes après, j'ai pu reprendre la conversation.

– Bon Dieu, elle est vraiment cinglée, non ?

– Ce n'est pas les mots que j'utilise. Mais tout cela soulève un problème juridique… Comme médecin traitant, je suis tenu au secret professionnel, mais j'ai été mis au courant d'un projet d'assassinat. Je vais vous dire le fond de ma pensée. Tant qu'elle prendra les médicaments que je lui ai prescrits, elle ne passera pas à l'acte. Toutefois, si elle ne les prend plus, ou fait semblant de les prendre, ce qui revient au même, elle peut décider en un éclair d'anéantir sa famille et de se suicider ensuite. Et j'en porterai la responsabilité.

– Alors qu'est-ce qu'on va faire ?

– C'est pour cela que je prends la précaution de vous prévenir à l'avance, nous avons quinze jours pour examiner la situation. Si elle évolue bien, je pourrai éventuellement la laisser sortir une dernière fois si vous le souhaitez, parce qu'elle sera tellement sonnée qu'elle ne pourra pas soulever une petite cuillère, donc vous ne risquerez rien pendant quelques heures, le temps qu'elle prenne quelques affaires et dise au revoir aux enfants. Ensuite, nous la placerons dans une institution de long terme.

J'essayais d'absorber toutes ces informations et de les traiter méthodiquement.

– Cela veut dire qu'elle finira sa vie aux États-Unis ?

– Oui. Si vous avez l'intention de rentrer en France, il faudra voir à ce moment-là comment vous pouvez procéder juridiquement. Laissons-nous ces quinze jours, elle est ici, personne ne craint rien pendant ce temps-là, et on se reparle ensuite.

On était en Amérique, on ne plaisantait pas face à un délire psychotique meurtrier. Ils allaient l'enfermer et ne plus jamais la laisser sortir. Je ne pouvais pas l'accepter, ni pour elle, ni pour les enfants, ni pour moi, c'était m'octroyer un pouvoir exorbitant : celui de mettre en prison à vie la femme que j'avais aimée. Mais je comprenais le psychiatre, responsable d'une jeune femme qui envisageait d'éliminer toute sa famille. Comme si son devoir était de tout effacer, comme si les enfants, elle et moi, nous n'avions jamais existé, et qu'elle s'arrogeait le droit de corriger une erreur de la nature et des circonstances. Elle pouvait très bien fomenter ce projet. Terrible perspective pourtant que de devoir dire aux enfants que j'avais pris la responsabilité d'interner leur mère jusqu'à la fin de ses jours parce qu'elle menaçait de les supprimer ! Mais il y avait aussi autre chose, la contrainte de rester aux États-Unis pour une durée indéterminée. J'étais venu là pour apprendre, faire de l'argent, mais je n'avais pas le projet de passer toute ma vie dans ce pays, tout simplement parce que ce n'était pas le mien, même s'il s'était construit avec des gens dont ce n'était pas le pays non plus. Jamais je ne m'étais senti aussi seul dans ce bocal new-yorkais, poisson rouge parmi les poissons rouges et autres piranhas.

J'étais rassuré à l'idée de dîner avec Julia, bien qu'elle ne soit pas digne de confiance. On peut choisir d'avoir plusieurs vies, on peut choisir d'avoir une double vie, mais on ne peut pas se dédoubler indéfiniment. Enfin, c'est ce que je pensais à ce moment-là, sans savoir que j'en rabattrais sur la question plus tard. J'ai appelé en France les proches qui me restaient, c'est-à-dire pas grand monde. Tout ce que je parvenais à faire, c'était les gêner. Demander un conseil sur un cas aussi grave, c'est associer quelqu'un qui ne s'y attend pas à une décision cruciale, et rares sont ceux qui veulent prendre ce risque. Finalement, je me suis renfermé sur moi-même.

12.

La soirée avec Julia a commencé par un dîner dans un restaurant branché mais calme, un italien haut de gamme où j'ai descendu une bouteille de vin rouge en attendant les antipasti. Une façon de gérer mon malaise né des évènements de la journée.

– C'est étrange, tu ne sembles pas du tout exalté par ta réussite. Sincèrement, je n'aurais jamais pensé que tu étais capable de conclure un deal de cette taille et de cette complexité. Tu montes dans mon estime.

– Est-ce que j'en ai besoin ?

– De quoi ?

– De ton estime.

Elle sourit.

– Je vois que tu n'as toujours pas digéré l'incident de la dernière fois. Pourtant tu es bien là, tu n'étais pas obligé d'accepter mon invitation.

– Je l'ai acceptée seulement parce que j'avais besoin d'une diversion.

– Une diversion à quoi ?

– Je ne sais pas si je peux t'en parler. Théoriquement, tu es la personne la plus proche de moi puisqu'on a couché ensemble récemment. Cela devrait créer des liens mais visiblement, avec toi, on ne parvient pas à savoir de quelle nature ils sont.

– Tu es rancunier comme un enfant. Rien n'était prémédité. Tu ne t'es pas réveillé l'autre matin, je me suis occupée de ce nouveau client qui s'est attaché à moi… fin de l'histoire. Tu devras partager une commission que tu avais l'intention de garder pour toi seul. C'est ainsi… Rien de neuf sous le soleil, regarde des vautours évoluer sur un cadavre, ils sont plusieurs, alors ils jouent du bec et des griffes, puis certains reculent, attendent puis reviennent. Donc, qu'est-ce qui ne va pas ?

– Je vais être direct. J'ai l'impression d'avoir deux personnes devant moi. Une Julia de nuit et une Julia de jour.

– Ce n'est pas facile pour une femme d'être elle-même avec quelqu'un avec qui elle travaille et avec qui elle couche. Ça demande beaucoup d'ajustements. Quoi ? Tu t'attendais à ce que je te demande en mariage après la première nuit parce que j'ai joui profondément et que je ne m'en suis pas cachée ? T'es un drôle de type, tu sais. Un type trouble, très trouble, difficile à décrypter.

– Je ne vois pas en quoi je suis plus trouble que toi.

– Non, certainement, c'est pour ça que j'aime cette association de malfaiteurs et que je t'ai fait assez confiance pour coucher avec toi alors qu'on a de gros enjeux de business, ensemble ou l'un contre l'autre. Alors dis-moi ce qui vient éteindre cette flamme allumée par ton méga-contrat.

– C'est vraiment très personnel. Si je t'en parle, je te fais entrer loin dans mon intimité…

– Libre à toi. On peut rester en surface parce qu'on y respire mieux. Ou alors on se fait confiance, même si ça risque dans un premier temps d'être un peu déséquilibré entre nous, si j'en crois l'importance de ce que tu as à me dire.

Elle avait quelque chose d'irrésistible, cette force d'attraction qu'on nomme la gravité. Je comprenais que notre relation vivait un tournant. Si je refusais de me livrer, elle pouvait décider de se lever et de me laisser dîner sans elle, et je n'étais pas décidé à la perdre dans un tel moment de solitude. Pourtant je me trouvais pathétique à mendier sa complicité tandis que ma femme légitime était là-bas, dans cet hôpital, à lutter contre la folie. Alors que Julia me faisait face en silence, le souvenir de mes premiers tête-à-tête avec ma femme m'est revenu. Mais a surgi aussi le souvenir de ses soudaines crispations, de ses accès de rigidité, quand tout se grippait avant de disparaître, et voilà que ces petites choses à peine décelables au début ont balayé tout le reste, comme si des forces diaboliques disséminées dans des lieux reculés de sa personnalité avaient réussi à en prendre le contrôle.

– Ne te fais pas d'illusions, si je me livre à toi, ce n'est pas parce que tu es l'élue mais parce que je n'ai personne d'autre pour le faire et que…

– Tu ne peux pas rester sans parler.

– C'est ça…

– Alors dis-moi.

J'ai hésité, comme on hésite toujours à apparaître nu pour la première fois.

– Ma femme…

– Je m'en doutais.

– Ma femme a développé une psychose et elle est dans une institution qui parle de l'interner à vie parce qu'elle manifeste des intentions criminelles à mon égard et à l'égard des enfants.

Il fallait évoquer une tragédie de cette ampleur pour qu'elle laisse tomber ses défenses. Elle est restée sans rien dire, médusée. Elle était comme tout le monde, elle avait monté sa fiction de femme d'affaires, ambiguë et parfois cynique, mais cette fiction ne résistait pas à la vraie vie. Je l'ai trouvée désemparée, ne sachant pas comment réagir, je m'attendais à ce qu'elle prenne une posture mais elle ne l'a pas fait. Et surtout, elle n'a pas pris cette mine compatissante fabriquée que les Américains sont habitués à afficher dans ce genre de circonstances. Finalement, elle a lâché en peu de mots ce qui convenait le mieux à la situation :

– Bon Dieu, mais dans quelle merde tu es !

Puis elle a repris :

– C'est ce qu'on appelle se faire mettre échec et mat. Tu n'as rien vu venir, je veux dire depuis le début ?

– Non, une toute petite tache qui s'est mise à grossir jusqu'à tout recouvrir.

– Une histoire d'inceste derrière ou quelque chose comme ça ?

– Je ne crois pas, dans ce cas-là son désir aurait été perturbé, et il ne l'était pas. On veut toujours imaginer pour les maladies psychiques une cause qui les relie à notre histoire personnelle, c'est possible mais souvent cela ne suffit pas, comme on ne peut pas associer tous les cancers à des chocs émotionnels ou à de mauvaises habitudes. La maladie aime se déployer sur un terrain de jeux plus ou moins propice, mais elle n'en a pas besoin pour se manifester.

– C'est quoi, la prochaine étape ?

– Si le médecin est d'accord, elle aura une permission pour passer le week-end prévu initialement pour sa sortie avec nous, ce n'est qu'ensuite, à son retour, qu'il signalera que ma femme lui a déclaré son intention de liquider sa famille et qu'on entrera dans une procédure d'internement définitif.

– Ce qui veut dire que tes enfants et toi, vous êtes condamnés à vivre ici.

– Je ne sais pas. Je ne sais pas s'il existe une procédure pour la ramener en France. Peut-être les autorités américaines seront-elles heureuses de se débarrasser de quelqu'un d'aussi encombrant ? Je n'en sais rien, ça date d'aujourd'hui.

– La vie, quoi… Dans ses extrémités. La plupart des gens ne connaissent ni de grands bonheurs ni de grands malheurs et leur vie s'écoule comme un robinet d'eau tiède.

– J'en viens à les envier.

– Je comprends.

– Quand mon cerveau fait des nœuds, je lui impose des images d'une maison en bois perdue au fond de la Colombie-Britannique, où l'on peut vivre du minimum loin de tout le monde.

– C'est d'une forme écologique de dépression que tu me parles, il y a plein de gens qui ne supportent plus la tension des affaires et du mode de vie de New York, et qui décrochent en partant dans le Yukon ou en Alaska. Ils reviennent souvent avant la fin du premier hiver passé là-bas, après avoir réalisé que la nature n'a pas plus d'empathie pour nous que nos collègues de travail.

– Mon problème, c'est que j'ai toujours eu du mal à m'accrocher à la fable de la réussite comme moteur de l'existence, et si je n'avais pas à me battre pour maintenir mes enfants à flot, je serais au bord du gouffre.

– Un conseil, ne te laisse pas abattre sur le plan professionnel, les charognards savent sentir une proie blessée à des miles à la ronde. Mais surtout, évite de te laisser envahir par le poison de la culpabilité. Mets-toi dans la tête que tu n'es pas responsable parce que même si tu étais responsable de quelque chose, cela ne changerait plus rien désormais, elle est dans un autre monde, un monde inaccessible. Tu l'as trompée parce que tu avais besoin de vivre. Elle l'a su mais cela ne suffit pas à bâtir les fondements d'une psychose criminelle. Tu as le droit de vivre. Et plus tu vivras, plus tes enfants vivront aussi.

On a fini de dîner. Je sentais qu'elle n'avait pas du tout envie qu'on se roule dans mon drame comme deux marcassins le feraient dans une bauge providentielle. Elle se sentait au contraire la responsabilité d'être associée à une diversion, à une alternative, mais elle ne voulait pas du rôle de la bonne fille qui sèche mes larmes. Subitement elle a dit :

– Tu sais ce qui me plaît chez toi ?

– Je n'en ai pas la moindre idée.

– C'est que je n'arrive pas à déterminer ce qui me plaît. Tu es à la fois flou et droit dans tes bottes, touchant et possiblement redoutable quand on s'attaque à tes principes.

Elle a ajouté en faisant semblant de ne pas donner d'importance à ce qu'elle disait :

– Tu peux compter sur moi dans la période qui s'ouvre. Mais je prendrai mon pourcentage, bien sûr.

On a rejoint ensuite un bar branché où beaucoup de gens de la finance se retrouvaient le soir pour oublier la vacuité de leur existence. Les traders plus encore que les autres vivaient dans une bulle, un jeu à somme nulle ; ce que les uns perdaient, les autres le gagnaient, et l'alcool était là autant pour célébrer leurs coups que pour les consoler de leur inutilité. Les marchés brassaient des matheux purs avec des types incultes, joueurs invétérés qui sur leur temps libre continuaient à parier sur n'importe quoi. L'un d'eux s'est approché de notre table avec l'intention de brancher Julia, qui était particulièrement en beauté depuis qu'elle enchaînait les verres. Ce qui était vexant, c'était à quel point il me considérait comme quantité négligeable, incapable d'imaginer qu'une relation puisse se nouer entre ce Français de taille moyenne, à la carrure médiocre et aux dents imparfaites, et cette Américaine qui dégageait autant de mystère que de sensualité.

Il s'est autorisé à s'asseoir en commandant une bouteille, a fait mine de demander si on allait bien, me serrant la main comme si j'étais un sénateur, puis ne parla plus qu'à Julia. Il aurait aussi bien pu poser pour *Vogue Homme* mais il était trader dans un fonds dédié, et son truc à lui, c'était de spéculer sur le cacao. Les enfants qui buvaient leur chocolat le matin n'avaient aucune idée du fric qu'il se faisait sur le dos de leurs parents et des petits producteurs qui ramaient pour survivre. Ce n'était pas qu'il s'en foutait, c'était seulement qu'il était dans sa bulle, et depuis sa bulle on n'a pas la vue sur les gens qui vivent des vraies vies. Le mélange d'alcool et de cocaïne l'empêchait de dissimuler son but ultime, qui était de sauter Julia dans un délai raisonnable parce que dès qu'il l'avait vue, elle s'était insérée dans sa logique de récompense. Ce n'était pas parce qu'il nous apparaissait à moitié défoncé qu'il n'avait pas une vie réglée. Il passait la journée derrière un pupitre. La première chose qu'il faisait rapidement en arrivant le matin dans sa salle de marché, c'était de s'informer du contexte économique général dans lequel il allait évoluer : les annonces de la Banque fédérale, les taux, les perspectives de croissance réajustées, quelques aspects géopolitiques susceptibles d'influencer le marché du cacao et ensuite, à l'ouverture de son marché, il prenait des positions, jouait la hausse ou la baisse sur l'immédiat, à terme, y ajoutait éventuellement des instruments financiers un peu sophistiqués, et à la clôture, la machine lui sortait un compte précis de ses positions, de ce qu'il avait gagné ou perdu.

Ce qui était beau dans tout ça, c'est que dans tous les cas il finissait dans un bar branché où il se saoulait pour fêter ses gains ou pour noyer ses pertes. Comme ça jusqu'à deux heures du matin, ou plus s'il parvenait à emballer une fille, différente à chaque fois, parce que peu de filles peuvent supporter ce genre de types sur la durée, même si leur côté flambeur les attirait. Celui qui s'était assis à côté de Julia collait parfaitement à ce profil. Julia le laissait venir, le gars était complètement exalté, elle était sa proie sexuelle, son ultime espoir de récompense. Cette façon qu'il avait de m'ignorer, de me considérer comme quantité négligeable, m'a mis en colère. D'une certaine façon, il m'humiliait en me rendant transparent. Julia jouait son jeu, pas pour me rendre jaloux mais pour se divertir, certainement parce que – je ne m'en rendais pas vraiment compte – les circonstances ne faisaient pas de moi un compagnon de sortie très joyeux et elle avait besoin d'un peu de légèreté. Je pouvais admettre de disparaître, de me laisser absorber par mes sinistres profondeurs, d'ignorer ce cuistre à faible humanité mais cela aurait signifié que je me laissais sombrer, alors je me suis entendu lui dire :

– Dis donc, si tu prenais un peu du fric que tu as gagné sur le dos des deux cents millions d'Africains qui crèvent de faim aujourd'hui et que tu t'en servais pour aller te payer une pute à Times Square plutôt que de nous emmerder, mon amie et moi. En fait, elle et moi, on s'en fout de toi, de ta vie de trader de merde et de ta Porsche payée à crédit, alors fous le camp de là, tu m'as compris ?

Le type n'en revenait pas que j'existe et que je puisse prendre autant de risques vu ma corpulence comparée à la sienne. Il était saisi et son premier réflexe a été de se dire que je cachais quelque chose, une arme dissimulée quelque part.

– Non, mon vieux, je n'ai pas d'arme, mais comme j'ai été élevé dans une banlieue en France aussi sûre que le Harlem des années 1960, mes parents m'ont mis aux arts martiaux quand j'avais dix ans et aujourd'hui je suis d'humeur à casser la gueule à quelqu'un. Je te souhaite de ne pas être celui-là.

Les vapeurs d'alcool et sa bêtise présumée ne l'ont pas empêché de réagir avec intelligence, comme s'il percevait au fond de moi quelque chose qui pourrait m'emmener au-delà de mes limites. Alors il s'est levé en souriant pour ne pas perdre la face, me posant une main sur l'épaule pour me signifier qu'il s'en allait et que tout ça était présumé ne pas avoir eu lieu pour lui. Et je lui en ai été reconnaissant, gêné d'avoir été aussi loin, moi qui me targue de toujours me conduire en être civilisé. Tout ce qu'on pouvait lire dans le regard de Julia à ce moment-là, c'est que je lui avais enlevé sa distraction. On a bu encore un verre ou deux et on est rentrés au Fitzpatrick, où ma façon de lui faire l'amour ressemblait plus à un exorcisme de mes angoisses profondes qu'à un moment de plaisir partagé mais elle ne s'en est pas plainte. Cette soirée-là n'a pas donné plus de perspectives à notre relation.

13.

Je me suis réveillé bourré d'angoisse et de culpabilité. Je détestais l'idée de cette relation entre Éros et Thanatos qui ne progressait pas. Julia m'avait sorti pour me changer les idées mais elle restait cette lumière sans chaleur qui se tape un collègue de bureau quand ça lui chante en s'évitant la vulgarité de rencontres hasardeuses, sans sortir de la routine dans laquelle elle s'était installée. J'avais juste envie de partir avec les enfants et de vivre le mythe consolateur du trentenaire déboussolé : me réfugier dans un coin complètement paumé, ce retour aux fondamentaux qui remet les idées en place en attendant de me faire bouffer par les ours. Y penser me faisait du bien, comme de savoir qu'il existe une porte de sortie quelque part qui débouche sur une immensité, fût-elle fantasmée.

De retour dans l'Aquarium, j'ai repris mon rôle de jeune ambitieux. J'étais dans un système, j'avais accepté de l'être et je n'avais pas d'autre solution que de m'y conformer. Mais ce n'était pas ce qui me tenait debout. Je voulais avant tout protéger les enfants de l'effondrement de notre famille.

Accessoirement, il y avait Julia, obsession quotidienne, qui me maintenait dans le désir d'une existence qui m'échappait.

La sortie de ma femme de son institution avait été reportée d'une semaine, le psychiatre m'avait appelé pour me le dire.

– Je pense que ce serait prématuré et dangereux.

Sans transition, il m'a posé cette question :

– Avez-vous eu connaissance de choses graves entre elle et son père ?

– Vous voulez parler d'un comportement inapproprié de sa part ?

– Quelque chose comme ça.

– Non, mais je me souviens dans sa relation à lui de quelque chose qui relève de l'admiration-répulsion. En revanche, je suis persuadé que cela n'a rien de sexuel. Rien.

– Vous êtes formel ?

– Formel. Après toutes ces années, je l'aurais senti d'une façon ou d'une autre, je crois.

– Elle ne sortira donc pas ce week-end mais le prochain si je parviens à la stabiliser suffisamment, de telle sorte qu'elle ne soit un risque ni pour elle ni pour les autres. Mais juste le temps de lui trouver un établissement de long terme, nous sommes d'accord ? Vous m'avez parlé de repartir en France. Je peux, sous ma responsabilité, la laisser sortir quelques jours mais je devrai m'assurer que toutes les dispositions ont été prises pour son internement.

C'était visiblement un bon gars, pas un de ces trouillards que la judiciarisation des rapports humains produit en série.

– J'ai prévu de la ramener en France la semaine suivant son retour.

– Bien, nous calerons ça ensemble, mais je vais avoir besoin d'une attestation de prise en charge d'un établissement américain ou français dans un délai raisonnable.

– Je vais vous trouver ça.

Mais avant cela, je voulais parler aux enfants, les préparer à une décision qui allait changer fondamentalement leur vie. J'allais éloigner leur mère. Il fallait qu'ils comprennent que ce n'était pas de mon fait mais une mesure conservatoire destinée à assurer sa sécurité et la nôtre. Et éventuellement son bien-être, mais ça j'en doutais.

*

Mes ennuis personnels ne m'empêchaient pas d'assurer dans mon travail et j'ai conclu cette semaine-là un nouveau deal de leasing opérationnel d'une flotte d'avions de ligne de petite capacité pour des trajets régionaux au Brésil qui m'a valu la perspective d'une nouvelle commission. J'avais beaucoup semé depuis des mois et l'heure de la récolte avait sonné. Je sentais que ma hiérarchie appréciait de plus en plus le *deal maker* que j'étais devenu. Je savais me montrer aussi audacieux qu'impitoyable et les considérations morales qui m'avaient freiné les premiers temps s'étaient dissipées, le réalisme ayant pris le dessus sur la vision d'un monde clairement en voie de disparition, si tant est qu'il ait jamais existé. Je savais que cela n'avait pas de sens mais j'avais évacué cette question qui me rongeait depuis toujours. Un grand-père défiguré durant la première tentative mondiale de suicide collectif entre 1914 et 1918, un père gravement handicapé par la maladie m'avaient convaincu que cette brève histoire qu'est la vie n'a d'autre sens que celui de s'émanciper du poids des autres, le plus vite possible. Le système américain l'autorisait.

J'ai partagé une autre nuit avec Julia dans notre hôtel cette semaine-là après avoir dîné avec elle en essayant de percer un peu plus son mystère. Sachant qu'elle jouait beaucoup du charme irrésistible qui était le sien, j'avançais par petites touches, conscient que je risquais d'effondrer le fragile édifice de notre relation. Plus étrange encore était son attrait pour moi. Qu'est-ce qui pouvait bien l'attirer chez ce Français dont le sens critique sans doute un peu exotique cachait une irrésolution existentielle ? Elle seule aurait pu le dire. J'avais la certitude que rien chez moi ne pouvait motiver ces élans passionnels qui ramenaient tout à coup l'existence à une simple évidence. Elle déjouait tous les pièges, les uns après les autres, et aucune routine ne pouvait jamais s'installer, raison pour laquelle j'évitais de m'épancher sur mes problèmes, de peur de la lasser.

*

Le vendredi soir, j'ai récupéré les enfants dans leur école qui, comme beaucoup d'établissements américains réservés à une élite, s'est dotée de bâtiments dans le style des collèges d'Oxford ou de Cambridge. À voir la contrariété qui se lisait sur leurs visages, j'ai compris qu'ils auraient préféré rester avec leurs copains, dans un monde imaginaire construit sur mesure, fait d'intrigues adolescentes et de sentiments naissants. Je ne l'ai pas pris pour moi mais il était évident que le drame que nous endurions était avant tout une tragédie d'adultes et qu'ils auraient voulu vivre en dehors de ce monde dont ils détestaient la perspective. Après des années d'une enfance heureuse, ils vivaient un brutal désenchantement, une obturation du futur dont seuls leurs copains parvenaient à les distraire. Je les ai laissés un moment seuls pour m'entretenir avec le directeur des études. Je voulais l'informer des troubles sérieux que subissaient les enfants. Il m'a invité à m'asseoir dans son vaste bureau sur les boiseries duquel trônaient les portraits des directeurs successifs de cette école, qui se vivait prestigieuse sans l'être tout à fait. Il était à la fois sérieux et avenant. Il a pris l'initiative :

– J'ai remarqué un phénomène parallèle chez vos deux enfants. Leurs résultats scolaires se sont brusquement améliorés d'une façon spectaculaire, comme si l'un et l'autre réalisaient que leur avenir n'était qu'entre leurs propres mains. Quand je dis spectaculaire, c'est qu'ils sont passés de notes moyennes frisant le médiocre à des notes excellentes qui les placent dans les tout premiers de leur classe. Je tenais à vous le dire avant de vous écouter.

– J'en suis très heureux. Les circonstances sont lourdes pour eux. Leur mère subit une très grande dépression qui lui a valu d'être internée aujourd'hui avec peu de chances d'un retour à une vie normale.

– Je suis désolé.

Je voyais qu'il l'était sincèrement. Il a poursuivi :

– Je ne connaissais pas la situation qui les touche mais je peux vous dire qu'ils ont l'un et l'autre grandi d'un coup, pas seulement dans leur scolarité mais aussi dans leur façon de s'affirmer dans leurs groupes respectifs. Plutôt effacés jusque-là, ils se montrent désormais très leaders, directifs, impliqués dans les activités communes. Peut-être le prendrez-vous comme un réconfort mais je vois deux fortes personnalités se former dans l'adversité.

– Pourvu que ce ne soit pas seulement en surface.

– Ce le sera forcément d'une certaine façon. Les grandes fractures de l'enfance créent des béances qui restent ouvertes notre vie entière. Il faut ensuite rester constamment vigilant pour qu'elles ne nous attirent pas ni ne nous précipitent dans des abîmes.

– Je dois aussi vous prévenir qu'il est prévu que leur mère soit placée dans un établissement de longue durée et que je n'ai pas encore décidé si ce sera ici ou en France.

– Pourquoi la France ?

– Parce que c'est gratuit.

– Je comprends, mais ne sous-estimez pas l'environnement propice à vos enfants, c'est ici qu'ils s'épanouissent, et vous ne pourrez pas leur faire vivre deux chocs émotionnels simultanés. Il est possible d'envisager de baisser leurs frais de scolarité si vous le souhaitez, nous avons une fondation pour cela, d'ailleurs la banque dans laquelle vous travaillez y contribue.

– C'est gentil de votre part. Je dois étudier tous les paramètres qui vont me conduire à une décision.

– Cruciale pour l'avenir de vos enfants.

– D'autant que leur mère semble aussi dangereuse pour nous trois que pour elle-même, selon son psychiatre.

La nouvelle l'a choqué, je l'ai vu.

– Alors vous devriez peut-être la rapatrier dans un établissement français et laisser les enfants ici avec vous. J'ai appris d'expérience que dans la vie on ne peut pas sauver tout le monde, il faut faire des choix.

*

Quand je leur ai annoncé dans la voiture que leur mère restait une semaine de plus là où elle était soignée, je les ai vus soulagés. J'en ai profité pour leur dire ma fierté devant leurs résultats scolaires et ils n'ont pas réagi. À ce moment précis, j'ai senti qu'ils auraient carrément préféré être orphelins, n'avoir jamais eu ni père ni mère pour leur dévoiler un monde enchanté d'où ils étaient progressivement exclus.

– Et si au lieu de rentrer à la maison, on allait faire un tour dans le Vermont ? Rien de mieux que la nature pour nous remettre d'aplomb, non ?

– Je sais parfaitement où est la mienne, a répondu ma fille.

– Je n'en doute pas, et vous êtes très courageux, tous les deux.

Entre retrouver la maison et le fantôme de leur mère dépressive ou se plonger dans la forêt, ils ont finalement opté pour les grands espaces et leur caractère anesthésiant.

Provisoirement en tout cas, chacun sait qu'aucun lieu ne permet d'échapper à soi-même, surtout quand on est marqué aussi profondément que nous l'étions. Nous avons pris la direction de Burlington et la nuit s'est progressivement affaissée sur nous pendant que je conduisais en musique. Alors que je roulais tranquillement dans l'obscurité, les enfants endormis à l'arrière, j'ai repensé à ce copain qui m'avait initié au début des années 1970 à cette musique, mort peu après d'une overdose comme beaucoup de jeunes qui avaient embrassé la contre-culture pour échapper à cette société qui était la nôtre désormais, triomphante de voracité comme je l'étais moi-même malgré mon apparent détachement. J'avais pris ma part de cette illusion noyée dans les drogues dures, gentiment distillées dans un premier temps par ceux qui craignaient que cette société change pour de bon, la CIA en particulier, et qui avaient inondé le marché de LSD.

J'avais pris soin d'emmener avec nous notre chien. Sa présence réconfortait les enfants et malgré les contraintes qu'il créait, j'étais heureux d'avoir avec moi ce témoin objectif de notre existence. J'ai souvent considéré qu'il ne disait rien parce qu'il comprenait l'essentiel, et j'aimais ce silence entendu.

L'hôtel où nous sommes descendus acceptait les animaux mais la réceptionniste ne s'attendait pas à voir débarquer un chien de montagne aussi imposant. Sans qu'elle me le demande, je lui ai donné des garanties sur son caractère placide et puis on est partis se coucher, les enfants titubant de sommeil. J'avais prévu deux chambres mais curieusement, ils ont rappliqué dans la mienne et se sont allongés sur mon lit, mon fils en travers à mes pieds et ma fille sur le côté, face au mur. Le matin, quand je me suis réveillé, ils étaient repartis dans leurs lits. Je me suis interrogé sur cette étrange figure géométrique qu'ils avaient dessinée sans savoir si elle était destinée à les réconforter ou à me protéger. Quelque part dans leur esprit, ils avaient intégré que j'étais le dernier membre de leur famille, comme s'ils réalisaient que leur mère allait être conduite à disparaître socialement.

Mon parti pris était celui de l'enthousiasme, de la joie de vivre et de sauvegarder ce qui pouvait encore l'être. Alors on n'a pas arrêté de la journée, commencée en canoë sur un étang brumeux, avec au loin l'aboiement du chien inquiet sur la rive, puis on est partis en randonnée dans des paysages infinis. On s'est épuisés pour éviter de penser. La vie intelligente n'est-elle pas destinée à se détruire elle-même ? Cette question m'obsédait alors que je cheminais aux côtés des enfants silencieux, absorbés par leurs propres réflexions comme j'en avais eu jusqu'à l'angoisse à leur âge. Une pluie diluvienne éclata soudain, transformant la forêt du Vermont en nature tropicale. Nous sommes rentrés nous sécher avant de nous endormir chacun de notre côté.

Sans doute était-ce le passage de quelqu'un dans le couloir mais notre chien nous a réveillés en grognant avant le dîner, que j'avais réservé dans le meilleur restaurant de ce village d'où partent quelques pistes de ski en hiver. L'effort et l'altitude nous avaient creusé l'appétit et nous nous sommes attablés joyeusement. C'est après le premier verre que j'ai eu le courage d'expliquer aux enfants que nous devions décider si leur mère devait être internée en France ou ici, sachant que je n'avais aucune certitude de rester en poste à New York ni même aux États-Unis indéfiniment mais qu'il était prématuré pour ma carrière de rentrer en France. J'ai engagé la conversation sans m'être vraiment posé la question de savoir si cette décision m'appartenait en propre ou s'il fallait que j'en débatte avec eux, mais le cadre se prêtait à cette conversation avec la distance nécessaire. Le fait d'être dans un lieu public pousse à moins de sentimentalité, comme si la présence d'autrui nous forçait à plus d'objectivité, de retenue.

Je m'attendais à un long débat douloureux mais mon fils a tranché avec une rapidité stupéfiante.

– Et si on lui trouvait un endroit au Canada ? Au Québec, par exemple. C'est certainement moins cher qu'aux États-Unis et ce n'est pas si loin, à peine plus que le Vermont. On pourrait lui rendre visite régulièrement. Ici tu l'as dit, c'est du délire. Et on ne va pas rentrer en France juste... juste pour...

Il ne savait pas terminer sa phrase. Sa sœur l'a fait pour lui.

– Juste pour veiller sur maman.

Puis elle s'est mise à pleurer avant de se reprendre aussitôt.

J'ai compris que la solution canadienne était celle qui les perturbait le moins. Je n'étais pas certain qu'elle fonctionne parce que pour profiter du système canadien, je devais certainement être salarié au Canada. Mais peu importait, l'essentiel était de créer une perspective.

– Je vais creuser dans ce sens.

Pour nous sortir de tout cela, j'ai fait une blague. Mais au fond de moi, les larmes me venaient devant le destin tragique de ces deux enfants, meurtris pour des décennies sans y être pour rien. J'ai fait le vide en regardant ailleurs. C'est alors que j'ai vu entrer dans mon champ de vision des formes qui m'étaient familières, serrées dans un jean épais.

Je n'ai pas voulu le croire, mais Julia était là, sur le point de s'asseoir. Elle me tournait le dos alors que l'homme qui l'accompagnait me faisait face. Il était très grand, très sûr de lui, beau gosse et, j'en étais persuadé, un modèle de réussite américaine. Rien ne marquait son visage, pas la moindre contrariété, pas le moindre échec, il déroulait « l'agenda » du type assez intelligent pour réussir mais pas assez pour s'intéresser à ceux qui n'ont pas eu sa chance, parce que j'aurais parié qu'il n'était que le produit d'un milieu favorisé.

Ce qui me dérangeait le plus chez lui, c'était la façon dont il se comportait avec Julia, en terrain encore plus conquis que celui que ses ancêtres avaient soustrait aux Indiens. Son attitude laissait penser que leur relation n'était pas récente. Je les observais d'un œil tout en parlant avec les enfants. Ils semblaient très civilisés, très attentifs l'un à l'autre. Une vraie carte postale, une publicité pour le parfait couple blanc new-yorkais aisé au-delà du nécessaire. J'enrageais de ne pas pouvoir la voir autrement que de dos.

J'étais certain qu'elle ne m'avait pas vu parce que le maître d'hôtel s'était interposé entre nous au moment où nos regards auraient pu se croiser. Je me suis souvenu de lui avoir dit à New York que j'allais emmener les enfants dans le Vermont. Elle ne m'avait certainement pas mentionné qu'elle s'y rendait elle-même avec ce type, qui au mieux était son amant de longue date, au pire son mari avec lequel elle semblait ne pas avoir d'enfants, à moins qu'ils ne les aient laissés à une nounou haïtienne pour s'offrir un week-end en amoureux.

J'étais jaloux. S'y ajoutait l'impression d'être trompé. Mais je ne l'étais que par moi-même, parce que jamais Julia ne m'avait promis l'exclusivité. Je m'étais confectionné la fiction que j'étais seul dans sa vie, mais je ne l'étais certainement pas, et le bellâtre attablé près d'elle en était la preuve vivante. Je n'attirais pas son attention et il était limpide qu'il était très loin d'imaginer que la femme qui dînait devant lui ait pu coucher avec ce type chez qui rien ne pouvait attirer son attention. Alors que nous attendions les plats, les enfants sont rentrés dans leur monde. À cette époque-là, le téléphone portable n'existait pas pour faire diversion, et je les regardais, chacun gérant ses émotions. Je me suis levé pour aller aux toilettes, réalisant soudainement que je ne m'étais pas lavé les mains. À l'aller, je ne suis pas passé devant le couple attablé. Mais au retour, je me suis résolument approché de leur table et j'ai feint la surprise quand Julia a découvert ma présence.

– Julia ! Quelle coïncidence ! Comment va ?

Elle a dissimulé son étonnement en me présentant simplement pour ce que j'étais, un collègue de travail. Il a fait mine de s'intéresser à moi et a opiné longuement pendant que Julia expliquait à haute voix que Burt travaillait au département d'État à Washington et qu'ils étaient ravis de passer le week-end dans le Vermont, dans cet hôtel en particulier, qui donnait l'impression de fêter Noël tous les jours de l'année. L'échange de platitudes a duré le temps qu'on se lasse et je suis retourné m'asseoir après que Julia eut adressé un signe amical aux enfants.

Mon fils dessinait sur un petit calepin sans lever la tête, ma fille a continué à regarder Julia, qui nous tournait le dos désormais, et quand je fus assis, elle m'a saisi avec un :

– C'est ta maîtresse, n'est-ce pas ?

J'ai essayé de faire bonne figure.

– Pourquoi tu dis une chose pareille, chérie ?

– Maman m'a dit que tu avais une maîtresse, et rien qu'à voir la tête que tu faisais, j'ai su que c'était elle. Elle est venue te narguer avec son mari ?

Elle a regardé ailleurs avant de revenir à moi.

– On va être obligés d'être aussi tordus quand on sera adultes ou ça sera juste une option ?

Son frère a levé la tête pour écouter ma réponse.

– Disons que vous serez confrontés à la complexité de la vie. Cette femme n'est pas ma maîtresse.

– Tu mens tellement mal, papa, ôte-toi cette peine.

On n'en a pas reparlé parce que par chance nous avons été interrompus par les plats qui arrivaient à ce moment-là. J'ai continué à observer le couple du coin de l'œil, assez pour remarquer que lui était ailleurs. Comme il travaillait et vivait probablement à Washington, j'imaginais qu'ils ne se voyaient que le week-end, ce qui expliquait la liberté de Julia la semaine. Il était évident qu'elle avait voulu me le présenter en s'installant dans le même hôtel que nous. Je ne comprenais pas très bien ce jeu pervers.

*

Le lendemain on a repris la route en début d'après-midi, celle qui conduisait à leur pensionnat. Ma fille s'est endormie à l'avant, pendant que mon fils, à l'arrière derrière moi, a posé le walkman qu'il ne quittait jamais pour regarder défiler le paysage. Puis il a dit :

– Papa, est-ce que tu crois que maman est une sainte ?

J'étais gêné pour répondre.

– C'est quoi, une sainte ? Quelqu'un qui renonce à tout pour se consacrer aux autres et à Dieu. Je ne crois pas que votre mère soit une sainte.

– Parce que tu es protestant ?

– Non, ça n'a rien à voir. Votre mère n'est pas une sainte, elle est simplement malade, d'une maladie qui n'a rien de honteux, d'une maladie de l'esprit, de l'âme. On n'est pas très avancés dans la compréhension de ces maladies, c'est ce qui crée ce halo de mystère et parfois de réprobation. Essayer de trouver des causes psychologiques rationnelles à son état ne sert à rien, son cerveau est malade et les formes que cela prend, aussi inquiétantes soient-elles, ne nous concernent pas. Nous devons nous protéger d'elle et la protéger d'elle-même, et c'est ce que je vais faire. Tu comprends ?

J'ai guetté sa réaction dans le rétroviseur mais il est resté les yeux dans le vague avant de reprendre.

– C'est quoi une dépression, papa ?

– Il faut que tu comprennes que ta mère ne fait pas une simple dépression, c'est au-delà…

– Oui, mais c'est quoi, une dépression ?

– C'est quand tu ne parviens plus très bien à savoir pourquoi tu vis, ce qui te motive dans l'existence, quand tu te sens complètement inadapté au monde tel qu'il est.

Il n'a pas relancé et je me suis abstenu de le faire. Je n'ai pas osé lui demander s'il se sentait atteint d'un de ces symptômes, de peur qu'il me réponde par l'affirmative, j'ai simplement dit :

– Comment tu te sens ?

Il a soupiré.

– Bien.

14.

Je suis rentré seul avec le chien dans cette maison dont le standing correspondait exactement à ma situation sur l'échelle de la fierté sociale. Je l'ai trouvée beaucoup trop grande pour moi et je me suis assis devant la télé avec un gin-tonic. Par chance, il y avait un match de tennis en rediffusion et je me suis endormi devant.

La semaine suivante a débuté par un fourmillement intérieur, signe chez moi du pressentiment obscur que quelque chose d'important allait arriver. J'ai travaillé avec acharnement pour mettre de l'ordre dans mes « deals » en cours, pour les avancer et les sécuriser le plus possible. Julia, que j'ai croisée à plusieurs reprises dans l'Aquarium sans que nous ayons échangé un mot, a attendu le mercredi pour me proposer de dîner ensemble. On s'est retrouvés dans un italien chic. J'avais déjà descendu une bouteille de vin des Pouilles quand elle est arrivée. Je vous fais grâce des préliminaires pour en arriver à l'essentiel :

– Je n'ai aucune explication à te donner, strictement aucune. Tu es marié, je ne t'ai jamais posé la moindre question sur ta femme. Tu as jugé bon de m'en parler, je t'ai écouté, je n'ai jamais commenté, et voilà. Nous c'est nous, les autres c'est les autres, et ils ne m'importeraient que si nous avions l'intention de construire ensemble quelque chose qui entre dans le moule généralement accepté. Mais ce n'est pas notre intention, n'est-ce pas ?

Elle ne voulait pas en parler mais elle l'a fait quand même.

– Burt est marié et il a une fille. Il travaille officiellement pour le département d'État et, je le soupçonne, aussi pour la CIA. D'ailleurs, il doit être bientôt affecté à un poste à l'étranger. On se voit très peu, depuis longtemps. On ne se pose aucune question sur nos vies respectives. C'est un très bon ami avec qui je couche de temps en temps, il n'est pas le meilleur coup du monde parce qu'il est distrait et pas très concentré sur ce qu'il fait, contrairement à toi qui joues ta vie à chaque fois, raison pour laquelle ce serait une erreur de ne plus se voir.

Elle a souri, levé son verre rempli d'un vin provenant d'une deuxième bouteille.

– Alors le Vermont ?

Sans me laisser répondre, elle a poursuivi :

– Tu te souviens des *Trois jours du Condor* ? Redford travaille pour une cellule de la CIA qui est liquidée et dont il est le seul survivant. Il se cache et prend en otage une femme, Faye Dunaway, qui s'apprêtait à partir au ski dans le Vermont avec son petit ami. C'est de là qu'est venu mon goût pour cette région. Bizarre, non ?

Elle m'a regardé longuement comme si elle cherchait à

accéder à des profondeurs que je n'avais pas l'intention de lui rendre accessibles puis elle a dit, sans aucun rapport avec ce qui précédait :

– Vous êtes tellement étranges, vous les Français.

– Étranges ?

– Insaisissables. Inventifs. Compliqués. Scrupuleux. Licencieux. À la limite de l'imposture intellectuelle.

– Je suis tout cela ?

– Je crois, oui.

– Lieux communs.

– Tes enfants sont très beaux. J'avais envie de les voir, je ne saurais pas t'expliquer pourquoi. C'est essentiellement pour cela que je voulais te croiser dans le Vermont, mais aussi pour que tu saches que tu n'es pas le seul, sans que j'aie à te le dire et à m'en excuser.

– Il y en a beaucoup d'autres comme ça ?

– Monsieur trompe sa femme mais, en bon Français, ne supporte pas l'idée que sa maîtresse le trompe. Comme c'est touchant. Je n'ai aucun compte à te rendre, et toi non plus tu n'as pas de comptes à me rendre, pour autant que tu te protèges, mais je n'ai pas de doute là-dessus.

– Je n'imagine pas avoir de relation avec quelqu'un d'autre que toi parce que je n'imagine pas vivre une complicité avec plus d'une personne en même temps, et de complicité, il n'y en a plus depuis longtemps avec ma femme, nous sommes redevenus étrangers l'un à l'autre. La différence entre nous, c'est que toi, tu peux vivre une sorte de complicité avec plusieurs personnes à la fois.

– Qu'est-ce que tu en sais ?

– C'est ce que j'imagine.

– Alors tu as tort.

Après le dîner, on s'est retrouvés dans la chambre du Fitz et on a fait l'amour comme des castors. L'amour physique jouait un rôle de juge de paix entre nous parce que le reste du temps, une tension montait. Au matin, comme à chaque fois, elle était déjà partie avant que je me réveille, pour passer chez elle se préparer. J'ai réalisé que je n'avais jamais mis les pieds dans son appartement. Elle ne me l'avait pas proposé, probablement pour éviter d'avoir à gérer plusieurs amants dans un même lieu et ne pas risquer d'être confondue par l'un d'eux qui aurait trouvé des vestiges du précédent. Burt, le bellâtre, ne connaissait pas mon existence, ça j'en étais certain, et je me sentais avantagé d'en savoir plus que lui sur Julia. Peut-être le ménageait-elle au cas où, un jour, il se déciderait à quitter sa famille pour sa maîtresse régulière. Mais tout cela n'était que supputations futiles.

15.

Plus la semaine avançait, plus je redoutais de retrouver ma femme le week-end suivant. Depuis deux semaines, j'évoluais dans un monde relativement normal, un espace dans lequel se meuvent la majorité des gens, même si parfois ils se cognent aux murs de cette résidence de l'esprit. Mais avec elle, on était bien au-delà des murs, dans l'infini d'un univers en expansion.

Ce week-end-là, j'ai rejoint l'institut après avoir récupéré les enfants, qui se faisaient tout petits à l'arrière de la voiture, comme si une énorme punition les attendait. Ils appréhendaient ce moment depuis aussi longtemps que moi mais cette fois ils y étaient confrontés et ils allaient devoir passer ces deux jours avec leur mère. Le médecin n'avait pas voulu prendre de risques : il m'a rendu une femme désactivée qui regardait fixement devant elle, parlant difficilement d'une voix pâteuse. Elle avait encore maigri et ses cheveux s'étaient teintés d'un gris uniforme. Elle avait bien pris quinze ans. J'ai assez vite compris qu'elle se situait à mi-chemin entre nous et

Dieu, et que plus on avançait dans le week-end, plus elle s'éloignait de nous.

Nous avions un arrangement clair avec le médecin-chef, elle revenait pour deux jours de permission, je la ramenais au plus tard le dimanche soir et il me laissait ensuite quinze jours pour trouver une institution psychiatrique, ici, en France ou ailleurs. Je dois reconnaître, comme si j'attendais quelque chose de définitif de ces deux jours, que je n'avais pas beaucoup progressé sur le sujet de l'après.

Le samedi a été une journée horrible. Elle est restée dans un fauteuil sans bouger et sans parler, ne montrant plus aucun intérêt pour rien ni d'affectivité pour qui que ce soit. Elle a fait semblant de poser une question aux enfants sur leur scolarité sans écouter la réponse. Une sorte de réflexe mécanique qui nous a surpris avant qu'elle retombe dans une profonde léthargie. Elle se préparait visiblement à passer dans l'au-delà. Le dimanche matin, elle n'a pas montré davantage de signes de vie. Les enfants ont rejoint quelques copains dans le jardin de l'un d'eux pour jouer au baseball et j'en ai profité pour aller courir une heure avec le chien qui me montrait la porte. Lui aussi avait besoin d'air. On avait tous besoin de respirer et moi de me défouler.

Quand je suis rentré, elle était toujours à la même place. Je suis arrivé dans son dos et je n'ai d'abord rien remarqué, mais lorsque je suis passé devant elle, j'ai remarqué qu'elle avait les yeux ouverts et que ces yeux n'étaient plus ceux d'une personne vivante. Ensuite, j'ai vu l'arme par terre, puis une grosse tache de sang au niveau du cœur. J'ai alors été traversé par un immense sentiment de compassion auquel s'est mêlé un vrai soulagement. J'ai porté ma main à sa carotide pour savoir si son cœur battait encore, puis j'ai appelé le 911 en déclarant un suicide par arme à feu. Ce qui semblait un cauchemar à ce moment-là n'était rien par rapport à ce qui allait suivre. En attendant les secours, je suis allé prévenir les enfants et je leur ai demandé de rester avec leurs copains parce qu'il n'y avait rien d'intéressant à voir ni à faire dans la maison. Les parents des copains sont sortis à leur tour et ont pris en charge les enfants. Ma femme a été déclarée morte dès l'arrivée des secours, qui se sont retirés pour laisser la police organiser la scène de crime. J'ai compris dès ce moment précis que j'étais suspect et que la thèse du suicide n'était qu'une hypothèse par défaut dans l'esprit étroit des enquêteurs, qui voulaient bien être dérangés un dimanche mais pas juste pour constater qu'une femme des beaux quartiers à bout de souffle s'était donné la mort. « Ce type a une trop belle baraque pour son âge. » Cet a priori se lisait dans le regard du chef des flics qui m'en voulait de ne pas avoir pu se payer une telle maison avec l'épargne de toute une vie.

– Nous sommes locataires.

Il m'a regardé, étonné, en penchant la tête.

– Pourquoi dites-vous cela ?

– Parce que vous regardez la maison d'une drôle de façon.

– C'est vrai qu'on ne passe pas la majeure partie de notre temps dans des bicoques de cette taille, les crimes dans cette strate de la société sont plutôt rares.

– Pourquoi parlez-vous de crime ?

– Parce que, en général, c'est pour ça qu'on est appelés le dimanche. Puisque nous sommes sur la scène, avant qu'on vous emmène au poste pour un interrogatoire plus poussé, pouvez-vous me décrire comment les choses se sont passées de votre point de vue ?

Le chef avait dû être un bel homme mais la junk food commençait à avoir raison de ses traits bien dessinés.

Je lui ai livré ma description des faits qui commençait à l'ouverture de la porte jusqu'à ce que je vérifie les battements de son cœur sur sa carotide.

– Vous n'avez pas eu le réflexe de prendre l'arme.

– Non, je n'ai pas voulu y toucher, je n'ai rien voulu perturber.

– Vous avez bien fait.

Il a poursuivi en posant les questions que seul un flic américain peut poser avec autant de naturel :

– Aviez-vous une raison de tuer votre femme ? Héritage ou double vie, ou je ne sais quoi ?

– Non.

– Vous dites que vous étiez parti courir, quelqu'un qui pourrait en témoigner ?

– Les enfants, j'ai quitté la maison en même temps. Et je ne pouvais pas y revenir sans repasser devant eux. D'ailleurs, puisque toute votre équipe est là, vous pouvez faire des prélèvements qui viendront confirmer que j'ai beaucoup transpiré.

– Vous pourriez très bien l'avoir tuée avant de partir, ou à votre retour. Bon, on n'en est pas là. On va vous emmener prendre votre déposition au poste et on se reverra dans quelque temps. Pour l'instant, vous n'êtes qu'un simple suspect.

Le visage de l'enquêteur était trompeur. J'en avais le pressentiment. C'est au moment où je le réalisais, alors que nous marchions tranquillement vers la voiture de police comme deux amis, que s'est mise en action dans mon cerveau la mécanique de la culpabilité. J'entends par là que je me sentais coupable de sa mort dans tous les cas de figure, au point de douter de ne pas l'avoir tuée moi-même. Je m'en voulais d'être soulagé qu'elle ait elle-même mis fin à toutes nos souffrances. Et si j'avais été victime de dissociation et que je l'avais tuée moi-même ? L'arme était la mienne et l'enquête allait montrer, en révélant ma double vie, que j'avais tout intérêt à me débarrasser de ma femme. Et si je ne l'avais pas tuée, ce qui était le cas, elle était morte à cause de moi, pourquoi ? Je ne le discernais pas très bien, mais j'avais certainement beaucoup de choses à me reprocher. Les voisins se sont proposés pour garder les enfants, qui ne comprenaient pas ce qui venait de se passer.

*

Le poste de police n'était ni grand ni très animé car nous étions dimanche, mais on n'imaginait pas qu'il puisse l'être beaucoup plus. Le flic m'a fait rentrer dans un petit bureau où se perchait une caméra pour enregistrer notre conversation. Un autre flic à l'air un peu veule s'est joint à lui et l'interrogatoire a commencé.

– Vous étiez parti courir ? Quelqu'un vous a vu partir ?

– Oui, mes enfants, puis deux voisins sur le parcours.

– Le plus important, c'est le retour. Qui vous a vu revenir ? À quelle heure vous êtes parti, à quelle heure vous êtes rentré ?

– Je suis parti à 17 h 05 et je suis revenu à 17 h 57.

– Comment le savez-vous ?

– Parce que quand je cours, je calcule mon temps de course, ce qui explique que je regarde ma montre au départ et à l'arrivée.

– Qui vous a vu rentrer ?

– Deux voisins que je ne connais pas mais que j'ai salués, et ensuite les enfants et leurs copains.

– OK, on va vérifier ça. Pensez-vous que vous auriez pu revenir entre-temps et repartir sans être vu ?

– C'est impossible, il y avait du monde dans la rue.

– Je crois qu'on en a déjà parlé mais pas devant la caméra, aviez-vous une raison de tuer votre femme ? Elle était dépressive depuis longtemps, et puis vous vous seriez dit que ça suffisait ou quelque chose comme ça ?

– Non.

– Une assurance décès ?

– Non.

– Avez-vous une maîtresse ?

J'ai hésité, ils l'ont vu et ils m'ont regardé fixement en attendant ma réponse.

– J'ai une maîtresse pour la simple raison que je n'avais plus… disons de vie sexuelle avec ma femme du fait de son état psychique. C'est une collègue de bureau mais nous n'avions pas l'intention d'aller plus loin, elle-même a des engagements et aucune intention de les rompre.

– Je vois, on peut avoir son nom ?

– Je ne peux pas le révéler sans son accord. Je vais lui demander.

– Votre femme avait-elle déjà manifesté son intention de mettre fin à ses jours ?

– Elle sortait d'un internement de quinze jours. Selon le médecin qui la soignait, elle avait de fortes tendances suicidaires, qui auraient pu aussi se retourner contre moi et les enfants. Elle était sur le point d'être internée définitivement. Le médecin n'avait accepté de la libérer que pour lui permettre de passer un dernier week-end avec les enfants, mais elle devait intégrer un établissement de soins de longue durée, ici ou en France.

– Pourquoi êtes-vous aux États-Unis ?

– Parce qu'une banque américaine pour laquelle je travaillais à Paris me l'a proposé. Mais pour revenir sur l'état psychologique de ma femme, le psychiatre vous confirmera qu'elle était suicidaire, et d'ailleurs, il m'a mis en garde sur le fait qu'il lui administrait des médicaments qui réduisent fortement l'instinct de conservation.

– Et malgré cela, vous l'avez laissée seule avec une arme.

– Je n'aurais pas dû, mais elle dormait profondément et j'en ai profité pour aller me défouler, vous comprenez, quant à l'arme, je l'avais soigneusement cachée, ce qui me laisse à penser qu'elle préméditait quelque chose depuis plusieurs semaines et qu'elle a profité de ma courte absence et de celle des enfants pour la chercher et passer à l'acte.

– Donc, vous ne l'avez pas tuée.

– Certainement pas.

– Vous savez comment cela se passe ici ? Quand on est un meurtrier, on plaide coupable et on s'en tire avec une peine raisonnable, dix, douze ans, sinon c'est la perpétuité sans possibilité de sortie.

L'interrogatoire s'est poursuivi et les deux flics ont essayé à plusieurs reprises de me piéger sans y parvenir. Même affaibli par un terrible sentiment de culpabilité, leur seule présence faisait de moi un innocent à mes propres yeux. Il était tellement patent qu'ils souhaitaient cette culpabilité et obtenir mes aveux avant le dîner du dimanche soir qu'ils se sont emmêlés dans des conjectures improbables, en essayant de profiter de l'absence à mes côtés d'un avocat, que je n'avais pas sollicité pour bien montrer que je ne redoutais rien de cet interrogatoire.

Il suffit de comprendre que le système judiciaire américain est fondé sur une forte présomption de culpabilité. Ce piège se referme sur vous avec une violence inouïe, violence qui participe de la violence générale des rapports humains propre à cette nation, et s'il y a autant de gens pour en pâtir, c'est parce qu'ils sont presque autant à en jouir au nom d'une sorte d'inquisition morale qui s'abat parfois sur les riches, mais surtout sur les pauvres et les Noirs. Mais ce genre de préoccupation générale ne me concernait pas à ce moment-là où, face à ces deux flics capables de compenser leur médiocrité par une malveillance bornée, je n'en menais vraiment pas large, ayant mesuré mes faiblesses. Elles tenaient essentiellement à ma relation avec Julia, que je m'étais empressé de leur livrer pour ne rien leur cacher dès le début, sachant ce qu'il en coûte de mentir dans une procédure judiciaire américaine. Il était facile de nous confondre parce qu'on me connaissait bien à l'hôtel où je descendais régulièrement à New York et qu'il se trouverait forcément quelqu'un pour identifier Julia ou parler d'une femme qui prenait de temps en temps la clé de ma chambre pour me faire la surprise de m'y précéder. L'urgence, une fois sorti, était d'en parler à Julia. Les policiers n'avaient rien dans leur dossier qui leur permette de me maintenir en détention et j'ai vu dans leur regard à quel point ils le regrettaient. Ils m'ont laissé partir en affichant une mine qui semblait dire : « T'inquiète, ce n'est que partie remise, on va creuser et on finira par trouver. »

J'ai remis les enfants à l'école le lendemain en attendant que la médecine légale en ait fini avec le corps de ma femme et me le rende pour l'incinérer. Cela a pris la semaine pour faire parler son cadavre, et j'en ai profité pour retourner au bureau.

La vie continuait.

16.

Au bureau, les gens étaient au courant. Mais ils ne savaient pas s'ils devaient me regarder comme le pauvre mari d'une femme qui s'était suicidée ou comme un meurtrier que la police allait bientôt venir chercher à la banque pour lui passer les menottes avant de l'emmener passer le reste de ses jours en prison. En attendant, ils préféraient croiser au large. Ce que j'ai ressenti ce jour-là, c'est que la possible compassion qui aurait pu s'exprimer à mon égard était totalement effacée par la peur du scandale et de ses répercussions sur notre équipe. On me mit entre parenthèses, cela jusqu'à ce que le chef du département en personne, magnanime, vienne me proposer de rester chez moi jusqu'à la fin de la procédure.

– Mais je suis innocent, Bill.

– Je n'en doute pas, mon vieux, mais c'est difficile pour les gens qui nous entourent de te considérer comme tel tant que la justice n'est pas passée. C'est trop leur demander. S'il s'avérait que tu étais coupable, ce que je ne crois pas une seule seconde, ce serait traumatisant pour eux de t'avoir traité comme un innocent pendant des semaines. Il faut que tu comprennes que les seules informations qu'ils ont sur l'affaire viennent de la presse locale, qui ne te condamne ni ne t'exonère vraiment. C'est très simple maintenant : soit le procureur t'inculpe et tu ne pourras pas revenir, soit il te blanchit et tu reviens parmi nous comme si tu n'avais jamais quitté ce bureau. On va te payer jusqu'à la décision. Si tu es inculpé, on ne pourra pas grand-chose pour toi. Tu comprendras que la banque ne peut pas se permettre d'attendre le jugement d'une cour d'assises. De toute façon, je ne serai pas impliqué à ce moment-là, ce sera la nouvelle responsable du département bientôt nommée, Julia. Moi, je rejoins la direction générale.

– Félicitations.

Pendant qu'il m'avait débité ses conditions, tout le monde nous fixait à travers les vitres des bureaux, sauf Julia qui faisait semblant de rien. Le boss m'a quitté, la conscience légère. J'ai rassemblé mes affaires et, avant de partir, j'ai appelé Julia pour éviter d'aller la voir. Elle a répondu sans me regarder comme si l'appel venait de l'extérieur. Je suis allé droit au but.

– Ils m'ont demandé si j'avais une maîtresse, je n'ai pas voulu mentir, mais je ne t'ai pas désignée nommément. Ils remonteront forcément jusqu'à toi. Si nous avons besoin de communiquer, je ne sais pas comment faire.

– Ne fais rien, je m'occupe de tout. Ne prononce pas mon nom. Tout devrait rentrer dans l'ordre. Retourne chez toi, occupe-toi de l'enterrer et prends soin de tes enfants. Pour le reste, je m'en charge.

– Comment ?

– Cela ne te concerne pas. À bientôt.

Elle a raccroché, toujours sans me regarder, avant de reprendre un dossier devant elle, comme si rien ne s'était passé qui puisse l'inquiéter.

J'ai plié bagage et je suis rentré chez moi, enfin, ce n'était plus vraiment chez moi, la maison avait été souillée comme peut l'être une scène de crime. L'État avait envahi mon domicile, l'État s'était approprié le corps de ma femme défunte pour lui faire subir tous les outrages nécessaires au surgissement de la vérité. Je me suis installé dans une aile en attendant d'être à nouveau convoqué par les enquêteurs. Je trouvais étrange l'attitude de Julia, comme si elle maîtrisait toute cette histoire. C'est cette apparente maîtrise qui a inspiré un livre que j'ai écrit plus tard, dans lequel toute cette affaire est revenue sous une autre forme.

Mais sur le moment, j'ai eu aussi envie d'écrire, de témoigner, comme si la mise en perspective de ce drame pouvait me protéger de ses conséquences. J'avais déjà, sans vraiment le savoir, assigné à la fiction la mission de me sauver du réel. D'ailleurs, j'avais écrit un texte sur l'histoire de mon grand-père pendant la Première Guerre mondiale pour me sortir du naufrage de mon couple et de ses incidences sur mon état moral. Je n'avais jamais eu l'intention de le faire publier. On écrit pour soi avant toute chose, les autres ne peuvent venir qu'ensuite, quand on se sent assez fort pour partager nos secrets. Mais si on écrit préalablement avec cette intention, c'est qu'on a déjà perdu cet état de faiblesse qui conditionne la sincérité de sa prose, ou alors qu'on revendique une position sociale qu'on croit généralement être au-dessus des autres, comme si écrire conférait la moindre supériorité.

Beaucoup plus tard dans ma vie, il m'est arrivé souvent de me pencher sur la question de la violence, de la violence légitime, celle de l'État en particulier, qui en a le monopole comme l'a écrit le philosophe Max Weber. Cette violence légitime, je la vivais par ma soudaine mise au ban de la société autant que par l'autopsie de ma femme, dont ils disséquaient le cadavre comme s'il n'avait jamais appartenu à aucun esprit, en le transformant en quartiers de viande dénonciateurs. La société préempte les morts pour veiller jalousement sur son monopole. Le corps de ma femme kidnappé par les légistes, les enfants avaient préféré retourner à l'école en attendant le permis d'inhumer. Je voyais bien que leur premier réflexe de défense était de lui en vouloir de les avoir abandonnés, de s'être montrée incapable de surmonter le naufrage de son âme, de ne pas trouver en eux une bonne raison de vivre malgré tout. Cette attitude les protégeait de leur immense peine.

*

Les flics avaient ceinturé un périmètre de crime où je n'avais pas le droit de pénétrer tant que l'enquête n'était pas terminée. Un drôle de cordon jaune au milieu du salon entourait le fauteuil où elle s'était donné la mort. La tache de sang mise à part, rien n'indiquait ce qui s'était joué. Cette attente est très vite devenue insupportable. Rien n'est pire que de savoir que dans votre dos plusieurs policiers s'activent pour fouiller vos habitudes, y trouver ce qui pourrait créer une intention, une suspicion de culpabilité. Il était clair que l'arme m'appartenait et qu'ils allaient y découvrir davantage mes empreintes que celles de ma femme. Ils allaient aussi immanquablement tomber sur Julia, mais si tous les hommes qui trompaient leur femme devaient les tuer, la démographie s'en trouverait drôlement modifiée. J'espérais qu'ils allaient entendre le psychiatre, qu'il leur confirmerait les intentions suicidaires, le fait que les médicaments qu'il lui avait administrés avaient altéré son instinct de conservation. C'était aussi ce que je devais expliquer aux enfants, le rôle de ces médicaments, pour essayer de transformer la mort de leur mère en fatalité. Mon éducation protestante, plus précisément huguenote, ne m'a pas appris à être dans la lumière, pas plus par gloire que par déboire. Chez ces gens-là, on se faufile discrètement dans l'existence, empreint d'une modestie censée réguler les mécanismes de la satisfaction et du désenchantement. Subitement, je me retrouvais sur une scène, sous les projecteurs, protagoniste d'un fait divers. Tout cela m'empêchait de faire mon deuil, de penser à elle, à son profond désarroi, comme j'aurais dû le faire, plutôt que de vivre tel quelqu'un d'injustement suspecté par le plus impitoyable des systèmes judiciaires.

Avant même que je me soucie de prendre un avocat au cas où je serais inculpé, un homme très sûr de lui m'a appelé pour proposer de prendre ma défense. Il ne se recommandait de personne en particulier mais j'ai très vite compris qu'il agissait à la demande de Julia. Il m'a invité à le rencontrer dans son bureau de New York le lendemain, une sortie salutaire, alors que je commençais à macérer, pris dans des raisonnements obsessionnels sans issue.

Prosaïque, il a commencé par me parler de ses honoraires à l'heure, en ajoutant qu'il me faisait un prix à cause de nos connaissances communes. Pendant qu'il parlait, je me demandais ce que j'étais venu faire dans ce pays, je me sentais aspiré dans un siphon, dépouillé d'à peu près tout ce qui avait fait jusque-là mon équilibre, certes précaire, mais mon équilibre tout de même. Ma situation me paraissait aussi vulgaire que tragique. Je n'étais pas venu aux États-Unis pour y tourner dans une série B, même si le président d'alors était lui-même un ancien acteur de ce genre de films. L'absurdité du monde avait pris le pas sur tout ce qui pouvait me motiver. Foutue, il n'y avait pas d'autre mot. Un enchaînement de circonstances improbables faisait que ma vie était foutue. J'avais fait beaucoup d'efforts depuis mon enfance pour me tenir hors de la marginalité et je vivais ce moment incroyable où, sans avoir rien fait, j'étais éjecté par la société. Je me suis mis à rire. Je ne parvenais plus à m'arrêter devant le ténor du barreau consterné. L'avocat attendait des explications.

– C'est un drôle de jeu que vous jouez dans votre justice entre flics, procureurs et avocats, un jeu qui finit toujours mal pour les gens comme moi parce que, finalement, mon seul choix, c'est celui qui m'est offert entre la prison à vie et la ruine financière une fois que j'aurai payé vos frais. L'accusation joue la méchante, l'avocat joue le bon, mais au fond vous êtes d'accord, et tout le monde gagne puisque le procureur redeviendra avocat à son tour en profitant de la réputation qu'il s'est faite à l'accusation. Au final, personne n'en a rien à foutre de la victime et du prévenu, c'est un jeu lucratif entre survivants !

Il a fait une grimace.

– C'est votre point de vue, et je le respecte. Mais vous n'êtes pas en situation de réformer le système judiciaire américain. Avançons ! Quelles sont selon vous vos forces et vos faiblesses dans le dossier ?

J'ai soupiré avant de m'exécuter.

– Ma femme menaçait de se tuer…

– Pardon, je vous interromps… et de vous tuer.

– Oui… enfin, elle avait surtout clairement exprimé son intention d'en finir avec l'existence. Des médicaments lui ont été administrés pour l'assommer et ils ont sapé son instinct de conservation. Ensuite, j'étais parti courir, on m'a vu partir, on m'a vu revenir et on ne m'a pas vu entre les deux alors que la maison n'a qu'une entrée. Voilà pour les forces. Mes empreintes sont sur l'arme, qui m'appartenait, et j'ai entretenu une relation avec une autre femme pendant sa maladie et ça, ça ne joue pas en ma faveur, voilà pour les faiblesses.

– On est bien d'accord. Mon but à moi, c'est d'éviter que le procureur vous inculpe, sinon on n'en finira pas. Et là, c'est un peu pile ou face. Tout ce que je peux vous dire, c'est que le procureur va être contacté par quelqu'un qui va essayer de le convaincre, avec des arguments qui n'ont rien à voir avec votre cas, de ne pas vous inculper. Qui est-ce, pourquoi, comment ? Je n'en sais rien et je ne veux pas le savoir.

17.

Je suis sorti de chez l'avocat assez rapidement, car chaque seconde qu'on passait ensemble me coûtait une petite fortune. Ensuite, j'ai été tenté de contacter Julia pour déjeuner avec elle, mais cela aurait été une erreur fatale dans un dispositif qu'elle semblait assez bien contrôler. J'ai essayé d'imaginer en quoi il consistait. Je la suspectais d'en avoir parlé à Burt, le bellâtre, et de lui avoir fait comprendre d'une manière ou d'une autre qu'elle risquait d'être compromise, et que ce n'était pas dans son intérêt à lui qu'elle le soit. Travaillant au département d'État, il avait probablement des connexions au Département de la justice dans l'entourage de l'Attorney general. C'est le genre de chose qui arrive à ce niveau de pouvoir. D'autant que Burt, qui m'avait l'air d'un carriériste, n'avait certainement pas envie que cette histoire ruisselle sur lui par porosité. Il avait dû l'avoir saumâtre d'apprendre que sa maîtresse avait un amant, que cet amant était une sorte de bombe à retardement, et que tout ce foutoir pouvait conduire sa femme à faire de pénibles découvertes. C'est un travail suffisamment considérable de se forger des apparences solides pour ne pas risquer de laisser le hasard les compromettre.

Je suis entré dans un cinéma en me disant que c'était peut-être la dernière fois de ma vie. Il projetait *Un après-midi de chien* de Sidney Lumet, l'histoire d'un type désespéré qui braque une banque, avec Al Pacino dans le rôle principal. La salle était aux trois quarts vide et son obscurité contrastait avec la lumière éclatante du dehors, excessive. Je n'étais pas d'humeur combative, c'est le moins qu'on puisse dire, j'aurais pu me mettre une balle dans la tête avec la même simplicité que celle qu'il faut pour se faire un café. Mais je n'avais pas cela en moi, et la responsabilité de mes deux enfants me défendait ces pulsions défaitistes. Mon sort allait se jouer sur un coup de dés. Et je savais que si le procureur décidait de me poursuivre, j'allais finir aux assises face à un jury qui s'imaginerait forcément que je m'étais débarrassé de ma femme pour vivre des jours heureux avec ma maîtresse. Autant dire que je devrais plaider coupable pour espérer m'en sortir avec une douzaine d'années d'emprisonnement ferme, au terme desquelles j'aurais complètement perdu mes enfants et toute possibilité de me réinsérer à un niveau convenable. J'avais été clair avec l'avocat avant de le quitter : « Si je suis inculpé, je n'aurai pas les moyens de vous payer jusqu'à la fin du procès », ce à quoi il m'avait répondu calmement : « Ne vous inquiétez pas, on vous trouvera un commis d'office dans vos moyens. » Le film ne m'a pas remonté le moral, à ceci près que j'étais heureux d'avoir vu Al Pacino créer une communauté à laquelle je me sentais appartenir. C'était déjà ça.

Le retour à la lumière de la rue m'a été insupportable et je suis resté un moment dans l'avant-salle pour éviter ce qui me semblait être des projecteurs braqués sur un suspect qu'on vient menotter. Oswald se planquait dans un cinéma quand on était venu l'arrêter et, comprenant qu'il était tombé dans un piège, il s'était défendu en tirant apparemment sur un policier de Dallas, un certain J.D. Tippit, tout cela selon la version officielle, bien sûr. Et c'était un soi-disant adorateur de Kennedy qui était ensuite venu régler son compte à Oswald un peu plus tard, en entrant sans la moindre difficulté dans le commissariat où il était détenu. Ce type, Jack Ruby, détestait les Kennedy, comme tous les mafieux, mais ce tenancier de boîte de strip-tease avait des dettes : la seule façon qu'il avait eue de les rembourser avait été de tuer Oswald après avoir été introduit auprès de lui par des policiers corrompus de Dallas, de mèche avec les vrais organisateurs de l'assassinat de JFK. Là, je vous parle de la vraie Amérique, pas de celle des super-héros qui grimpent aux murs comme des araignées. Moi aussi, j'allais être confronté à cette Amérique-là, celle d'un procureur qui réussirait la performance de faire condamner un innocent, ou qui me blanchirait pour ne pas déplaire à des réseaux influents, mais dans tous les cas je sentais que la vraie justice n'aurait pas sa place.

Un quart de siècle était passé depuis que l'Amérique avait tué son président démocratiquement élu. Ceux qui l'avaient fait exécuter pensaient que cette Amérique des grands espaces, des ghettos de riches et des ghettos de pauvres valait mieux « qu'un fils de pute progressiste ».

J'ai fait ensuite plusieurs bars en me saoulant méthodiquement mais pas jusqu'à perdre mes moyens, juste pour sortir de moi-même, d'une réalité irréelle. Mon cerveau peinait à puiser dans sa mémoire les images déjà presque jaunies des années vécues avec ma femme, quand je l'aimais encore et que j'imaginais qu'on passerait notre vie ensemble, à voir grandir nos enfants et en nous battant pour leur sérénité. Mais voilà qu'ils se retrouvaient orphelins de mère et qu'il ne leur restait qu'un père déboussolé qui aurait bien tout envoyé paître pour vivre en ermite dans un coin de nature avec un vieux chien aveugle. Je lui étais reconnaissant de ne pas s'être tiré dessus en ma présence, ce qui aurait aggravé mon cas.

*

J'ai fini par rentrer chez moi hanté par le spectre du procureur, ce type dont je ne connaissais même pas le visage, qui allait décider de mon existence ou de ma non-existence, qui allait ou non me rayer de ma propre histoire. J'ai bu encore un peu. Le lendemain, j'ai connu les affres de la gueule de bois, douloureuse au point de m'empêcher de penser, et l'après-midi, j'ai dormi pour me réveiller le soir, terrorisé par la direction prise par ma vie, comme si soudain j'en avais une pleine conscience. La situation était terrible autant par elle-même que par ce qu'elle révélait en moi de fragilités et de faiblesses dissimulées consciencieusement depuis des années. Paradoxalement, ces faiblesses identifiées et acceptées me donnaient une force surprenante, celle de quelqu'un qui a pris la mesure de l'existence telle qu'elle est vraiment et à qui on ne la fait pas. Le lendemain, au lieu de me noyer dans la concentration humaine que m'avait offerte New York, je me suis immergé dans la nature avec mon chien et j'ai marché jusqu'à me perdre. Je n'ai pas pris la direction de la mer. Au contraire, je me suis enfoncé dans la forêt. Courbé légèrement par le vent, chaque arbre semblait me saluer comme on le fait pour quelqu'un qui s'est éloigné trop longtemps de sa communauté. Beaucoup de choses se résolvent par elles-mêmes quand on accepte de n'être rien. Ma femme s'était éreintée dans cette lutte inégale, qui l'avait finalement conduite à se supprimer. L'obsession du bonheur commençait à envahir l'époque, une ambition trop vaste pour une espèce dont les malheurs proviennent essentiellement d'elle-même.

Pendant que je cheminais sur des sentiers qui paraissaient infinis, sans rencontrer personne, pas même un bûcheron ou un tueur solitaire, mon avocat essayait de me joindre à plusieurs reprises pour me signifier la décision du procureur. J'ai fini par tomber sur un type qui vivait là, seul dans une cabane, un authentique homme des bois qui semblait avoir complètement perdu la raison. Elle s'était visiblement éloignée de lui à mesure que tout contact avec autrui avait disparu. La condition pour être sain d'esprit, c'est d'être contredit par les autres. Leur effacement, leur disparition en nous empêchant de nous confronter fait s'effondrer notre structure mentale. Je me demandais ce qu'ils avaient bien pu lui faire pour qu'il en arrive à cette extrémité que j'avais envisagée pour moi-même. Il était assis devant sa maison à tailler un morceau de bois pour un usage indéfini. Il a légèrement relevé la tête pour me saluer, puis il a regardé mon chien, le seul être vivant qui l'intéressait. J'ai envié son apparente quiétude, moins la résignation qui se dégageait de lui, et j'ai poursuivi mon chemin jusqu'à un plateau d'où j'ai pu contempler la forêt à perte de vue, et je suis resté là un moment à apprivoiser mon impuissance.

Je ne suis rentré chez moi qu'à la nuit, fourbu et satisfait d'avoir échappé à une nouvelle journée déprimante. Le téléphone sonnait avec cette insistance qui faisait penser qu'il sonnait déjà depuis un bon moment. J'ai décroché. L'avocat était à l'autre bout du fil :

– Mais bon Dieu, où étiez-vous ? Je vous ai cherché toute la journée.

– Que je sache, je ne suis pas assigné à résidence.

Il ne comprenait pas que je ne sois pas à sa disposition.

– Bon, j'ai des nouvelles.

– Alors ?

Il a observé un temps d'attente.

– Le procureur ne poursuit pas.

J'ai réalisé à ce moment-là que j'avais fait dans ma tête le pari contraire.

– Vous êtes sûr ?

– Certain.

– On sait pourquoi ?

Ma question l'a surpris.

– On s'en fout un peu, non ? L'essentiel, c'est que l'enquête soit close.

J'ai été parcouru du drôle de sentiment de ne pas avoir gagné ma liberté, qu'elle s'imposait trop facilement.

– Vous n'êtes pas heureux ?

– Si… si, mais j'ai l'impression que ça s'est joué à pile ou face, et que je n'avais même pas eu besoin de convaincre de mon innocence.

– C'est qu'elle était certainement évidente. Ne me dites pas que vous êtes coupable…

Il a ri bruyamment.

– Coupable, on l'est toujours un peu, j'ai certainement une part de responsabilité dans son geste.

– Mais ça, heureusement, la justice n'en a rien à faire, mon vieux. Vous allez pouvoir reprendre votre travail demain. Où j'envoie ma note d'honoraires ? Vous me donnez une adresse ?

Je l'ai senti partagé entre la satisfaction d'avoir obtenu le non-lieu, pour lequel il n'y était pas pour grand-chose, et la déception de ne pas avoir à plaider dans une affaire criminelle retentissante.

18.

Je suis retourné au bureau à New York où on m'a réservé l'accueil de l'enfant prodigue avec moult poignées de main et tapes amicales dans le dos, du genre : « On n'a jamais douté de toi », alors qu'une moitié de mes collègues m'avaient considéré comme un criminel pendant que les autres m'oubliaient déjà. Julia s'est montrée la plus distante, tout en me gratifiant d'un sourire en coin. Puis elle m'a fait savoir qu'elle souhaitait dîner avec moi, discrètement comme toujours. J'ai repris le cours de mes affaires avec une motivation que je n'avais pas connue depuis longtemps, me rendant compte de la chance que j'avais de pouvoir revenir dans cette vie qui, un temps, m'était apparue comme un peu trop ordinaire. Je me suis plongé dans mes dossiers avec ferveur tout en gérant parallèlement les obsèques de ma femme, puisqu'il n'existait plus d'obstacle à la restitution de son corps. Elle n'avait exprimé aucun souhait concernant le lieu de son inhumation. Elle aurait certainement aimé être enterrée en France, mais cela demandait de m'absenter encore de mon travail et d'extraire les enfants de leur pensionnat au moment où ils avaient le plus besoin d'être près de leurs copains.

J'ai réalisé que je n'avais prévenu encore personne de sa famille, parce que je ne voulais pas le faire tant que j'étais suspecté. Sans frère ni sœur, sa mère morte depuis plusieurs années, elle ne parlait plus à son père, un psychiatre renommé qui l'avait plus ou moins laissée tomber jeune, après s'être remarié à une femme avec laquelle il avait eu d'autres enfants. Nous étions en fait sa seule famille, et elle avait décidé de la quitter. Je dois reconnaître que ce jour-là, j'ai goûté comme jamais mon travail et j'ai été heureux de retrouver mes clients et leurs problèmes. Une fois les affaires relancées, j'ai décroché mon téléphone pour appeler mon beau-père, que je n'ai pas pu joindre tout de suite parce qu'il était en consultation. Je n'avais aucune considération pour lui, un psychiatre qui abandonne sa fille quand il change de femme, c'est un peu comme un pompier pyromane. Il n'était pas responsable de sa mort mais il avait créé les conditions du déséquilibre de sa fille. Tout ça pourquoi ? Parce que sa nouvelle femme ne voulait pas entendre parler de son ancienne vie ? Alors, quand j'ai fini par l'avoir au téléphone, je me suis lâché.

– Je vous appelle pour vous dire que votre fille est morte. Elle a mis fin à ses jours après des mois et des mois de dépression.

Et puis j'ai attendu comme un sadique, avant de reprendre :

– On va l'enterrer ici, dans le Connecticut. Je voulais vous en informer mais ça ne vaut pas invitation pour l'enterrement, je crois que si elle avait fait les cartons elle-même, vous n'en auriez pas reçu.

J'ai attendu à nouveau. Il avait de bonnes raisons d'être sans voix. Ça devait drôlement remuer dans l'arrière-cour du cerveau de ce notable de la psychiatrie, grand donneur de leçons dans les médias courbés devant sa science.

J'ai ajouté, sournois :

– Je préfère être à ma place qu'à la vôtre. Vous avez installé en elle une bombe à retardement, et elle a fini par nous exploser à la gueule. Nos enfants vont devoir porter ça et ensuite probablement leurs enfants. C'est ce qu'on appelle instiller un poison dans une lignée. Vous pouvez être content de vous.

Puis j'ai raccroché. Ce que je venais de faire n'était ni très élégant ni très intelligent, mais ça m'a fait du bien. Brusquement, j'ai eu comme une révélation. Que la femme que j'avais aimée n'avait jamais vraiment existé, qu'elle jouait depuis le début de notre relation un rôle qu'elle n'avait pas pu tenir plus longtemps. Puis j'ai replongé dans les calculs mathématiques qui me permettaient de dégager ma marge sur un deal que j'allais proposer à un client sud-américain.

*

J'attendais la soirée avec impatience et elle est venue sous la forme d'un dîner réservé par Julia dans un restaurant branché qui donnait sur Central Park. Elle est arrivée resplendissante après s'être changée pour une tenue moulante et sexy qui contrevenait clairement à mon deuil, mais c'était le mien, pas le sien. Je me suis jeté sur la bouteille de champagne pour m'assurer l'ivresse nécessaire avant d'aborder ce qui allait suivre. Comme je regardais Julia, splendide, un souvenir a surgi d'une promenade en bord de mer, dans le Maine. Ma femme s'était soudainement arrêtée pour me dire : « Si je devais mourir, c'est là que je voudrais qu'on disperse mes cendres. Tu crois que le courant les ramènerait en France ? » Je n'avais pas relevé, jugeant la conversation sinistre à un moment où rien ne pouvait présager un dénouement aussi tragique mais ça remontait maintenant. Julia s'est aperçue que je me perdais dans mes songes. J'en suis revenu brutalement :

– Quelqu'un est intervenu auprès du procureur ?

– Oui, mais ça n'a pas fait la différence, sa conviction était déjà forgée que tu n'étais pour rien dans la mort de ta femme. Je ne pouvais pas prendre le risque qu'il conclue différemment.

– Et alors ?

– Alors j'ai prévenu Burt, que tu as vu dans le Vermont. Je l'ai averti que je risquais d'être éclaboussée et que, dans ce genre d'enquêtes, on ne sait jamais jusqu'où cela mène. J'entendais par là que notre liaison risquait d'être dévoilée. Évidemment, il m'a demandé en quoi j'étais impliquée, et j'ai été obligée de lui avouer qu'on avait une relation. Il ne l'a pas bien pris mais, sachant que tu n'avais rien à voir dans la mort de ta femme, il a accepté de prévenir le procureur que l'enquête te concernant pourrait assez rapidement déboucher sur quelque chose compromettant la sécurité de l'État.

– La sécurité de l'État ? Mais qu'est-ce que j'ai à voir avec ça ?

– Rien, sauf qu'il a sous-entendu que tu avais un lien avec le département d'État, et aussi probablement avec la CIA, et que braquer un projecteur sur toi avec une affaire judiciaire, c'était débusquer un agent ou en tout cas quelqu'un qui coopérait avec nos services.

– Mais c'est un pur mensonge, je n'ai jamais collaboré avec la CIA, tu le sais bien.

– Consciemment non, mais inconsciemment...

– Comment inconsciemment, de quoi me parles-tu ?

– Aucun deal sur une compagnie aérienne d'Amérique du Sud ne se fait sans des rétrocommissions qui alimentent des caisses de partis politiques au pouvoir ou plus directement des dirigeants de ces pays. Ce sont des informations qui ont leur valeur pour un service de renseignements, particulièrement quand on veut déstabiliser quelqu'un au plus haut niveau.

– Je n'ai transmis ce que je savais à personne.

– Toi peut-être.

J'ai regardé Julia droit dans les yeux.

– Je n'ai jamais eu l'idée de collaborer avec le renseignement. Mon père était là-dedans, mon oncle était là-dedans, ma mère aussi à sa façon mais ça s'arrête là. Vous, les Américains, avez fait beaucoup de dégâts en Amérique du Sud. Pinochet, c'est vous, Videla, c'est vous, et bien d'autres. Au prétexte que le communisme ne s'étende pas, vous avez fait de bonnes affaires et vous continuez à en faire, tant mieux pour vous, mais ne me mêlez pas à ça.

– Il n'a jamais été question de te mêler à quoi que ce soit, mais tu n'es pas la blanche colombe que tu dis. Bref, le procureur l'a rappelé trois jours plus tard pour lui dire qu'il n'y avait de toute façon aucune raison de t'inculper. Mais Burt considère qu'il en a été ainsi parce qu'il est intervenu auprès de lui. Et donc...

– Et donc ?

– Il m'a demandé de m'éloigner de toi. Ou plutôt de t'éloigner de moi. Il ne veut plus de notre relation, il veut que tu quittes les États-Unis.

Il y a des gens comme ça qui n'en finissent jamais avec l'adversité, on dirait qu'ils sont obligés par on ne sait quelle malédiction de progresser en permanence contre des forces contraires. C'était apparemment mon cas. J'ai regardé Julia sans rien dire et progressivement je lui ai souri.

– Il a un vrai sens politique, ton ami. Il profite de mon innocence pour me chasser de ta vie et de la sienne, en laissant penser que je lui dois cette innocence. Il ira loin, c'est certain, beaucoup plus loin que moi. Donc, je dois démissionner, plier mes bagages et trouver un boulot ailleurs qu'ici, sachant qu'il a tous les moyens pour faire en sorte que ma carte verte ne soit pas renouvelée.

Julia a eu l'air sincèrement désolée, ce qui ne lui ressemblait pas.

– C'est ma faute. Mais je n'avais pas trop le choix, j'allais être impliquée comme ta maîtresse. Dans tous les cas, Burt l'aurait su, mais peut-être trop tard.

La vue sur Central Park depuis l'immense baie vitrée renvoyait quelque chose de mélancolique, comme tous les espaces verts épargnés par les tonnes de béton. Une idée m'a traversé, saugrenue, diversion à notre conversation : en anglais, le béton se dit *concrete*, et il est vrai que rien n'est plus concret que le béton. Et rien n'est plus concret que notre civilisation.

Deux jeunes femmes sont venues nous servir avec beaucoup d'attentions, ce qui a laissé un peu de temps à mon esprit pour divaguer à nouveau. Quand la réalité ne va pas dans le bon sens, c'est bien de se rattacher à la fiction, et j'ai imaginé à ce moment-là qu'un jour cette expérience pourrait m'aider à écrire une histoire où un type des services secrets se servirait d'une situation analogue à celle que je vivais pour recruter quelqu'un. Cette histoire a vu le jour trente ans plus tard sous une forme totalement romancée. Il n'en demeure pas moins que c'est certainement ce soir-là, après ces jours éprouvants, que j'ai envisagé sérieusement de me délivrer un jour de cette réalité en écrivant des romans. Il allait me falloir patienter encore un peu. Une fois que les serveuses se sont retirées, la conversation s'est poursuivie :

– Après le deuil de ma femme, je dois me préparer au deuil de ma maîtresse, c'est de ça qu'il s'agit ?

Les femmes américaines ont cette faculté de tuer dans l'œuf tout sentimentalisme par une froideur qui surgit des temps glaciaires.

– Je n'ai pas eu le temps de t'informer de quelque chose. Je quitte le département des financements structurés dans l'aviation pour devenir le numéro deux de la direction des financements d'actifs.

– Félicitations. Quel saut en avant ! Je sais que tu le mérites.

– J'ai un job à te proposer dans notre filiale de Genève qui ne fait que du financement d'actifs. Le poste de chef de service du département Barter vient de se libérer. J'ai pensé que ce serait une formidable opportunité. 50 % de salaire en plus et des stock-options sur la filiale, en plus d'un bonus sur les résultats. À part le patron de la filiale, il n'y aurait personne au-dessus de toi. C'est un Écossais, un type très bien, très cool et très efficace, je suis persuadée que tu peux t'entendre parfaitement avec lui. Tu serais partant ?

19.

Le Barter était en vogue à cette époque-là parce que les pays de l'Est et l'URSS à l'agonie s'ouvraient par nécessité à des matériels occidentaux qu'ils n'étaient pas capables de produire eux-mêmes. Comme ils n'avaient pas les moyens de les payer en devises, ces actifs s'échangeaient contre des matières premières. S'ils avaient besoin d'ordinateurs par exemple, le département Barter structurait la transaction sur la base d'un échange entre ces ordinateurs et du charbon ou du cobalt qu'ils fournissaient, la banque prenant une bonne marge au passage, surtout si, entre le moment de la conclusion de la transaction et celui où on allait nous-mêmes revendre ces matières premières sur le marché, les prix de celles-ci avaient augmenté. Du troc en quelque sorte, c'était à peine plus sophistiqué que cela. Les pays de l'Est n'avaient pas vraiment d'autres moyens de pratiquer des échanges, étant donné que leur situation se dégradait de jour en jour. Si ces transactions n'étaient pas d'une complexité insurmontable sur le plan technique, elles étaient rendues difficiles par les conditions de la négociation avec la contrepartie, des administrations communistes paralysées par la bureaucratie. Comme souvent, les Américains avaient bien joué. En poussant les Russes à la course à l'armement, ils les avaient ruinés et dorénavant les rouges de l'Est devaient échanger leurs matières premières à des prix cassés contre des denrées alimentaires qui allaient les sauver de la famine, ou contre des matériels industriels de première nécessité. Le monde communiste en Europe était sur le point de s'effondrer et il fallait être présent là-bas, à l'aube de ce que le système capitaliste voyait comme d'énormes opportunités à venir.

J'ai pris la proposition de Julia par la dérision, ce tampon qui vous met à distance de la décision.

– En gros, tu me demandes d'échanger des Rolex contre des avions Antonov !

Elle est restée de marbre, *executive*. J'avais la banquière en face de moi, pas la maîtresse.

– Il y a énormément d'argent à se faire. La Russie recèle des trésors de matières premières, ils sont aux abois, la guerre en Afghanistan est un fiasco, ils sont à quelques mois du dépôt de bilan, et la stratégie de notre banque est d'être aux avant-postes de cette déconfiture. D'abord, faire des marges sur le troc et prendre position quand le système va s'écrouler et probablement se privatiser. Ils ont des réticences avec les Américains mais beaucoup moins avec les Européens, c'est pour ça qu'on met le paquet sur cette filiale suisse, où on n'apparaît pas officiellement et où on peut aussi organiser les rémunérations parallèles de ceux qui, de l'autre côté du rideau de fer, voudront bien nous aider, tu me suis ?

– Comme un chien de chasse.

J'ai souri mais elle restait sérieuse.

– C'est énorme, ce qu'on te propose. D'autant que tu as le CV pour mettre tes interlocuteurs en confiance.

– Du genre ?

– Ancien gauchiste, neveu d'un grand résistant communiste, petit-neveu d'un homme qui a tenu l'imprimerie du parti communiste pendant la guerre, tout cela, ils l'apprendront, comme nous en avons été informés.

– Et toi, comment tu le sais ?

– Burt a fait travailler ses amis sur toi suite à ton affaire. Le bureau de la CIA à Paris possède dans ses archives les traces des relations entre ton oncle et les Soviétiques. À la fin de la guerre, ton parrain était le chef d'un réseau qui a beaucoup aidé à la destruction des sous-marins allemands. Il était en position de rester dans les services de renseignements français mais son appartenance au parti communiste l'en a écarté. « Ils », là-bas, pensent que les services français craignaient qu'il devienne un agent double. Le temps que tu t'installes à Genève, nos amis de Paris vont, via leurs canaux, faire en sorte que, quand les Russes enquêteront sur toi, ils trouvent les liens de ta famille…

– D'une partie de ma famille…

– Oui, je sais, d'une partie de ta famille avec la Russie communiste. Alors tu acceptes ?

J'ai longuement soupiré en regardant tout autour de moi la salle de ce restaurant chic où des couples dînaient silencieusement.

– Quitter les États-Unis, je comprends que je n'ai pas le

choix. Cela ne me gêne pas, mais m'oblige à déraciner mes enfants.

– Ils vont perdre leurs amis mais ils vont aussi pouvoir oublier cette maison où leur mère s'est suicidée. Tu ne peux pas rester là de toute façon, ni dans le Connecticut. Dans tous les cas, leur environnement doit changer…

– Si je quitte les États-Unis, pourquoi poursuivre dans notre banque et ne pas tenter ma chance ailleurs tout en restant dans mon domaine ?

– Parce que je te connais. Tu n'es pas carriériste. Tu te vois dans dix ans à structurer toujours les mêmes financements d'avions ? Non, ce que j'ai compris de toi, c'est que l'argent t'intéresse pour financer au plus vite la liberté d'être ce que tu es, c'est-à-dire un marginal. Et c'est pour ça que je te fais confiance pour faire beaucoup d'argent très vite, pour nous et pour toi, dans tes nouvelles attributions.

– Et nous ?

– Nous ?

Elle m'a regardé et son visage s'est transformé. Je m'attendais à tout.

– Nous, on se verra à mon hôtel à Genève sur les bords du lac Léman au moins une fois par mois, deux ou trois jours quand je viendrai prendre soin de notre filiale suisse. Tu n'ambitionnes pas plus, j'espère ?

– Et puis viendra un jour où tu seras nommée dans les plus hautes sphères de la banque et tu disparaîtras.

– C'est dans ces moments-là qu'on voit que tu es français.

– Pourquoi ?

– Ce défaitisme un peu dépressif qui te fait considérer

des hypothèses négatives sur le long terme. Tu ne t'imagines tout de même pas te marier avec moi un jour ?

J'ai éclaté de rire.

– Oh non, je te jure que je n'y ai jamais pensé. Notre fonctionnement me va très bien. Les couples se meurent d'attendre des lendemains ou de simplement ne plus en avoir. Nous, c'est différent, cette insécurité est tellement plus exaltante. Je vais réfléchir… Ce qui me gêne, c'est que ton ami Burt me met le couteau sous la gorge pour te garder comme maîtresse exclusive alors que je suis convaincu qu'il n'a pas eu la moindre influence sur la décision du procureur de ne pas m'inculper. J'aimerais le voir comme un sauveur mais je le vois plutôt comme un fameux fils de pute, si tu me permets cette expression. Connaissant tes besoins physiques, sexuels, je ne doute pas que tu viendras me voir, parce que je ne parviens pas à imaginer ton bellâtre te procurer le plaisir que tu es en droit d'attendre.

– Parce que toi, oui ?

– Sinon, qu'est-ce qui pourrait bien t'attirer chez moi ? Ne te méprends pas, ce n'est pas de la prétention de ma part, au contraire… cela me réduit considérablement.

On a fini le dîner tranquillement. Je n'ai pas eu besoin de lui dire que j'acceptais sa proposition, les choses se sont faites tacitement. Ensuite, on a passé la nuit ensemble en faisant l'amour comme des enragés, et au petit matin elle avait disparu. Mais cette fois, on avait changé d'hôtel à sa demande, sans doute parce qu'elle craignait que Burt la fasse surveiller.

20.

Les légistes m'ont rendu le corps deux jours plus tard et j'ai assisté seul à la crémation dans une salle sordide. J'ai rapporté l'urne qui contenait les cendres à la maison et on est partis avec les enfants le week-end suivant les disperser dans le Maine, au lieu exact où elle en avait manifesté le désir, un petit port aux maisons de bois qui semblait, indolent, veiller sur l'Atlantique. C'est là qu'ensuite, une fois attablés, je leur ai annoncé la nouvelle de notre départ.

– C'est une opportunité de faire de l'argent, beaucoup d'argent, et vite. C'est mieux pour nous parce que je ne sais pas si j'en serai capable longtemps.

Cela sous-entendait que le fil en tension qui me tenait pouvait casser à tout moment et qu'il était prudent de ne pas prendre ce risque, non pas pour moi mais pour eux.

On a longtemps humé la brise, eux regardant la mer, moi les observant. Des raisons de m'effondrer, j'en avais depuis la petite enfance. Cela tenait essentiellement à mon sentiment d'être construit sur du sable, à ma conviction que rien n'avait vraiment de sens, à une crise existentielle lancinante.

Avoir des enfants à un âge où mes contemporains ne pensaient qu'à faire la fête m'avait amarré à la vie en me créant des responsabilités. D'autres auraient pu les trouver pesantes, moi, au contraire, je les trouvais salutaires parce qu'elles me prévenaient contre la facilité d'être le centre de mon univers, une tendance générale de l'époque qui commençait à célébrer l'individualisme comme un rite universel. En plus de cela, je les aimais profondément, excessivement. Mon fils m'a interrompu dans ma réflexion :

– Papa, tu crois que maman va continuer à vivre quelque part ?

Je m'y attendais.

– Ce qui est parti en cendres dans la mer, c'est ce qu'elle ne voulait plus d'elle. Mais le reste, le meilleur de sa personne, continuera à vivre en vous.

Il a semblé rassuré, alors qu'il était difficile de mesurer sur le visage de sa grande sœur ce qu'elle en pensait.

– Il y a une chose que vous devez absolument garder à l'esprit, c'est qu'elle ne vous a pas quittés de son plein gré, elle était malade. Elle ne voulait pas vous abandonner mais vous libérer de ce qui en elle risquait de détruire votre vie.

C'est à ce moment précis que j'ai réalisé à quel point je n'avais pas été à la hauteur de son mal de vivre, que je m'étais protégé très égoïstement de son effondrement, au nom du bien-être et de l'avenir des enfants. Et du mien. Connaître les raisons profondes de son mal n'aurait pas permis d'éviter l'issue fatale mais, avec cette lâcheté proprement masculine, je m'étais satisfait de l'explication psychiatrique pour éviter de démêler l'écheveau de sa psychologie meurtrie. Selon le psychiatre, elle oscillait entre se tuer ou nous tuer. Elle ne s'appartenait plus, pourtant un fond de responsabilité l'avait menée à la première solution, et si elle avait envisagé de nous supprimer, ce n'était certainement pas pour nous punir mais pour effacer toute trace du mal qu'elle pensait nous faire. Qu'elle ait été abandonnée par son père ne suffisait pas à tout expliquer, il fallait certainement remonter plus loin pour comprendre combien elle avait été dévastée. À ce point de ma réflexion, je me suis demandé si je devais tirer un trait sur tout cela ou chercher à exhumer les raisons profondes de son déséquilibre. J'ai laissé ma décision en attente et je me suis consacré à l'organisation de notre nouvelle vie en Suisse.

*

Vous l'avez probablement déjà entendu ou lu mais ça vaut le coup de reparler de l'idée que les parents sont là pour apprendre à leurs enfants à vivre sans eux. Une idée commune avec le monde animal. On ne connaît pas d'espèce où les parents vivent pour garder leurs enfants auprès d'eux. De ce point de vue, ma femme est allée jusqu'au bout de l'idée. J'allais vivre pour eux, pour eux exclusivement, avec le risque que, quand on ne vit plus pour soi, on n'est plus rien quand les enfants vous quittent. Combien de femmes ont expérimenté cela avant moi ! J'étais soucieux pour leur équilibre mental, que toute cette histoire ne l'altère pas. Et puis, moi qui n'avais pas vécu un tel drame dans mon enfance, est-ce que j'étais un modèle d'équilibre ? Je pensais forcément au contre-exemple, celui de mon meilleur ami d'enfance. Il avait été élevé dans une famille des plus modestes jusqu'à l'âge de huit ans. Sa mère batifolait, au point qu'un jour, alors qu'il tenait sa petite sœur dans ses bras, son père était rentré à la maison avec un fusil de chasse à la main et avait accusé sa femme de le tromper. Malgré ses dénégations, il lui avait tiré dessus à bout portant à hauteur du cou, ce qui avait décapité la pauvre femme. Mon ami avait assisté à cette atrocité avant de voir son père emmené par les gendarmes pour quinze ans, c'est-à-dire pour toujours. Il avait ensuite erré de famille d'accueil en famille d'accueil, avant d'être recueilli par un prêtre qui l'avait élevé. Le garçon, protégé par cet abbé entré en religion pour de bonnes raisons, était un modèle d'équilibre alors qu'il aurait tout aussi bien pu se transformer en tueur en série. Il était mort juste avant mon départ pour les États-Unis d'avoir tellement fumé qu'il avait déclenché ce que certains médecins appellent le cancer de la tristesse.

21.

On aurait pu s'installer en Suisse mais j'ai préféré opter pour le statut de frontalier en louant une belle maison au bord du lac Léman du côté de Thonon-les-Bains. Autant la mer peut être une source d'anxiété pour moi, autant les lacs m'aident à trouver un second souffle. En général, j'aime la fixité des paysages, avec uniquement le mouvement des branches dans les arbres ou le frémissement des feuilles, mais j'ai de la peine pour la nature quand elle est battue par le vent. La maison était faite intégralement en bois. Les fondations mises à part, aucune matière minérale n'avait été utilisée pour sa construction, ce qui créait une atmosphère reposante. Voilà pour le cadre. Elle plaisait aux enfants. Restait l'organisation. Nous ne résidions pas loin du centre de Genève pour les allers-retours quotidiens mais beaucoup de voyages, souvent longs, se profilaient pour moi. Alors je me suis mis en chasse d'une personne de confiance à demeure qui pourrait veiller sur eux lors de mes absences de l'autre côté du rideau de fer, puisqu'ils n'avaient pas souhaité retourner en pension.

La société était discrètement installée dans le centre historique de Genève. Elle comptait assez peu de personnel, pas mal de Suisses et aucun Américain. Ma banque de New York n'apparaissait nulle part dans le capital, malgré son rôle central, et sa participation se perdait dans une cascade de holdings qui diluaient sa responsabilité et allégeaient sa note fiscale. Nigel McGregor, le patron de la boîte, était un Écossais plutôt lisse, expert émérite en matières premières, qui avait passé une bonne partie de sa vie professionnelle chez un géant pétrolier. La société spéculait sur tout ce qui sortait de terre et sur tous les produits plus ou moins raffinés qui en provenaient. Elle faisait aussi du courtage pour acheteurs et vendeurs de tous horizons. On pouvait résumer son activité à un principe simple, qui était de faire de l'argent à la hausse comme à la baisse des cours en anticipant leur évolution.

Je me suis trouvé immédiatement plongé dans le bain avec une première transaction qui impliquait des Russes et des Africains. Les uns comme les autres voulaient éviter les risques de change qu'ils ne maîtrisaient pas et qui les mettaient entre les mains d'une banque risquant de s'enrichir sur leur dos plus que nous pourrions le faire. Ils procédaient donc par troc, en recourant à notre société pour les accompagner. Dans le cas présent, les Russes proposaient des avions-cargos et éventuellement quelques armes, en échange de maïs venu d'un pays africain en guerre sur une partie de son territoire. Mon rôle consistait à évaluer combien cet avion-cargo valait de tonnes de maïs. Dans la fixation des prix, il fallait évidemment prendre en compte le coût de la formation des pilotes, les modalités d'entretien des avions. Pendant toute la durée de la transaction, la valeur de la tonne de maïs pouvait varier considérablement en fonction des cours mondiaux, et il nous revenait de couvrir nos clients contre ces variations.

Mais autant on connaissait la valeur d'une tonne de maïs de bonne qualité, autant les avions russes n'avaient pas de prix de marché. Ça, c'était pour le corps de la transaction. Certains à-côtés devaient être gérés. Des dessous-de-table étaient exigés par les dirigeants africains du pays sous forme de comptes offshore ou de biens immobiliers. Dans le cas présent, le président africain en cause voulait une maison en France, sur la Côte d'Azur plus précisément, pour signer le deal. Les Russes, eux, ne demandaient rien d'autre qu'un bon prix pour leurs avions, que je savais être de qualité. J'ai refusé d'intégrer à la transaction la vente d'armes légères et je leur ai proposé de procéder séparément, sans nous. Les Russes ont très bien compris, et je crois que les officiels que j'ai eus en face de moi ont même apprécié ce qui leur semblait être une forme d'intégrité, parce que curieusement, à l'époque, certains principes pouvaient parfois poindre dans les relations avec eux. Le système demande soit une absence totale de morale, soit une morale élastique, ce qui revient souvent au même, mais il est bon de se fixer d'entrée un point de rupture, et je ne voulais rien avoir à faire avec des armes, même si, il ne faut pas se le cacher, les avions-cargos peuvent aider à les transporter.

*

C'est ainsi que quelques jours après mon installation dans mes bureaux, qui s'ouvraient sur une place bucolique du vieux Genève dans une ambiance de retraite calviniste, j'ai pris l'avion pour Moscou avec une traductrice recrutée pour l'occasion mais sans autre collaborateur pour éviter l'effet nombre. Alexia était un peu plus jeune que moi, et avait l'avantage de travailler aussi comme juriste dans le cabinet d'avocats qui allait nous assister dans cette transaction. J'aurais préféré une traductrice de termes techniques plutôt que juridiques, mais elle devait parfaitement faire l'affaire pour un premier contact qui allait, à n'en pas douter, ressembler à un round d'observation.

Le vol pour Moscou s'est effectué dans un avion à moitié vide. Je ressentais une certaine anxiété à quitter les enfants pour la première fois. Ma société s'était proposée de trouver une personne à demeure pour s'occuper d'eux. C'était une immigrée slovène qui savait s'imposer avec douceur et fermeté. De ce point de vue, j'étais rassuré mais ce qui m'inquiétait plus, c'était le risque de ma disparition sur les vols intérieurs russes. Aux trois heures de trajet pour rejoindre Moscou allait s'ajouter un vol de six heures vers la Sibérie dans un énorme avion de fabrication locale. J'ai évacué mon appréhension en discutant avec ma traductrice qui s'est révélée charmante, cultivée, discrète et déterminée, confiante en elle sans déborder d'assurance. Sans lien familial avec la Russie, elle avait étudié le russe à côté de ses études de droit. Les Soviétiques se méfiaient des descendants des Russes blancs, considérés comme des traîtres. Ils préféraient les Occidentaux de souche, épris de leur culture et si possible de leur idéologie. Nous avons été pris en charge dès notre sortie de l'avion à l'aéroport de Cheremetievo par un comité d'accueil qui comprenait bien une demi-douzaine de personnes chargées de s'occuper de nous autant que de se surveiller entre elles.

Cette délégation avait un chef et une interprète qui m'est tout de suite apparue comme un peu plus qu'une interprète. Après plusieurs vérifications d'identité, nous avons marché quelques mètres pour rejoindre un bus qui nous était réservé. J'ai été saisi par le froid, un froid de janvier, implacable, un froid que j'avais largement sous-estimé en m'équipant de ce genre de costume et de manteau hors de prix qu'on trouve chez Bloomingdale's à New York, qui vous donnent l'air de ce que vous êtes supposé être mais qui ne vous protègent de rien, surtout pas des intempéries. Le bus nous a conduits jusqu'à un aéroport de lignes intérieures, moins flambant que celui des lignes internationales. On nous a installés dans un vaste salon impersonnel où trônaient les portraits de valeureux dirigeants. À travers la fenêtre, on voyait un avion des débuts de la guerre froide fixé sur un soubassement métallique, le nez pointé vers le ciel. On ne s'était pas dit grand-chose avant que l'interprète russe s'avance vers moi alors que je regardais par la fenêtre, de l'autre côté de cette salle surchauffée.

– Nous sommes désolés, l'avion a beaucoup de retard.

Elle a mollement pointé un gros porteur qui nous faisait

face plus bas. Ses quatre réacteurs étaient démontés, posés sur le sol, et des mécaniciens s'affairaient autour.

– C'est notre avion ?

Elle a hoché la tête, gênée.

– Oui.

– Et ça devrait prendre combien de temps ?

– Ils disent pas plus de six heures.

Six heures dans un lieu aussi inhospitalier était une expérience en soi. Cette salle trop vaste et surchauffée, sans la moindre boutique, sans le moindre marchand de journaux, produisait un sentiment qui oscillait entre désolation et affliction.

Il est des circonstances qui vous ramènent à l'humilité dont nul ne devrait jamais se départir. Je me suis alors dirigé vers les toilettes qui, comme tout le reste, cherchaient à s'affirmer dans une sorte de grandiloquence. Mais il n'y avait de papier dans aucune cabine. Je suis revenu dans la salle penaud, et j'ai demandé à l'interprète russe de m'accompagner jusqu'à ce qui faisait office de bureau d'information, où se tenait une femme aux traits tellement bouffis que ses yeux en devenaient imperceptibles. Elle traînait une langueur orientale en soupirant beaucoup.

– Pouvez-vous lui demander du papier-toilette ?

Elle a traduit et j'ai vu la réceptionniste ouvrir un tiroir de son bureau. Du rouleau qui s'y trouvait, elle a détaché une feuille et la lui a tendue avant de refermer le tiroir avec l'expression du service rendu. L'interprète m'a tendu à son tour la feuille de papier du bout des doigts, et je l'ai saisie en souriant, reconnaissant.

New York n'était pas si loin, quelques semaines à peine me séparaient du centre du capitalisme mondial, et j'étais là à regarder derrière une vitre sale des mécaniciens s'agiter à réparer quatre moteurs déposés autour d'un avion que j'étais destiné à prendre dans quelques heures. Personne de la délégation russe n'était venu me parler. Sans doute s'agissait-il uniquement d'intermédiaires affectés à notre transport, sans aucun lien avec le sujet qui m'amenait. Je n'avais pas souvenir d'avoir trouvé le temps aussi long, d'autant qu'avec Alexia qui m'accompagnait, nous avions usé les conversations d'usage et que tout ce que nous pouvions dire allait certainement être écouté et faire l'objet d'un rapport. J'ai laissé longtemps divaguer mon esprit qui, par une dérive naturelle, m'a ramené aux évènements récents. Je n'avais pas tué ma femme, mais je ressentais de plus en plus la nécessité de me le prouver en menant une enquête. Je ne parvenais pas à imaginer que son bras n'ait pas été armé par quelqu'un à un moment donné de sa vie. C'était faire une place importante au traumatisme psychologique, là où n'avait peut-être opéré que la psychose, mais je voulais en avoir le cœur net. Il était temps de comprendre ce que je n'avais pas compris de son vivant. « Le courage est la qualité qui conditionne toutes les autres. » Cette affirmation de Kennedy me revenait en tête, et du courage, je n'en avais pas particulièrement manifesté pendant toute cette tragédie.

*

Le temps ne s'écoulait pas plus vite dans ce pays dont le dirigeant historique, Staline, avait été le maître des horloges. Les quelques visages éprouvés qui m'entouraient suintaient le désœuvrement, la suspicion et la lassitude. La farce avait assez duré mais ils n'osaient pas espérer autre chose, de crainte que quelqu'un ne lise dans leurs pensées et ne vienne à le leur reprocher. Eux ou leurs familles avaient connu la terreur, et si d'une certaine façon elle avait disparu avec Gorbatchev, il leur en restait une trace presque génétique. Il n'est de vraie terreur que lorsque la sanction attendue – déclassement, déportation, exécution – ne répond à aucune action volontaire spécifique. Staline voulait que le mérite soit autant sanctionné par la mort que n'importe quelle dérive subversive, afin qu'aucun individu de son empire ne trouve la paix. Il avait réussi le prodige de transformer sa propre psychose paranoïaque en un régime politique. Probablement parce que lui-même dans son enfance avait été battu à coups de nerf de bœuf sans autre raison particulière que le défoulement de la haine d'un père qui doutait de l'être vraiment. Et c'est là que tout avait commencé, que s'était fomentée la revanche du petit Géorgien, qui avait vu dans la révolution communiste l'opportunité de faire expier à l'humanité tout entière les souffrances qui lui avaient été infligées. Ensuite, ce fut, si l'on peut dire, un jeu d'enfant de fasciner ces masses facilement manipulables en leur promettant une inaccessible prospérité dans un asservissement égalitaire.

Je regardais la petite délégation en me demandant qui avait perdu un père, une mère déportés au goulag pour la seule raison d'avoir cru bien faire, et j'imaginais que tous, de près ou de loin, avaient connu cet anéantissement de la certitude, de la confiance en soi autant que dans les autres. On pouvait aussi lire sur leurs visages qu'ils avaient hâte d'être débarrassés de nous, de la responsabilité temporaire de deux étrangers venus d'un monde ennemi.

Je commençais à avoir faim mais rien ne nous avait été proposé. Je désespérais de monter dans cet improbable avion le ventre vide lorsqu'un des membres de la délégation, le plus sinistre, est apparu avec des sandwichs à la charcuterie sortis d'un endroit mystérieux. Il sentait très fort l'eau de Cologne, et j'ai compris un peu plus tard en le surprenant dans un coin de la salle que j'arpentais pour me dégourdir les jambes qu'il ne s'en parfumait pas mais la buvait à petites gorgées régulières.

L'avion a finalement été remonté. Et nous avons embarqué sans que le moindre essai moteur ait été pratiqué. Mon appréhension aurait été encore plus grande si j'avais su que quinze jours après mon retour, ce même avion allait s'écraser dans une plaine de Sibérie avec plus de trois cents passagers à bord. Il ne nous restait plus que trois accompagnateurs. Le quadriréacteur était presque vide. Alexia, qui m'accompagnait depuis Genève, s'était jusque-là efforcée de dissimuler son mal de l'air mais elle s'est accrochée à mon bras lors du décollage, ce qui a créé entre nous une intimité un peu précipitée qui ne connut pas de suite.

Plus que l'appréhension du vol, je m'en voulais de prendre le risque de disparaître en laissant les enfants complètement seuls, sans la moindre famille pour prendre le relais. Il ne leur restait qu'un grand-père. L'éminent psychiatre avait abandonné sa fille, et je ne l'imaginais pas se racheter en s'occupant de petits-enfants qu'il connaissait à peine. Les idées les plus sombres résistent rarement à la percée de la couche des nuages, quand l'avion se stabilise dans le ciel. Il en a été autrement quand, après six heures de vol, nous sommes descendus dans la nuit vers notre destination finale, un aéroport sibérien. L'appareil s'est mis à craquer dans une obscurité rendue totale par l'extinction des lumières de la cabine, et c'est en se rapprochant de la ville que j'ai vu qu'il neigeait à gros flocons alors que l'avion résistait contre le vent. C'est finalement sur une piste enneigée qu'il a atterri, au milieu de plusieurs carcasses laissées négligemment en bord de piste, vestiges d'accidents dont personne n'avait pensé à effacer le souvenir. La sortie s'est faite directement sur le tarmac via une vieille passerelle, juste après l'annonce de la température extérieure par le pilote, relayée par ma traductrice consternée. Les moins 54° m'ont paru dans un premier temps irréels avant de me saisir comme la lame d'une hache qui vint m'ouvrir le crâne, et je compris que je n'étais pas équipé pour ces conditions extrêmes.

Finalement, nous avons été conduits à notre hôtel. Il donnait sur un large fleuve gelé qui serpentait entre des immeubles staliniens. L'hôtel des mines du Parti était vétuste et surchauffé. Tout y était minéral, les sols comme les murs – une atmosphère de crématoire de triste mémoire. Nous n'étions pas si loin du temps où les téléphones portables ont émergé, mais là je ne disposais que d'un téléphone fixe en bakélite posé sur une table de chevet, qui ne devait certainement pas me permettre de correspondre au-delà du rideau de fer. Le fer était justement le goût de l'eau minérale à disposition près du téléphone. Les Russes n'avaient pas d'autre luxe que du pétrole et du gaz pour presque rien, et ils n'imaginaient pas en user autrement qu'en en abusant, défiant ainsi toutes les autres pénuries dont ils étaient par ailleurs les victimes en transformant leurs locaux en étuves. Je n'avais aucun moyen de donner des nouvelles aux enfants, un black-out de cinq jours, six en comptant le trajet du retour, à condition que l'avion ne soit pas une nouvelle fois démonté.

Au matin, je me suis extrait de ma chambre sinistre pour prendre mon petit déjeuner avec Alexia, que tout semblait inquiéter, particulièrement le fait de ne croiser personne dans l'hôtel. Une Sibérienne large et autoritaire nous a servi ce qui allait être notre unique menu du séjour, matin, midi et soir : de la langue de bœuf avec des pommes de terre. J'ai compris que, dans cette région reculée, ils fonctionnaient par arrivages. Et nous, nous étions tombés sur un arrivage de langue de bœuf, qui était accompagné de ces pommes de terre conservées dans des sortes de caniveaux creusés le long des routes gelées. Ce plat unique allait être préparé à chaque fois de la même façon. Il était évident que manger n'intéressait pas nos interlocuteurs, la nourriture leur servait uniquement à couler une dalle de béton pour protéger leur estomac de la vodka qu'ils s'encourageaient les uns les autres à boire selon un rituel immuable qui consistait à porter un toast pour la table, toast que chacun des convives se devait de renouveler ensuite.

22.

Je menais discrètement mon combat, depuis le suicide de ma femme. Vivre cette situation a certainement contribué au respect que j'ai eu d'emblée pour mon interlocuteur, un homme d'une cinquantaine d'années. J'imaginais que Pavel Borodine avait été confronté à toutes les adversités, à toutes les hostilités qui tenaient à la nature du régime, au manque, à ce froid démentiel qui vous emprisonnait. J'ai appris qu'il avait perdu un fils récemment, raison pour laquelle notre voyage avait été retardé de deux jours. Deux jours pour faire son deuil et il se tenait là, digne et affable. Cet ancien militaire, qui avait débuté sa carrière comme pilote de chasse, s'autorisait à sourire, un luxe au-delà de tous. Il avait ensuite évolué vers la production de ces avions-cargos en particulier, fleurons d'une industrie aéronautique qui avait fait ses preuves. Sans jamais pénétrer dans les locaux industriels, nous sommes restés les cinq jours dans une salle de réunion qui donnait sur une immense cour goudronnée. La neige qui aurait dû la recouvrir avait été repoussée sur les côtés, dénudant cette tache sombre et sinistre. On nous avait dévolu, à Alexia et moi, un périmètre de circulation limité à un dédale de bureaux plus ou moins vides de documents et d'employés. La négociation commença dans cette atmosphère oppressante de liberté surveillée. Pavel Borodine l'était aussi, surveillé. Par des hommes d'appareil qui ne disaient rien et se contentaient d'opiner, quand ils ne s'endormaient pas les yeux mi-clos, une technique apparemment longuement éprouvée. La vivacité de Pavel détonnait dans cette atmosphère de sieste généralisée. Il avait très méticuleusement travaillé sur une évaluation de la valeur des actifs qui allaient être échangés, et j'ai compris qu'il faisait de ce prix moins une affaire financière qu'une question de respect de la qualité du travail industriel soviétique. Il m'a donné aussi d'autres exemples de Barter qui lui semblaient constituer une référence.

Je n'ai pas été long à identifier celui qui dans son entourage représentait le KGB, un homme terne et discret dont les yeux sans expression roulaient de l'un à l'autre. L'interprète russe semblait ne pas être seulement interprète, mais il était difficile de déterminer pour qui elle travaillait. Pavel évoluait sans crainte dans cette ambiance particulière où une moitié des interlocuteurs surveillait l'autre, qui tentait de travailler sans commettre d'impair.

Le matin du deuxième jour, je me suis réveillé dans ma chambre d'hôtel avec une migraine tenace. La veille, un représentant du Parti communiste local nous avait invités dans un restaurant du Parti. J'étais tombé dans le piège des toasts à répétition qui ponctuaient une conversation de poisson rouge, mais une fois les suspicions vaincues par l'alcool, j'avais pu nourrir un dialogue substantiel avec Pavel, relayé par ma seule interprète, et j'avais cru comprendre dans les vapeurs de vodka qu'il exprimait des doutes sur l'avenir du régime et une colère diffuse contre tous ces parasites qui en avaient entravé la réussite. Parce que lui croyait au socialisme, au progrès technique et au partage des richesses. Si la surveillance ne se relâchait pas, parler ne comportait pas les mêmes risques qu'avant Gorbatchev, mais seul l'alcool permettait de franchir des limites autrefois impensables. La huitième fois qu'on a levé nos verres m'a été fatale, d'autant que cet alcool de pomme de terre n'était pas de première qualité. J'ai ensuite failli m'effondrer dans le froid polaire de la nuit, au milieu de ces immeubles lugubres qui ponctuaient une ville qu'une neige immaculée ne parvenait pas à sauver de son empreinte humaine désastreuse.

Le lendemain matin, j'aurais préféré mourir, mais au lieu de cela je me suis préparé avec des gestes lents en regardant la rivière gelée par la fenêtre. J'ai vu deux hommes adipeux courir nus dans sa direction puis la fouler sur une dizaine de mètres avant de se jeter dans un trou, en remonter aussitôt et courir dans l'autre sens en criant de joie d'avoir gagné une nouvelle fois leur pari. Notre quatrième repas de langue de bœuf et pommes de terre s'est passé comme les précédents. Ce que je vivais de ce côté-ci du rideau de fer m'intéressait déjà plus que la transaction elle-même, qui progressait bon train grâce à Pavel, fier de ses gigantesques avions-cargos et fier que le capitalisme puisse leur reconnaître une valeur marchande. Dans les vapeurs d'alcool de la veille, j'avais cru l'entendre me dire que son fils venait de se suicider et je me souvenais de lui avoir dit que ma femme venait d'en faire autant. Je crois même qu'après lui avoir confessé cela, il avait posé son bras sur mon épaule.

Plus jeune, lycéen, j'avais été marxiste. Un marxiste freudien. J'avais même créé un mouvement avec mon meilleur ami. Nous n'avons jamais eu qu'une seule adhérente, une fille juive qui était amoureuse de lui. Mais nous croyions dur comme fer que Marx et Freud conjugués dans un mélange unique de lutte des classes et de névrose obsessionnelle suffisaient à expliquer le monde. Comme beaucoup d'adolescents, nous étions à la recherche d'une lecture évidente de la société dans laquelle nous nous préparions à vivre. Une façon de nous rassurer sur l'existence d'un ordre probable comme le faisaient tant de staliniens, de trotskistes et de maoïstes. Mon ami et moi, nous nous reconnaissions le mérite de n'adhérer à aucune des déviances qui avaient conduit le communisme dans des impasses totalitaires et génocidaires. Les textes les plus pertinents de l'histoire humaine avaient tous connu le même phénomène de corruption et de dégénérescence. La Bible en avait été la première victime. Elle avait été corrompue par les prélats, et les protestants, dont je faisais partie, avaient tenté de revenir au texte originel, avant d'être eux-mêmes pour beaucoup submergés par des interprétations fallacieuses. Sans parler de l'Inquisition, ce phénomène commun à toute forme d'idéologie politique ou religieuse. Le communisme s'inspirant du christianisme pour l'idée de partage n'avait connu aucune expérience heureuse. Au contraire même, il s'était révélé l'instrument le plus abouti non pas de libération mais d'asservissement des masses par une minorité psychotique. Marx et Freud, comme le Christ, n'y étaient pour rien si aucune fleur ne pousse du terreau de l'esprit humain sans être aussitôt foulée puis piétinée.

Mais la conception marchande du monde que je servais alors n'était pas non plus la mienne, et en ce sens, j'étais loin d'être complètement dévoué à la débauche d'argent et de biens censés égayer nos vies. En même temps, je comptais sur ma réussite dans ce système pour m'en émanciper.

J'ai eu à ce moment-là une pensée émue pour mon oncle, mon parrain, communiste convaincu, qui avait risqué sa vie dans la résistance contre le nazisme puis soutenu Staline jusqu'à la répression russe en Hongrie en 1956, quand il ne lui avait plus été possible de nier que les illusions qui lui avaient donné tant de courage s'étaient transformées en une réalité déprimante.

Alexia, fraîche et parfumée, est venue me rejoindre à la table du petit déjeuner. Écœurée par la langue de bœuf à cette heure matinale, elle s'est contentée d'un fond de café et d'un morceau de pain avec de la margarine. J'ai bu une gorgée de mon verre d'eau.

– Je crois qu'il y a une chanson de Bourvil sur l'eau « ferrugineuse ».

– Peut-être, je ne m'en souviens pas, et Bourvil n'était pas suisse même s'il était francophone.

– Oui, mais Louis de Funès n'était pas germanophone et pourtant les Allemands l'adorent.

Nous étions convenus avec Alexia de ces conversations où nous nous interdisions de commenter quoi que ce soit sur la situation en cours, sur nos échanges avec les Russes, et de maintenir nos dialogues à un certain niveau d'inconsistance réjouie. Les Russes allaient finir par crever de faim, j'en avais la preuve devant les yeux, et cette transaction, avions contre produits agricoles, ils ne voulaient pas qu'elle échoue. Ils commençaient à vendre les bijoux de famille pour se nourrir. La course à l'armement, la guerre en Afghanistan et les défaillances propres à leur système les avaient menés à bout. On le savait, mais le vivre c'était autre chose.

23.

Ma première transaction était remarquablement engagée quand nous sommes rentrés. Les derniers réglages avec la contrepartie devaient se faire quelques jours plus tard. Les Africains avaient prévu de se déplacer à Genève, une occasion pour leurs femmes de s'offrir des babioles hors de prix, et pour le représentant du président de s'assurer que tout était en ordre pour l'achat de sa maison sur la Côte d'Azur via des sociétés écrans superposées comme des poupées russes. Un cabinet spécialisé s'était occupé de ça pendant mon absence.

Retrouver les enfants m'a réconforté sur moi-même, comme si le voyage dont je sortais n'avait été qu'une incursion fantastique dans un monde parallèle. C'était ça, en vérité, un monde parallèle enfermé dans une expérience qui avait mal tourné, à l'image de scientifiques qui travaillent à identifier un virus pour en guérir le monde et qui par accident le répandent sur toute une partie de la planète. Dieu a ses favoris et les Russes n'en faisaient pas partie au milieu de cette nature tellement vaste et hostile. Quelque chose en eux d'indéfinissable les prédestinait à l'asservissement à un pouvoir excessif.

Les enfants tâtonnaient, pendant ce temps, à la recherche d'un équilibre durable, entre l'école et la maison devant le lac dont ils profitaient en faisant de la planche ou du canoë avec des copains, heureux de partager avec eux cet endroit privilégié. Les autres sollicitations étaient celles d'une petite ville de province sans intérêt particulier en hiver, mais qui renaissait des débuts du printemps jusqu'à la fin de l'automne par son activité touristique côtière.

J'avais négocié avec ma société que la femme au service de mes enfants soit prise en charge, ce qu'ils avaient accepté sans discuter compte tenu de ma situation. Mes voyages de par le monde se faisaient à cette condition. Cilka parlait plusieurs langues, toutes imparfaitement, avec un accent d'Europe centrale. Elle avait été elle-même traductrice et avait profité une dizaine d'années plus tôt d'un voyage officiel en Autriche pour faire défection. Elle avait dans les trente-cinq ans et sa beauté ne se découvrait pas au premier regard. Je ne la considérais pas comme une employée mais comme une relation bienveillante. Le fait que je ne la rémunère pas directement rendait nos rapports plus faciles. Les enfants l'appréciaient aussi, sans tomber dans le piège d'en faire une mère de substitution. De retour de voyage, j'évitais de rester occupé par mes affaires en passant le maximum de temps avec eux mais je compris vite que mon temps de présence était moins important que l'intensité de celle-ci. Surtout quand nous décidions de parler le soir, pendant ou après le repas que nous prenions en présence de Cilka, qui observait une retenue et une neutralité qui nous autorisaient à nous exprimer librement. Rien n'est pire que le choix du silence comme meilleur ami pour un enfant qui entre dans l'adolescence. Parler, parler à propos mais toujours parler, anticiper, ne jamais éluder la question du suicide de leur mère, en faire un sujet courant plutôt qu'un secret de famille, rire à tout propos. Les origines de leur mère les préoccupaient de plus en plus, comme s'ils voulaient éviter que ses racines ne disparaissent avec elle.

Ce soir-là, il neigeait sur le lac, et chaque flocon hésitait à finir sa course dans l'eau froide. Cette impression cotonneuse était propice à la conversation, d'autant qu'un feu crépitait dans la cheminée.

– Pourquoi on ne voit jamais notre grand-père ? a demandé ma fille.

– Parce que, quand ta mère était enfant, il l'a abandonnée après s'être remarié.

– Mais comment c'est possible, ça ? a dit mon fils en fronçant le nez.

– Sa nouvelle femme était jalouse de la vie qu'il avait eue avant elle et elle a voulu qu'il en efface toutes les traces. Ils ont eu trois enfants et il ne s'est plus occupé de la fille de son premier mariage.

– Mais il est complètement con, non ?

Mon fils comme tous les garçons de son âge avait une aptitude particulière à résumer une situation.

– Non, c'est un pauvre type. Le pire, c'est qu'il donne des conseils de psychologie à la télévision…

– Pourquoi il n'y a pas un permis pour faire des enfants ?

Il y en a pour conduire une voiture, une moto, un bateau, un camion, mais les enfants…

– C'est un droit humain fondamental.

Ma fille a renchéri sèchement :

– Maman n'aurait pas dû être autorisée à faire des enfants…

On s'est tous regardés, gênés. Elle a repris tout de suite :

– Tu crois que si son père ne l'avait pas abandonnée, elle ne nous aurait pas abandonnés à notre tour ?

– Je ne crois pas… enfin, je n'en sais rien, mais je ne vois pas de corrélation…

– Et la mère de maman, tu l'as connue, papa ?

– Non, elle est morte juste avant que je rencontre votre mère. Elle était d'origine russe, son père était un compositeur réputé mais il a été déporté au goulag par Staline.

– Pourquoi ?

– Il n'y avait pas de raison pour être déporté. Il y a survécu mais il est mort à son retour à Moscou. Votre grand-mère a élevé seule sa fille en donnant des cours de piano. Elle était atteinte d'une maladie dégénérative des yeux et elle est morte juste au moment où elle devenait totalement aveugle, un an avant que je rencontre votre mère.

– Une enfance compliquée, hein ?

– On peut le dire, mais qui n'explique rien… en tout cas, pas tout.

Ma fille, qui voulait absolument désigner un coupable, a enchaîné :

– Tu crois que notre grand-père se sent coupable de la mort de notre mère ?

– Non, il est trop organisé dans sa tête pour reconnaître une chose pareille.

– Organisé ?

– J'ai lu dans l'avion pour Moscou le livre d'un psychiatre américain qui traite de la psychologie des tueurs en série et pointe le fait que certains d'entre eux n'avouent pas leurs crimes aux policiers parce qu'ils ne parviennent pas à se les avouer à eux-mêmes, comme si deux personnes complètement différentes cohabitaient en eux. Mais je vous le redis, je ne pense pas que son abandon soit la cause du suicide de votre mère.

– Tu crois qu'on saura un jour ?

– Je l'espère, je vais mener mon enquête.

– On peut se supprimer sans raison ?

– Il y en a toujours une, physiologique ou psychologique, parce que l'être humain, comme tous les animaux, a normalement un fort instinct de conservation. « Tout être tend à persévérer dans son être », c'est une loi universelle.

J'encourageais par la discussion cette façon qu'ils avaient de se distancier progressivement du drame que nous venions de vivre. Ensuite, je leur ai parlé de mon voyage en Russie, dont ils ont écouté la relation avec une attention renforcée par la nouvelle qu'une partie de leur généalogie prenait racine là-bas.

– Mais maman ne parlait jamais de la Russie.

– Parce que sa mère n'en parlait pas non plus. Elle l'avait quittée avec sa propre mère en passant par l'Ukraine, et sa mère était morte durant le voyage. Je n'en sais pas plus.

24.

Les Africains sont arrivés en nombre pour profiter des boutiques de luxe de Genève. Leur pays était immensément riche mais plongé dans la pauvreté par des décennies de colonisation puis de prévarication indigène encouragée par les anciens colonisateurs. À la tête du pays se trouvait la famille d'un seul homme qui, en mettant la main sur la plus grande partie des richesses, avait déclenché une guerre civile sans fin. Le leader prétendument charismatique se prétendait « marxiste modéré » pour ne pas énerver les Américains, mais la guerre menée par les rebelles n'était en rien idéologique ils voulaient simplement remplacer sa famille par d'autres familles. Tout surgissait de cette terre, le pétrole, largement exploité par les Français et les Américains, les diamants, convoités par les Sud-Africains et une agriculture tellement privilégiée que la récolte de maïs avait lieu deux fois l'an. Mais rien ne ruisselait jusqu'aux poches d'un peuple miséreux, maintenu dans l'ignorance et agité à coups de boucs émissaires.

Deux membres de la délégation – j'en ai eu le sentiment

dès les premiers échanges – étaient hostiles à la transaction qui faisait pourtant une part respectable à leur rémunération occulte. Je ne comprenais pas pourquoi et je m'en suis ouvert en aparté au boss de ma boîte. La négociation se tenait dans un hôtel luxueux au bord du lac Léman et nous sommes partis tous les deux fumer une cigarette loin des oreilles indiscrètes. Nigel était un Écossais du genre plutôt pragmatique.

– Les Américains les ont sans doute achetés pour faire capoter la transaction en leur offrant plus de garanties financières que nous ne sommes à même de leur en proposer. Les États-Unis veulent affamer les Russes pour que le régime communiste tombe au plus vite.

– Nos actionnaires sont américains, ils auraient pu arrêter directement la transaction, non ?

– Ils ne fonctionnent pas ainsi. La CIA n'a probablement pas capté qui est derrière notre société. C'est une organisation massive et parfois un peu dispersée, j'imagine, et puis il est rare que la CIA s'oppose frontalement au business développé par une boîte américaine.

– Qu'est-ce qu'on fait alors ?

– Comme on le fera toujours. Notre intérêt passe avant tout, la politique, c'est leur problème, le nôtre c'est de faire des affaires. On ne sera jamais jugés sur nos professions de foi mais sur notre résultat net comptable. Vous comprenez ?

Je me suis souvenu brièvement de la fierté de Pavel et des repas à base de langue de bœuf qui devaient continuer à se succéder là-bas. Et j'ai pris ma décision. Sans en mesurer toutes les conséquences.

Au soir du deuxième jour de négociation, j'ai invité le chef de la délégation, un neveu du président en place, avec sa femme dans un des meilleurs restaurants de Genève. J'ai hésité pendant tout le repas avant de me lancer :

– Il semble que deux de vos délégués travaillent pour les Américains. Je le tiens d'un service de renseignements.

J'avais raison tout en mentant sur ma source. Mon interlocuteur n'a montré aucune réaction. Il s'est contenté de réfléchir en souriant à sa femme, qui comprenait que quelque chose d'important se tramait. Nous avons continué à deviser gaiement. Peu avant de nous quitter devant la porte de leur hôtel, le jeune homme s'est approché de moi, laissant sa femme seule un instant.

– Vous en êtes certain ? Parce que les Américains soutiennent de plus en plus activement la rébellion. Si c'est vrai, c'est de la haute trahison. Je vais en informer mon oncle mais je connais déjà sa position.

Le lendemain, les deux hommes en question ne se sont pas présentés à la table de négociation. Lors d'une pause, j'ai demandé à mon interlocuteur s'il les avait renvoyés chez eux. Il n'a rien répondu.

*

Avant que la négociation se termine, un homme d'affaires américain basé à Genève m'a contacté pour me rencontrer au plus vite dans un bar d'hôtel de la ville. Quand je lui en ai demandé la raison, il n'a évoqué qu'une question urgente et importante. Je lui ai proposé de prendre un petit déjeuner ensemble dans l'hôtel où logeaient les Africains avant d'ouvrir ce que j'espérais être la dernière séance de travail.

Un homme en surpoids, assez négligé, dans un costume qui n'était pas vraiment de saison, m'attendait sur la terrasse couverte qui faisait face au lac. J'ai noté ses petits yeux rapprochés et le fait qu'il transpirait beaucoup, comme si ses fluides manifestaient une urgence à le quitter. J'étais très fatigué ce matin-là et un peu lassé de trimballer la délégation africaine. J'ai pris un café serré et l'ai invité à me parler de ce dont il voulait m'entretenir. Il a reniflé, penché la tête sur le côté, comme s'il cherchait à faire sortir un son de son oreille. Puis il a commencé à s'exprimer sans me regarder. À cet instant précis, j'ai su pour qui il travaillait.

– Nous ne serons certainement pas appelés à nous revoir. Sauf si nous trouvons un terrain d'entente. J'irai droit au but. Je suis contrarié par la disparition de deux personnes qui siégeaient face à vous il y a encore deux jours. Deux Africains de nos amis. Avez-vous de leurs nouvelles ?

– Aucune, pour autant que je sois supposé en avoir. On m'a dit qu'ils avaient été rappelés par leur président pour affaire urgente.

– Alors ils sont probablement partis à la nage, parce que nous n'avons pas trace d'eux dans les aéroports.

– Le train peut-être, puis le bateau.

– Vous plaisantez ?

– Non, je ne suis pas d'humeur.

– On m'a dit que nous avions de bonnes raisons de rester amis.

Je ne voyais pas bien pourquoi. Il a poursuivi :

– Des amis communs m'ont dit qu'on vous avait donné un coup de main pour partir sereinement des États-Unis.

J'ai fixé ses petits yeux noirs et rapprochés un moment assez long pour décider de ma réponse.

– Je vois à quoi vous faites allusion, mais personnellement j'ai la conviction que l'autorité judiciaire a jugé par elle-même.

– Si vous le dites... mais je n'en suis pas certain. Bref, la transaction que vous menez ne plaît pas à tout le monde. Avez-vous un moyen de la faire avorter ? Non, je le lis dans votre regard, mais alors, un moyen de la faire traîner ?

– Elle traîne de toute façon. Si vous mettez des Russes face à des Africains, il faut être patient.

– Donc ce n'est pas pour demain ?

– Non.

– Laissons tomber le côté africain. Vous seriez prêt à collaborer avec nous sur le côté russe ?

– Pour cela, il faudrait que cette transaction ne tombe pas à l'eau, ni les prochaines.

– Je comprends. Qui avez-vous comme interlocuteur là-bas ? Un responsable de projet j'imagine, un directeur de Kombinat, un homme du KGB, un homme du Parti et une traductrice du KGB qui pourrait éventuellement vous permettre de coucher avec elle à un moment donné. J'ai tort ?

– Pas sur tout.

– Accepteriez-vous ?

La première chose qui me soit venue à l'esprit a été de gagner du temps, le plus de temps possible.

– Vous en avez parlé à mon boss ? Moi, je ne suis qu'un exécutant.

– Non, et je vous suggère de ne pas lui en parler. La main droite ignore ce que fait la main gauche.

J'ai tout de même continué dans ce sens :

– Le siège de la banque à New York approuve ?

– Si c'était le cas, je ne vous le dirais pas.

– Je veux y réfléchir. On ne se marie pas pour la seule raison qu'on a couché ensemble, n'est-ce pas ? D'autant qu'on n'a pas vraiment couché ensemble.

– En attendant, je vous serais reconnaissant de me donner des nouvelles des deux disparus, si vous en avez. Il se peut très bien que vos interlocuteurs aient demandé aux Russes de les faire disparaître. Ils sont peut-être déjà profondément immergés dans le lac Léman.

Je me disais : « Au moins, si plus tard te venaient l'envie et le talent d'écrire, une chose est certaine : tu auras quelque chose à raconter. »

Quand j'avais dénoncé les deux « dissidents », à aucun moment je n'avais imaginé que cela pourrait conduire à leur disparition, ou peut-être tout simplement à leur mort. Cette décision m'a fait pénétrer dans un autre monde auquel je n'étais pas préparé et dans lequel je n'avais jamais eu l'ambition d'entrer. Je me suis mis à cauchemarder que leurs corps gonflés s'échouaient devant ma maison et que mes enfants venaient me réveiller après les avoir découverts. J'ai été soulagé d'apprendre quelques semaines plus tard qu'ils s'étaient exilés à Londres avec leurs familles.

25.

Après un dernier et court voyage à Moscou qui a réuni l'essentiel des protagonistes, l'affaire a été conclue. Elle m'a valu les félicitations du boss pour l'argent qu'elle rapportait parce que, au-delà de la marge apparente, nous avions spéculé sur le maïs dans le bon sens et nous avions fidélisé un nouveau client. En guerre civile, ce pays avait besoin d'argent, et la vente du maïs qui poussait dans une zone épargnée par les combats lui procurait des revenus substantiels. Le président, dubitatif sur son avenir, en profitait pour se constituer un pactole à l'étranger par l'intermédiaire de notre société qui, le tenant par sa moralité douteuse, ne l'autorisait à travailler avec personne d'autre qu'elle. Ne pas être impliqué directement dans cette relation épargnait ma conscience à bon compte.

Le deal conclu, on m'a annoncé la venue de Julia à Genève pour trois jours. Son premier voyage depuis mon départ des États-Unis cinq mois plus tôt.

*

Elle était aussi belle, resplendissante que quand je l'avais quittée. Descendue de l'avion, elle a d'abord rencontré McGregor, mon boss, en tête à tête, avant que je sois invité à les rejoindre pour un dîner durant lequel l'Écossais, pourtant avare de compliments, lui a dit du bien de moi en ma présence. Quand McGregor, qui avait visiblement des problèmes de prostate, s'est excusé pour se lever en plein dîner, nous laissant seuls, on n'a rien trouvé à se dire, ne sachant ni l'un ni l'autre par où commencer, et elle a fini par me proposer de la retrouver à l'hôtel où elle était descendue, ce que j'ai évidemment accepté. Le temps qui nous séparait de l'intimité de nos retrouvailles m'a paru bien long. Elle est partie finalement jusqu'à son hôtel avant moi, et je l'ai rejointe discrètement.

Elle a ouvert la porte de sa chambre, m'a enlacé sans rien dire, et nous avons fait l'amour jusqu'à épuisement. La nuit fut courte jusqu'au petit déjeuner, que nous avons pris sur un balcon, devant le lac où quelques voiliers croisaient paresseusement sous un vent d'opérette. Nous nous sommes enfin parlé, débarrassés de la présence de McGregor et de nos désirs incendiaires.

– Tu es bien ici ?

Elle a dit cela sans me regarder, comme si elle craignait la réponse.

– De quel point de vue ?

– Je ne sais pas, professionnel, personnel.

– Sur le plan personnel, je gère. J'habite avec les enfants de l'autre côté du lac, en France.

– Pourquoi ?

– Pour ne pas les couper de leur pays, qu'ils y fassent leur scolarité. Professionnellement, c'est intéressant, mais le contexte est compliqué.

– C'est-à-dire ?

– Que notre intérêt à faire du troc avec les Russes n'est pas partagé par tout le monde. Un type m'a approché. Un Américain. Pas besoin d'être très perspicace pour savoir qu'il travaille pour le renseignement. J'ai soupçonné deux des négociateurs africains d'avoir été soudoyés par la CIA pour faire échouer la négociation. Je l'ai dit au chef de la délégation, le neveu du président. Ils ont disparu le jour même sans avoir apparemment franchi une frontière. La CIA joue contre nos intérêts. Ils veulent affamer les Russes. Mais en même temps, ils ne sont visiblement pas allés jusqu'à demander d'arrêter ce type de transactions parce que, de toute façon, si ce n'est pas nous qui les concluons, ce sera d'autres. Après, il a changé de tactique en essayant de me recruter pour les prochaines fois. Il aimerait que je le renseigne sur mes interlocuteurs russes. Pour me convaincre, il a insinué que la CIA était intervenue pour que je puisse quitter les États-Unis sans ennuis et il m'a fait comprendre que si je ne croupissais pas à vie derrière les barreaux dans une geôle infecte, c'était grâce à eux. Ils l'ont vraiment fait ou le juge a simplement considéré la vérité ?

– Je n'en sais rien.

– Burt ne t'a rien dit ?

– Rien.

– Il s'est servi de la situation pour m'éloigner de toi, et maintenant ses petits copains veulent me recruter. Je n'ai pas l'intention de travailler pour eux, si je devais le faire pour quelqu'un, ce serait pour les Français.

– Pourtant, ton grand-père a fait la guerre dans l'armée américaine, non ?

– De toute façon, cela ne m'intéresse pas. Mon père a collaboré avec le renseignement, mon oncle a trempé dedans jusqu'au cou, mais je ne me vois pas adhérer à cette vision transversale, sinueuse, pour ne pas dire tordue, du monde.

– Dommage, c'est la seule qui soit réaliste, a-t-elle rétorqué avec un petit sourire en coin.

– Si tu peux faire remonter à Burt que je demande qu'ils me foutent la paix, je t'en serais reconnaissant. Tu le vois toujours, n'est-ce pas ?

– Oui mais moins.

– Tu vois qui d'autre ? Je ne t'imagine pas te contenter de lui.

– Personne. Et toi ?

– Personne. Parfois je me demande si notre relation est réelle ou si elle n'est juste qu'un songe. On n'existe que quand quelqu'un peut témoigner de nous-même, et personne ne peut témoigner de notre histoire. Ça ne pourra pas durer éternellement, à moins qu'on franchisse une nouvelle étape. Une relation doit progresser, et la nôtre se distend à la fois dans l'espace et dans le temps. Et je sais que fondamentalement, tu ne souhaites pas construire autre chose que ce que nous vivons.

– Je sais que tu vas, à un moment ou un autre, t'engager avec une autre femme mais je sais aussi que chaque fois que je reviendrai vers toi, tu seras là pour moi. Quelque chose nous lie qui est au-delà des mots, des conventions, des analyses, de la raison, et ce n'est pas purement sexuel. Si Burt n'était pas intervenu, j'aurais été entraînée dans ton histoire, les flics t'auraient gratifié d'une maîtresse au long cours et donc d'un mobile. Que maintenant les types qui l'ont aidé à freiner l'enquête demandent des contreparties, c'est de bonne guerre. Si tu refuses, ils ne vont pas te faire de chantage, mais ils entendent profiter assez normalement d'une opportunité en se prévalant d'une réciprocité. Je serais toi, j'entretiendrais une relation cordiale avec eux, je leur filerais quelques informations choisies... Ce qui compte, c'est que notre business prospère, et cette première opération massive est une réussite. Il y a beaucoup d'argent à se faire, et ce n'est pas la CIA qui décide de la conduite des affaires.

La plupart des hommes ne supportent pas la supériorité objective d'une femme sur eux. Julia m'était supérieure, intellectuellement et émotionnellement, mais elle n'en abusait pas, ce qui la rendait irrésistible. Je réalisais à quel point nos conceptions du monde divergeaient. La mienne se prétendait un peu idéologique, la sienne était essentiellement lucide et pragmatique. C'est pour cette raison que je n'ai pas été surpris quand elle a dit :

– Je crois que pour le bien de notre relation, tu devrais avoir une liaison régulière avec une autre femme. Sinon, tu risques de vivre dans l'attente...

J'ai éclaté de rire.

– Tu voudrais que j'initie une relation avec une femme dont la perspective sera d'être trompée chaque fois qu'on se rejoindra quelque part ?

– Tu peux peut-être le négocier avec elle ?

Elle a ri à son tour avant de conclure, sérieuse :

– Non, je t'assure. Fais comme moi, trouve-toi une « Burt », mariée de préférence. On ne se sent pas coupable de tromper une femme qui elle-même trompe son mari. Burt te tolérait, mais il craignait que cela aille trop loin entre nous deux à partir du moment où ta femme est morte.

Elle est restée quarante-huit heures de plus à Genève, le temps de rencontrer tous les *profit makers* des différents marchés que couvrait la société, des métaux rares, comme le cobalt, au cacao en passant par le soja, pour en rendre compte au siège, où elle prenait une importance croissante. Nous n'avons partagé que les nuits. Des étreintes vertigineuses comme si nous ne parvenions pas à venir à bout de notre désir l'un pour l'autre, et je l'ai quittée avec un drôle de sentiment d'incomplétude. Elle est repartie pour New York via Paris un samedi matin tôt en me fixant la date de nos prochains ébats, une convention avec les principaux clients de la banque à Park City, dans l'Utah.

Il faisait encore nuit lorsque j'ai rejoint la maison. Aucun des enfants n'était réveillé. Je m'imaginais mal leur expliquer pourquoi j'avais découché. J'ai pris mon café devant la grande baie vitrée qui donnait sur le lac, immobile à cette heure matinale, légèrement brumeux, comme je l'étais moi-même à cause du manque de sommeil, état qui peut passer un moment pour de l'ivresse avant de se transformer en fatigue. Allez comprendre ce qui m'a pris à ce moment-là. J'ai eu l'envie subite de décrocher mon téléphone pour appeler le père de ma femme. Je l'ai sorti du lit, je pouvais l'entendre à sa voix, qui n'était pas aussi assurée que quand ce psychiatre émérite s'exprimait à la télévision. On ne s'était jamais tutoyés.

– Pourquoi me réveillez-vous ?

– Je vous appelle parce que si je ne le fais pas maintenant, je ne le ferai plus jamais. Cela va vous surprendre, mais même si je n'ai pas de raison de vous apprécier particulièrement, je voudrais garder le contact, parce que vous êtes la seule famille de mes enfants. Mon père et ma mère sont morts, leur grand-mère maternelle aussi, et vous êtes l'unique bout de racine qui leur reste, moi mis à part. Je comprends que de votre côté vous ne soyez pas trop enclin à voir vos petits-enfants alors que vous avez coupé les liens avec…

Je l'ai entendu soupirer longuement à l'autre bout du fil, avant de reprendre d'une voix sombre :

– Je n'ai pas coupé les liens avec ma fille, c'est elle qui a coupé avec moi.

– Justement, j'ai une très mauvaise opinion de vous et je me disais qu'elle n'était pas forcément justifiée. Je n'aime pas les préjugés. Ce serait bien qu'on se voie. Je suis dans la finance à Genève mais je peux faire un saut à Paris. Rappelez-moi quand vous aurez un agenda entre les mains.

Je lui ai fait promettre de me rappeler avant de lui donner mon numéro. Je suis retourné me faire du café tout en m'étonnant du changement de perception que j'avais de cet homme.

J'ai mis les nouvelles à la radio suisse. L'émission venait à peine de commencer et un journaliste s'entretenait avec un spécialiste de l'URSS sur la raclée que se prenaient les Russes là-bas, en Afghanistan. Il affirmait que les Afghans étaient aidés par les Américains qui leur fournissaient des Stinger, un engin porté à l'épaule capable de défoncer un char. Il ne faisait aucun doute pour lui que la Russie allait bientôt se retirer de ce territoire où elle n'avait rien à faire. Les Américains avaient parié sur la foi dans l'islam contre le matérialisme historique. Rattrapé par la fatigue, je suis parti me coucher.

L'enfer est pavé de bonnes intentions. Le communisme en était une. L'enfer, c'était Staline et tous les psychotiques qui l'avaient imité, Mao, Pol Pot, Fidel Castro, les dirigeants de la Corée du Nord ; partout cette expérience a priori louable a fini dans un cauchemar dont personne ne s'est jamais vraiment réveillé.

26.

Tandis que l'empire communiste vacillait dans les semaines qui ont suivi, mes opérations avec les Russes se sont multipliées, avec Pavel en particulier, mandaté par sa hiérarchie pour échanger toujours plus d'avions contre des produits alimentaires qui leur faisaient de plus en plus cruellement défaut. Il aurait été un peu facile de dire qu'il ne croyait plus au monde dans lequel il évoluait. Je pensais au contraire que ce système de production et de répartition des richesses gardait sa confiance, mais pas la façon dont il avait dégénéré en mode de domination des masses par une minorité recrutée pour sa bêtise, sa veulerie et sa cruauté. Les compétences de Pavel dans un secteur de pointe suffisaient à le rendre attractif aux yeux des Américains.

Alors que nous négociions la troisième transaction entre nous, je revenais d'un voyage en Russie quand l'Américain en poste à Genève m'a invité à déjeuner dans un restaurant chic de la ville. Nous vivions un moment historique, le mur de Berlin était tombé quelques jours plus tôt comme un barrage miné de l'intérieur, sans véritable violence. Les marches de l'Empire soviétique se délitaient, les satellites vassaux reprenaient en main leur destin laissant la Russie essayer de se sauver elle-même. Le processus d'effondrement de la sphère communiste à l'est de l'Europe était irréversible. Mon interlocuteur en avait pris acte et, tel un prédateur qui voit sa proie s'épuiser, il jubilait en attendant de fondre sur elle. Il avait complètement changé d'attitude à mon égard. Plus de menaces ni de sous-entendus.

– Parlez-moi de votre relation avec Pavel...

Ma réponse l'a refroidi.

– Pourquoi je le ferais ?

Il s'est repris aussitôt.

– Parce que nous sommes du même bord, vous et moi, que nous sommes sur le point de gagner la guerre froide, parce que nous, les Américains, en débarquant en France en 44, nous vous avons sauvés de l'esclavage...

– Les Russes n'ont pas été non plus pour rien dans la défaite nazie.

– Mais ils n'ont pas libéré la France.

Il m'a regardé ensuite en se disant qu'il m'avait visiblement sous-estimé.

– Nous sommes bien du même côté, n'est-ce pas ?

– Si vous voulez dire que je suis du côté de la dictature de l'argent plutôt que de celui d'une idéologie avariée, cela ne fait aucun doute !

Il a étiré ses lèvres plus qu'il n'a souri.

– Votre réponse explique pourquoi nous, les Anglo-Saxons, les Américains comme les Anglais, on ne fait pas confiance aux Français. Vous êtes dans un no man's land idéologique. Il suffit de voir votre gouvernement qui fait la girouette entre un pseudo-modèle de gauche et un appétit sans limite pour l'argent. Je peux vous faire une confidence ?

– Vous pouvez...

– Vous savez que la CIA, du temps où elle était dirigée par Dulles, a envisagé d'assassiner de Gaulle ?

– Je ne le savais pas mais cela ne m'étonne pas. Il ne voulait pas être un de vos vassaux.

Il a esquissé un sourire pour clore ce chapitre.

– J'aime votre profil. Vous venez d'une famille connue à la fois du monde des services et de celui de la Résistance. Je comprends votre balancement idéologique. Je n'imagine pas que vous ne vous engagiez pas à nos côtés.

– Je n'en ai pourtant pas l'intention.

– Pourquoi ?

– D'abord, je vous l'ai déjà dit, si cela devait être le cas, je ne servirais pas un autre pays que le mien.

– Votre grand-père l'a fait. Médaille du courage de la ville de New York, quatre ans dans la marine américaine pendant la guerre : vous pourriez obtenir la nationalité américaine si vous la demandiez.

– Je ne la demande pas.

– Et pourtant, vous travaillez dans une entreprise américaine. Je ne comprendrai jamais les Français. Pour quoi êtes-vous prêts à vous battre ?

– Nous travaillons pour vivre alors que votre modèle,

c'est de vivre pour travailler. Là est la différence fondamentale.

– Pourtant vous marchez dans le système, le nôtre.

– Le temps de faire assez d'argent pour penser à une autre vie.

– Vous êtes dépressif, non ? J'ai lu un rapport qui parle du fond de dépression des Français qui ont perdu pied pendant la guerre de 14 et ne s'en sont jamais remis, raison pour laquelle ils ont été aussi lamentables pendant la dernière guerre. Et puis il y a eu l'Occupation. Un pays qui a été occupé n'est plus jamais le même. C'est comme une fille qui a été violée. Les feuilles d'automne tombent des arbres mais n'y remontent jamais. Vous savez que c'est Truman qui a convaincu de Gaulle de ne pas trop faire le ménage dans la collaboration pour éviter que la France soit vidée de son système politico-administratif et laisse la place aux communistes ?

– Il y a quelque chose qui vous échappe me concernant. Je place mon indépendance au-dessus de toutes les valeurs, je ne supporte pas de me conformer ni d'obéir. Sinon j'aurais prolongé mon temps dans l'armée après mon service militaire.

Neeson, c'est ainsi qu'il se faisait appeler, est resté un moment sans rien dire, la mâchoire dans la main.

J'en ai profité pour me servir du vin.

– Je crois que vous hésitez, non ?

Il a sursauté comme si je le sortais d'un rêve.

– Oh non, pas du tout. J'aime votre genre de profil atypique, parce qu'une fois que je vous aurai persuadé de vous engager, vous le ferez pleinement, j'en ai l'intuition. Généralement, à la CIA, on fidélise quelqu'un par l'argent, par ses mœurs, par son passé. Vous, je ne sais pas encore très bien comment vous « motiver », mais je vais trouver !

– Je vous préviens, ce ne sera pas facile, parce que j'en suis moi-même encore à en chercher la raison. Mes enfants sont ma seule boussole, mais je ne conseille à personne de se servir d'eux pour me convaincre de quoi que ce soit.

Parti pour boire une gorgée de son vin, il a descendu son verre d'un trait avant de pousser un soupir de satisfaction.

– J'ai besoin de vous pour recruter Pavel. Cet homme va nous être très utile dans le futur. Acceptez-vous de m'aider à le faire ?

– Pourquoi vous intéressez-vous à lui ?

– Parce que nous avons la conviction qu'il va jouer un rôle important dans la Russie de demain, qu'il est au cœur de la technologie civile et militaire russe dans le domaine de l'aviation mais aussi des missiles. Il a beaucoup souffert de la période stalinienne, son père était écrivain, poète, et il a été déporté au goulag avant la guerre. Il n'en est pas revenu. Je pressens un ressort qui pourrait nous être favorable et je vous crois assez fin pour le mettre progressivement en confiance.

– Vous avez enquêté sur lui ?

– Bien sûr, comme le KGB l'a fait sur vous. Ils savent probablement que votre oncle a été écarté de la DGSE parce qu'il était communiste et qu'il ne s'est jamais renié. C'était une figure de la Résistance communiste, décoré par le roi d'Angleterre pour son travail dans le SOE. Vous-même avez un passé, vous avez été fiché comme tel par les renseignements généraux, alors que vous n'étiez encore que lycéen, je crois que tout cela a mis les Russes relativement en confiance. Vous êtes un peu trop trouble pour nous, mais on va s'en accommoder. Du coup, vous leur inspirez confiance. Ils ne s'imaginent pas que vous puissiez travailler pour les services français, qui ont jeté votre oncle dehors, ni pour nous, les Américains, alors que vous êtes un ancien marxiste.

– Comment savez-vous cela ?

– J'ai vu une note faite à Paris par un membre éminent du bureau politique du Parti communiste français, qui, comme vous le savez espionne pour les Russes. Celle-ci, curieusement, vous concerne, vous et votre oncle. Il y est dit qu'il était aussi votre parrain et que n'ayant pas eu d'enfant, il était très proche de vous. Pour votre information, votre oncle a travaillé un certain temps pour les Soviétiques, après la guerre, pour prendre sa revanche sur les services français qui l'avaient écarté. Sachez aussi que les Russes ont vraiment apprécié que vous mettiez hors jeu les deux Africains qui s'opposaient à votre premier Barter. Ils aiment votre singularité et à un moment ou un autre, si les circonstances politiques le permettent, ils vont essayer de vous recruter, autant vous le dire tout de suite. C'est pourquoi j'ai pris les devants, vous comprenez ? J'ai appris par ailleurs que le grand-père de votre femme était un célèbre musicien russe, ce qui vous fait une connexion de plus avec notre cible. J'ai dit « notre », j'ai bien fait ?

Je n'ai rien répondu.

*

Un petit commis d'intérêts obscurs déguisés en grande cause. Voilà ce qu'on me proposait d'être. Si les vraies grandes causes entrent épisodiquement dans le champ de la réalité, elles préfèrent se loger dans des sphères d'altitude. L'Amérique du débarquement en Normandie était aussi celle du Vietnam et des dictatures immondes d'Amérique du Sud, visant à laisser le champ libre à des multinationales insatiables. Je collaborais avec ce modèle, mais pas assez pour m'aveugler. J'ai alors pensé à mon père, aimable correspondant sur la question nucléaire d'un directeur des services extérieurs dont il était l'ami. J'ai aussi longuement médité la destinée de mon oncle, cet étudiant indolent et jouisseur qui avait versé dans la Résistance avec les Anglais et les communistes contre l'occupant, sans jamais faiblir.

Je possédais une part de chacun d'eux mais pas au point d'en être l'esclave. Parce que mon père était une autorité morale considérable, son engagement était plus clair que celui qu'on me proposait. Il s'était agi pour lui d'aider de Gaulle à promouvoir l'indépendance énergétique et militaire de la France comme préalable à l'alliance avec un des deux blocs sans toutefois adhérer à l'Otan. On me suggérait de collaborer avec un camp qui avait déjà gagné. La fête capitaliste était certes bien moins sinistre que la dictature bureaucratique d'esprits dégénérés sortis d'un livre de Kafka, mais sans atteindre la psychose communiste, elle relevait quand même d'une forme de névrose consumériste infligée à une humanité condamnée à produire toujours plus d'objets. J'aurais préféré qu'on me foute la paix, qu'on me laisse disparaître dans ma prochaine vie. Je n'en demandais pas plus, mais cela aurait été trop simple.

27.

Sa barbe masquait maladroitement le contour de ses traits affaiblis par l'âge qui venait. Pas encore vieux, plus jeune du tout. On s'est vus dans un café du quartier Saint-Michel, dans une de ces rues où les touristes déambulent en procession, le nez en l'air, à la recherche des curiosités indiquées dans leur guide. J'avais profité de ma matinée pour me rendre à une exposition sur Basquiat. Le jeune peintre était mort prématurément dix-huit mois plus tôt d'une overdose. Son génie s'était éteint, victime des drogues qui proliféraient parmi une jeunesse supposée être la plus heureuse du monde. Ce qui me ramenait furtivement à mes propres excès, à l'époque de la contre-culture finissante, quand notre génération avait pris conscience de ce qui clochait dans la direction que prenait la planète. J'avais vécu dans la marginalité et je m'en étais effrayé au point de replonger dans la conformité. Je me demandais parfois si c'était la même personne qui avait pensé changer le monde et en était désormais à vendre des avions-cargos russes contre des milliers de tonnes de céréales.

J'en étais là de ma réflexion quand mon beau-père est entré dans le bar avec l'air de ceux qui sont habitués à être regardés. Ses apparitions télévisées lui conféraient une petite notoriété dont il cherchait le reflet dans le regard des autres. Je l'ai reconnu sans le connaître parce que, malgré les années, sa ressemblance avec sa fille était encore là, vestige d'une parenté en grande partie effacée. Il avait dans son expression quelque chose de l'amertume qui tient à la conscience diffuse que l'on a de sa propre imposture. Je lui ai fait un petit signe, il s'est approché de moi, je ne me suis pas levé pour lui serrer la main. J'en ai toutefois esquissé l'intention mais il s'est assis aussitôt sans enlever son lourd manteau, dont il a replié les pans devant lui sur ses genoux. Il semblait ému, irrité, embarrassé, ne sachant où appuyer son regard. Je lui ai sorti deux photos de ses petits-enfants que j'ai étalées sur la table du bistrot devant lui.

– Ils sont grands.

Il n'a rien trouvé d'autre à dire. Il est resté ainsi, et au moment où je m'apprêtais à meubler le silence qui s'était installé, il a demandé d'un ton détaché :

– Vous n'avez pas de photo récente de ma fille ?

– Non, et c'est mieux ainsi. Elle avait perdu beaucoup de poids les derniers mois, près d'une vingtaine de kilos.

– D'autant qu'elle n'a jamais été grosse, n'est-ce pas ?

– Non.

– Je n'ai rien su de sa dépression.

– Pas étonnant.

Il a soupiré.

– Non, rien d'étonnant, je ne l'ai pas revue depuis ses seize ans.

– À quelle occasion ?

– Avant toute chose, je dois vous expliquer que je ne suis pas seul responsable de ce qui, de l'extérieur, peut paraître un abandon. Nous nous sommes séparés, sa mère et moi, quand cette dernière était enceinte. Notre relation avait été passagère et il en est résulté cette enfant. Je souhaitais que sa mère avorte mais elle a voulu la garder. Elle m'a fait payer de lui avoir suggéré d'avorter en me refusant tout contact avec l'enfant. Ma lâcheté a été de ne pas insister. Ensuite je me suis marié, j'ai eu trois enfants. J'ai fait une nouvelle tentative pour que ma première fille soit intégrée à ma famille mais sa mère a refusé, tout en laissant entendre à la gamine que je l'avais abandonnée. Je n'en avais jamais eu l'idée. C'est une légende familiale qui a été soigneusement créée et entretenue par sa mère.

– Et donc vous l'avez revue ?

– Une seule fois. Je ne savais pas à quoi elle ressemblait et elle a trouvé moyen de prendre rendez-vous pour une consultation. Je me souviens d'une adolescente qui faisait tout pour avoir l'air d'une femme, sa voix autant que son allure, déjà formée, provocante sans excès, avec une intelligence innée de la séduction. Elle s'est fait passer pour quelqu'un d'autre avec un faux nom mais elle n'a pas menti sur son âge. Je lui ai demandé pourquoi elle venait me consulter et elle m'a parlé de sa relation avec un homme beaucoup plus âgé, quelque chose comme près de la soixantaine. Elle m'a mis très mal à l'aise comme thérapeute quand elle m'a révélé que cette relation durait depuis trois ans. Elle avait donc débuté quand elle avait treize ans. Puis elle est entrée dans des explications très confuses selon lesquelles elle ne savait pas très bien sur quoi était basée cette relation et qu'elle voulait travailler avec moi pour la comprendre. Très choqué, je lui ai demandé si ses parents étaient au courant. Et c'est là qu'elle m'a répondu : « Ma mère, certainement pas, mais mon père, oui, maintenant. » Elle m'a regardé ensuite fixement avec un sourire en coin, contente du tour qu'elle me jouait. Ma première réaction a été de chercher à savoir si elle m'avait raconté une histoire vraie ou si elle l'avait inventée. Elle m'a juré qu'elle était vraie mais qu'elle ne pouvait pas m'en dire plus sur cet homme. Je lui ai fait remarquer que leur relation était illégale et que d'en avoir connaissance m'obligeait à le dénoncer. Elle n'a rien répondu et elle est partie en me disant qu'elle avait fait une erreur en venant me consulter. J'ai donc contacté sa mère pour lui en parler mais celle-ci m'a répondu sèchement que je n'étais pas assez bon psychologue pour saisir qu'elle avait certainement tout inventé pour me défier. Pour finir, elle m'a expliqué que, connaissant l'emploi du temps de sa fille, elle ne voyait pas comment elle aurait pu entretenir une relation avec un homme âgé. Un garçon de sa classe, à la limite, mais un adulte, où, quand, comment ? Elle a ajouté qu'étant elle-même atteinte d'une maladie qui progressait lentement, sa fille se montrait d'une prévenance remarquable pour une adolescente perturbée. Ensuite, je ne l'ai plus jamais revue et ce n'est pas faute de lui avoir proposé. Cette absence de relation a entretenu la légende familiale du père qui a abandonné sa fille, ce qui n'a jamais été mon intention. Sa mère m'a fait payer le fait de l'avoir quittée, elle. D'ailleurs, elle me l'a dit plusieurs fois : « Tu as voulu que j'avorte de cette enfant, tu ne mérites pas qu'elle vive à tes yeux. »

– Vous auriez pu vous battre, non ?

– C'est là que se trouve ma part de responsabilité. Je ne suis pas un homme de conflit. Et c'est certainement en ne faisant rien que je l'ai abandonnée pour de bon. Je ne prétends pas être innocent mais on ne peut pas m'attribuer toute la culpabilité.

– Je vais vous faire un aveu. Je suis très désemparé de ne pas avoir compris votre fille, ma femme. J'ai réagi de façon stupide à... je ne sais pas comment dire... J'ai vu progressivement son esprit se rigidifier, je l'ai vue devenir une autre personne, se... calcifier, puis sombrer dans la psychose avant de se tuer. J'ai réagi avec lâcheté, par la fuite, par l'adultère, en espérant sauver mon équilibre, ma motivation à vivre et par ricochet préserver les enfants. Je l'ai enfermée dans une parenthèse. Je ne l'ai pas poussée au suicide, mais je n'ai rien su faire pour l'en éloigner.

– Vous ressentez de la culpabilité ?

– Sincèrement ?

– Sincèrement.

– Aucune. Mais je veux comprendre d'où venait ce mal qui l'a projetée hors de l'existence alors que deux enfants étaient supposés l'y maintenir.

– Sa mère serait encore vivante, elle ne se gênerait pas pour me charger ! Je ne pense pas qu'avoir le sentiment d'avoir été abandonné suffise à se sentir illégitime. Il y avait autre chose, c'est certain, qui a déclenché cette dépression dont elle n'est pas parvenue à sortir. La mort de sa mère, peut-être ?

– Je ne pense pas. Sa mère est morte juste avant notre rencontre et j'ai eu l'impression qu'elle était soulagée. Vous savez qu'elle souffrait d'une maladie dégénérative des yeux et qu'elle était devenue complètement aveugle dix ans avant de mourir. Elle était une lourde charge pour sa fille, et d'une certaine façon son décès l'a libérée.

J'ai compris qu'il ne voulait plus parler d'elle quand il m'a demandé dans quoi je travaillais.

– La finance.

Il a souri.

– Vous êtes au bon endroit au bon moment, c'est là que se fait l'argent dorénavant. Avant, on le trouvait sur les lieux de production, maintenant, il passe d'une poche à l'autre. Même la gauche s'y est mise dans notre pays.

– Vous ne regrettez tout de même pas la chute du mur ?

– Bien sûr que non. D'ailleurs, elle a fait des heureux. Vous par exemple ! Mais où cela vous mène-t-il ?

– Je suis seul avec les enfants, je dois les mettre à l'abri.

– À l'abri de quoi ? L'argent ne protège de rien et surtout pas du malheur, ils viennent d'en faire l'expérience. Ma génération, celle des Juifs nés avant-guerre, considérait que le bonheur était juste un malheur qui n'était pas encore arrivé, et l'histoire nous a donné raison. Aujourd'hui, tout le monde exige d'être heureux sans être capable de définir ce que c'est autrement qu'en obéissant aux clichés accablants de la pub : la petite famille avec sa maison dans un lotissement, ses deux voitures, son barbecue...

Il est resté un moment les yeux dans le vague après avoir longuement soupiré.

– Où est-elle maintenant ?

– Ses cendres ont été dispersées dans l'Atlantique sur la côte du Maine. À sa demande.

– Pour moi, c'est sa mère qui l'a détruite. Évidemment, venant de moi c'est un peu facile.

Puis, comme s'il lisait dans mes pensées, il a dit :

– Je ne suis pas le même homme que le bon praticien qu'on voit à la télévision. Là, on ne vous demande pas d'être vous-même, on vous impose de remplir une case.

Il m'a suggéré de le tenir au courant de mon enquête et de juger par moi-même si je voulais qu'un jour ou l'autre il rencontre ses petits-enfants, ce que je lui ai confirmé souhaiter. Il n'était décidément pas celui que sa fille m'avait dépeint brièvement. Il respirait l'intelligence et une lucidité sur lui-même qui ne le rendait pas suspect de jouer un rôle avec moi ou, pire encore, de me mentir. Avant de nous séparer, il m'a avoué que la seule fois où il avait vu sa fille, elle lui avait fait peur par sa violence. Puis il a ajouté :

– Quand elle est entrée dans mon cabinet, ma première réaction a été de me dire que je n'aurais pas voulu avoir une fille comme elle. Elle ne m'avait pas encore avoué qu'elle l'était. C'est bien que vous meniez cette enquête. Qu'on tue quelqu'un ou qu'on se tue soi-même, on restitue toujours la violence qui vous a été faite. J'ai travaillé sur les tueurs en série, et tous ceux que j'ai étudiés avaient dans leur passé un traumatisme qui expliquait au moins partiellement leur acte. Mais je serais moins formel sur les tueurs des commandos nazis de la SS, dont j'ai étudié le profil psychologique pour tenter de comprendre comment ils avaient pu tuer à une telle échelle. Là, je n'ai pas trouvé des polytraumatisés, comme je m'y attendais, mais juste des veaux obéissant aveuglément à une chaîne de commandement formée de hyènes mielleuses.

Tout à coup, j'ai compris pourquoi je menais cette enquête bizarre sur ce qui m'était arrivé. Les familles de victimes ne parviennent pas à faire leur deuil tant que l'auteur du crime n'a pas été retrouvé ou jugé. Il en allait de même pour moi : je ne parviendrais pas à faire mon deuil de ce suicide tant que ne se dessinerait pas sinon un coupable, du moins la mécanique qui avait amorcé ce drame. Comme s'il avait lu dans mes pensées, je l'ai entendu dire :

– Il y a des cas de suicide totalement inexplicables, vous savez. Mais ce n'était pas son cas puisqu'elle s'est lentement enfoncée dans la dépression avant d'en arriver à cette conclusion.

Cet homme n'était définitivement pas le monstre désigné par la légende familiale. Avant de nous séparer, il m'a proposé de lui-même de venir nous rendre visite, seul, à Thonon, pour passer un peu de temps avec les enfants.

J'ai marché ensuite en direction des quais avec l'intention de faire les bouquinistes. Je voulais retrouver les livres de deux auteurs un peu oubliés, Jean Hougron et Roger Vailland, que lisait mon père, en espérant à travers ces lectures entretenir le lien qui nous avait unis si étroitement à la fin de sa vie.

28.

J'appréhendais de revenir sur le sol américain, craignant d'être interpellé à la frontière parce que la justice aurait changé de point de vue à mon égard, me rendant coupable de la mort de ma femme. Mais rien de cela n'est arrivé. Mon arrivée à Salt Lake City n'était que le terme d'un voyage épuisant, qui m'avait conduit de Genève via Moscou en Sibérie, auprès de Pavel. Au retour de Sibérie occidentale, j'ai transité une nouvelle fois par Moscou puis Paris, puis New York avant d'atterrir, lessivé, dans la capitale de l'État mormon. Une navette affrétée par la banque m'attendait pour me conduire à Park City, cette station de ski prisée où se déroulaient les trois jours du « séminaire client », auquel étaient invités tous ceux qui, l'année passée, avaient fait prospérer les dividendes des actionnaires de la banque.

J'allais retrouver cette communauté à laquelle je me devais d'appartenir, celle des gens qui mesuraient tout à l'aune de l'argent gagné. Ces gens-là n'avaient pas besoin de se renifler aussi longtemps que des chiens dans un square de ville pour savoir qu'ils appartenaient « définitivement » au même monde. Contrairement aux Français, qui commencent toujours par vous entretenir de leurs soucis et de leurs contrariétés, eux s'ouvraient sans fard de leur réussite et du bien-être enthousiasmant qui en découlait, en usant de superlatifs dont j'avais un peu oublié les excès dans la Genève calviniste qui correspondait mieux à mon état d'esprit. Mais je donnais bien le change, surtout quand on me présentait comme le type qui avait réussi à générer d'énormes profits avec les Russes, preuve que j'étais parvenu à ponctionner l'ennemi héréditaire comme personne. Ce qui créait une curiosité à mon égard probablement comparable à celle qu'avaient suscitée les premiers tueurs d'Indiens des siècles précédents.

Tout le monde me tapait dans le dos comme à un vieil ami qui n'avait plus à faire ses preuves. Nous étions tous logés dans un hôtel somptueux que nous occupions quasiment en totalité, et les quelques résidents extérieurs à la banque venaient, ébahis, nous demander à quelle corporation nous appartenions pour dégager autant d'énergie positive. Parce qu'il faut bien le dire, les départements de financement d'actifs avaient plus que doublé leurs profits cette année-là, prétexte à distribution de bonus historiques. On fêtait ça à longueur de soirée, après des journées où étaient organisées des compétitions de ski internes. On célébrait aussi l'effondrement de l'alternative absurde du communisme et la voie royale qu'ouvrait désormais le triomphe d'un libéralisme mondial. Julia était particulièrement en beauté, et dès le premier soir, nous nous sommes retrouvés dans ma chambre située au bout d'une aile de l'hôtel, à l'abri des rencontres inopportunes. On s'était vus parmi les cadres de la banque et parmi les clients mais à aucun moment en tête à tête. On a fait l'amour plusieurs fois d'affilée, avant de retrouver la parole.

Elle m'a lâché soudainement qu'elle avait rompu avec Burt, que le département d'État l'avait envoyé avec sa famille à Moscou et que depuis, avec mon installation de l'autre côté de l'Atlantique, elle était en manque de sexe. Ce qui sous-entendait qu'elle allait prendre bientôt un nouvel amant dans un périmètre acceptable, c'est moi qui l'ai dit mais elle n'a pas nié. J'en étais encore à digérer la nouvelle quand elle m'a annoncé que la hiérarchie de la banque voulait me voir à New York pour discuter de mon avenir, qui se présentait sous de très bons auspices. Puis elle m'a demandé si je voyais quelqu'un, là-bas en Europe.

– Si je vois quelqu'un, dans quel sens ?

– Si tu as une relation suivie.

J'ai d'abord répondu par une moue dubitative, avant d'enchaîner :

– Je ne peux pas créer de complicité avec deux femmes en même temps. Et ce lien avec toi, je l'ai même quand tu n'es pas là, même quand tu me parais lointaine, presque irréelle. Mais ça ne m'empêche pas de coucher.

– Avec des escorts ?

– Non, ce n'est pas mon truc.

– Alors ?

– Avec la nounou de mes enfants. Une Slovène vraiment bien. Cela me permet de recréer une illusion de famille parce qu'elle s'entend bien avec eux. Il est clair entre nous que ça n'ira pas plus loin et que je n'ai pas l'intention de l'épouser ! C'est un peu plus que pratique.

– Pour elle aussi ?

– Je crois.

– Méfie-toi, ces filles de l'Est ont toujours un agenda caché.

– Pas si caché que cela. Elle est employée par la banque. C'était une condition de mon embauche à Genève. Elle est assez bien payée pour répondre aux questions qui pourraient lui être posées par son employeur, qui est aussi le mien. Si nécessaire, bien sûr.

– La banque n'est pas comme ça. Personne ne cherche à en savoir plus sur toi que ce que tu proposes. Au contraire, tu jouis d'une large confiance. En quoi ta vie privée pourrait-elle intéresser la banque ? Tout ce qu'on regarde c'est ton *profit & loss*, et il est très bénéficiaire.

J'ai réfléchi un moment avant de lui dévoiler ce qui m'est apparu brusquement comme une évidence :

– Je crois que la qualité de notre relation tient à ce que nous nous voyons épisodiquement. On se verrait tous les jours, ta position de domination me deviendrait insupportable.

– C'est à cela que l'on voit que tu es un homme très ordinaire dans tes raisonnements. On vivrait ensemble au quotidien, je serais une tout autre femme, ou tout au moins, je serais obligée de l'être, sauf que je n'ai pas l'intention de changer, pour rien au monde. Tu as toujours en arrière-pensée que cette relation pourrait évoluer, mais elle n'évoluera pas, et c'est à cette condition qu'elle survivra.

Puis elle a regardé sa montre avant de se lever brusquement.

– Il faut que j'y aille, on a un slalom femmes *executives*/femmes de clients ce matin. Et toi, qu'est-ce que tu vas faire ?

– Je n'ai pas de clients en propre ici, je vais aller faire un tour à Sundance.

En me rendant à ce festival réputé, une question m'obsédait : quand Julia risquait-elle de me plaquer ? Cette manifestation créée par Robert Redford se tenait à Park City au même moment, et je voulais en profiter pour voir quelques films et respirer une autre atmosphère. Redford était une vraie vedette pour moi, LA vedette. L'acteur des *Hommes du président*, de *Jeremiah Johnson* et des *Trois jours du Condor* m'apparaissait comme un exemple de talent, de réussite, de modestie et de probité, même si je ne le connaissais pas. Je partageais ses prises de position démocrates progressistes mais à la différence de l'idée que je me faisais de lui, je ne les vivais pas vraiment. Il était l'incarnation de l'Amérique que j'aimais, celle qui me fascinait depuis mon adolescence, une autre que celle où je performais, l'Amérique de goinfres dévots qui avaient réussi sous Reagan et Bush père à étendre leur hégémonie avec la complicité de types comme moi.

Je suis revenu arpenter les salles obscures plusieurs jours de suite pendant que nos clients alternaient conférences attendues et jeux de cons dans la neige. La plupart d'entre eux étaient venus en couple, et je m'étonnais de voir pendant les dîners, le soir, à quel point leurs femmes révélaient sur eux le peu qu'ils essayaient de dissimuler. L'une d'entre elles, alcoolique sur les bords, faisait preuve d'une étonnante lucidité qui m'a conduit à partager avec elle plusieurs soirées du séminaire. Son mari était un des clients les plus importants de la banque et ce qu'elle ingurgitait lui permettait de faire flotter ses contradictions d'épouse d'un magnat de l'industrie pétrolière dotée d'un esprit critique remarquable, dont elle usait d'une voix douce implacable. Elle aimait la France mais, chose plus rare, aussi les Français, particulièrement ce qu'elle appelait « le petit bordel cérébral » qui faisait notre originalité sous des apparences d'indolence et d'une prétendue inaptitude au travail. « Le seul pays communiste qui a réussi », comme on l'appelait à l'époque, recelait selon elle une aptitude à la sincérité dans la relation entre les gens qui tendait à disparaître aux États-Unis, et elle le clamait haut et fort pour que ses voisins l'entendent bien. Mais ces derniers restaient imperturbablement concentrés sur l'essentiel : le montant de leur prochain bonus.

29.

Un des grands patrons exécutifs de la banque voulait, dès mon retour, me recevoir à New York en présence de Julia. Signe de l'importance qu'il accordait à notre rencontre, celle-ci ne devait pas se passer au bureau mais dans sa maison de Long Island pour un entretien *casual*, c'est-à-dire décontracté, ou plutôt faussement décontracté, car au final il s'agit toujours de jouer la même pièce bien que le décor et le costume changent. Julia n'a pas voulu m'en lâcher plus de peur d'anticiper ce qu'Aaron Epstein comptait me dire lui-même. J'imaginais évidemment une rencontre positive : il n'avait pas besoin de me convier chez lui pour me virer. L'entretien était prévu un dimanche midi. Je suis arrivé à New York la veille par le même avion que Julia.

Nous sommes allés dîner dans un restaurant chinois et ensuite nous avons fait ce qui devait être un saut dans une boîte de jazz. En réalité, nous sommes restés beaucoup plus longtemps que prévu. Le batteur du groupe a fait un malaise, probablement dû à un excès de cocaïne, et je me suis proposé pour le remplacer au pied levé, sous le regard ahuri de Julia, qui pour la première fois a eu devant elle l'homme que j'aurais voulu être. Vers quatre heures du matin, la musique s'est tue et nous avons bu plusieurs verres avec les autres musiciens, des Afro-Américains à qui j'ai expliqué que ma naissance en Afrique faisait de moi un Afro-Blanc. La sympathie mutuelle nous a conduits jusqu'à six heures. Je n'avais pas ressenti un tel bien-être depuis longtemps, comme si ma vraie nature était parvenue à fendre l'armure.

Nous avons ensuite fait l'amour, Julia et moi, avant de nous coucher vers les sept heures et demie pour nous lever quatre heures plus tard dans un état nauséeux. Je lui étais reconnaissant de n'avoir à aucun moment voulu me raisonner durant cette nuit d'anthologie.

*

La maison du big boss était pire que tout ce que j'avais pu imaginer. Une construction récente basée sur les plans d'un manoir anglais du XVIIIe siècle, d'une vingtaine de pièces aux plafonds hauts mais à l'intérieur résolument moderne, décoré de tableaux et de sculptures de valeur, le tout destiné à provoquer l'admiration du visiteur plus que pour en profiter soi-même. Les œuvres d'art appartiennent au bien commun et j'ai toujours trouvé que cette rare expression du génie humain devait figurer dans les musées et qu'aucune somme d'argent ne pouvait en priver le grand public. Mais là, tout était fait pour que le visiteur puisse d'un coup d'œil évaluer la richesse du maître des lieux, considérant que ce qui était investi en maison et œuvres d'art ne devait représenter qu'une petite partie d'un patrimoine tellement plus large.

On nous a fait attendre dans un immense salon où se côtoyaient une authentique commode ventrue Louis XV et un tableau de Basquiat qui représentait une tête de mort décomposée en couleurs flamboyantes. Le salon s'ouvrait sur des jardins qui descendaient sur une piscine olympique, bâchée à cette période de l'année. Et à peine plus loin, la mer, et la perspective d'autres maisons tout aussi somptueuses. Une phrase que mon père aimait à répéter m'est revenue en mémoire. « Le confort est une aspiration légitime, mais ce qui mène du confort au grand luxe, c'est le plus souvent le vol. » Et moi, j'étais là, participant à ce hold-up de la finance sur l'industrie quand notre secteur gagnait en quelques semaines ce que des entreprises industrielles avaient mis des générations à produire, même lorsqu'elles exploitaient durement leurs ouvriers. Au contraire de moi, Julia me paraissait très à l'aise dans ce Saint des Saints de la fortune extrême, et plus le temps s'écoulait, plus je me demandais ce que ce milliardaire pouvait attendre de moi pour me convier à un déjeuner privé chez lui un dimanche midi. Après nous avoir laissés patienter jusqu'aux limites de l'embarras, le maître des lieux est arrivé en tenue décontractée, pantalon blanc, polo bleu ciel, à l'image des participants d'une régate entre anciens de Yale. Pas très grand, bronzé, il s'est montré très avenant, comme s'il cherchait à contrebalancer l'effet du décor. Il a d'ailleurs commencé sur ce sujet :

– C'est ma femme qui a voulu cette maison, personnellement je préfère une autre maison que nous avons dans le Maine, une cabane de pêcheur que j'ai arrangée. Je me trouve mieux là-bas, mais c'est plus loin.

Puis s'adressant directement à moi :

– Alors, c'était comment ce séminaire clients à Park City ? Pas trop de mormons ?

Je me suis inscrit dans son humeur.

– On en a probablement croisé mais je n'en ai pas remarqué.

– On ne s'en rend compte que s'ils viennent avec plusieurs femmes. Mais vous, vos clients n'étaient pas là, n'est-ce pas ?

– Les actuels, non. Mais d'anciens P-DG de compagnies aériennes, oui. J'ai eu plaisir à les revoir.

On est passés à table, servis par un personnel discret. Il en est venu sans tarder au cœur du sujet.

– Julia m'a parlé de vous, en bien. Vous avez fait du bon boulot dans l'aéro, mais ce que vous faites maintenant m'intéresse particulièrement. Parce que vous êtes à la pointe de la grande mutation qui se profile. La Russie va être presque entièrement privatisée et elle recèle des richesses colossales. Notre banque n'est pas la plus grande des États-Unis ni même de New York, mais je pense qu'on a pris de l'avance sur les autres dans ce qui se prépare. Gorbatchev est en train de tomber. Eltsine va lui succéder et les plus malins vont se partager les richesses. Mais pour cela, il faut comprendre comment marche le capitalisme, et ce savoir doit être accompagné de relations, de réseaux. J'ai identifié quelques Russes qui sont dans les starting-blocks, prêts à foncer. Ce sont pour la plupart des Juifs qui ont de la famille plus ou moins éloignée aux États-Unis et qui comptent bien sur leurs cousins pour les aider à bâtir des fortunes. Les Juifs n'ont jamais eu d'autre choix que d'être intelligents et opportunistes. Ma famille en sait quelque chose. Vous connaissez la blague : « Dans les années 1930, il y a eu deux sortes de Juifs, les pessimistes, qui ont quitté l'Allemagne pour finir à Hollywood, et les optimistes, qui sont restés en Europe et qui ont fini à Auschwitz. » Par chance, mes parents ont été pessimistes. Ils n'ont pas fini à Hollywood mais à Greenwich Village. Mon père s'en est plutôt bien sorti et m'a donné les moyens de réussir pour de bon. Les Juifs russes ont adhéré un temps au modèle communiste, et puis Staline s'est mis à les persécuter. Juste avant son décès, il avait l'idée de tous les déporter. Il en est mort d'ailleurs. Vous avez entendu parler du complot des blouses blanches ?

– Vaguement.

– Staline était de plus en plus paranoïaque en vieillissant et il s'était mis en tête que les médecins juifs conspiraient contre lui. Il a commencé à les éliminer. Résultat : il s'est privé des meilleurs médecins pour le soigner, et plus personne n'avait le niveau pour le sauver. Comme quoi, il y a une justice quelque part ! Mais les autres, les Russes d'origine orthodoxe, ils sont soumis et pour la plupart complètement amortis. Il va falloir être très réactifs dans les semaines, les mois qui viennent, parce que tout va se jouer maintenant. Après, ce sera trop tard, tout le monde se jettera sur les matières premières. On doit se positionner comme banque conseil auprès de ceux qui vont profiter des privatisations, leur trouver des fonds et leur créer des obligations à notre égard. Ce que la Russie va vivre en quelques années, c'est ce que les États-Unis ont vécu durant les quelques décennies de la conquête de l'Ouest, un capitalisme primaire et violent. À nous d'en profiter...

Ensuite, on en est venus à parler de tout et de rien. Comme souvent les grands dirigeants d'entreprise, il n'est pas entré dans les détails de ce qu'il attendait de moi, laissant à d'autres le soin de me le préciser. Il a fini le repas sur une hésitation entre partir faire un peu de bateau ou jouer au golf, et nous nous sommes quittés plutôt chaleureusement.

J'ai repris mon avion pour Genève deux heures plus tard. Julia m'a déposé à JFK. Je l'ai trouvée satisfaite de cette entrevue avec Aaron Epstein.

– C'est un visionnaire. Il donne une impression de dilettantisme, il n'est pas vraiment présent à la banque en dehors des conseils d'administration, mais les autres associés principaux se reposent complètement sur lui pour la stratégie. Pour la mise en place de ses idées, il délègue...

– À toi par exemple.

– Par exemple. C'est lui qui a eu l'idée de nous lancer dans les Barters et c'est moi qui lui ai suggéré de te confier cette activité depuis Genève à travers cette filiale dont nous sommes l'actionnaire caché. Une façon d'avancer masqué.

Notre conversation a été interrompue par le chauffeur

de taxi, un Haïtien, qui a hurlé sur un autre automobiliste pour une raison qui ne nous intéressait pas.

Je suis resté un moment sans rien dire, tandis que Julia restait pensive, avant de me décider :

– Je ne sais pas combien de temps je vais encore travailler pour la banque.

Je l'aurais brûlée avec de l'eau bouillante, elle n'aurait pas sursauté à ce point :

– Pourquoi tu dis ça ? Tu as une offre concurrente ?

– Pas du tout.

– Et quoi ?

– Tout ne se résume pas au fric dans l'existence.

– Tu veux travailler pour une ONG ? Monter une secte religieuse ?

– Rien de tout cela.

– Alors quoi ?

– Lire, peindre, jouer de la musique, regarder grandir mes enfants.

– En fait, tu veux faire une dépression.

J'ai éclaté de rire. Nos cultures respectives nous éloignaient parfois tellement l'un de l'autre... J'ai poursuivi :

– Je suis persuadé que si un jour je deviens comme ça, tu me laisseras tomber dans la seconde. Je me trompe ?

– Un couple, c'est un projet.

– Mais nous ne sommes pas un couple !

– Si, d'une certaine façon.

– Je suis le cheval sur lequel tu as misé, non ?

– D'une certaine façon aussi. Tu sais ce que j'aime chez toi ? L'apparence de l'indolence et du doute qui dissimule une grande énergie que tu ne veux pas avouer posséder. Tu veux montrer que tu as du recul sur ce que tu fais, mais tu as le nez dedans.

– Il y a autre chose.

– Quoi ?

– Je ne quitterai pas le monde des affaires avant d'avoir mon entreprise à moi.

– Pourquoi ?

– Parce que ma mère n'a jamais réussi à avoir la sienne, et passé un certain âge, malgré tous ses mérites, elle a été remerciée comme quelqu'un d'inutile. En fait, je ne supportais pas d'autre autorité que celle de mon père, et comme il est mort depuis longtemps, je ne supporte plus aucune autorité. Le rapport qu'on a avec son père est déterminant dans la façon de faire carrière. Les pervers sans surmoi parce qu'ils ont eu un père défaillant ou abusif ont leurs chances dans les grandes structures. Car le manque de considération qu'ils ont à l'égard de leur père les autorise à manifester une toute-puissance et à décider eux-mêmes où ils placent le curseur moral. Plus on monte haut dans les organisations, plus on concentre les pervers, les plus aptes à progresser par la manipulation et les coups bas.

– Mais tu es un vrai expert en psycho-sociologie des organisations, c'est impressionnant.

– Tu as tort de te moquer…

– Pas du tout, d'ailleurs je ne dis pas que tu as complètement tort, peut-être que tu généralises juste un peu trop.

J'ai senti que je la lassais avec mes considérations intellectuelles. Elle a soupiré en regardant par la fenêtre, comme si elle se forçait à oublier ma philosophie de comptoir. Elle a changé de sujet :

– J'espère que tu vas poursuivre ta relation avec la nounou de tes enfants.

– Pourquoi ?

– Parce que cela ne concurrence pas notre relation.

On s'est quittés devant JFK sans savoir exactement quand on se reverrait. Je me suis subitement rendu compte que notre histoire pouvait s'arrêter à tout instant et j'en ai eu des vertiges.

30.

La finance, c'est faire à partir d'une richesse réelle beaucoup plus d'argent que ceux qui l'ont créée, grâce à une extrême créativité du vide et de la spéculation. Honnêtement j'étais assez doué pour ça. J'avais la créativité, et cette faculté particulière qui m'avait été donnée de sortir du réel pour m'enfoncer dans une fiction, qui par la force des choses était devenue le vrai monde. Ce monde avait commencé à changer avec le charbon et la vapeur. Ensuite est venu le temps du pétrole, de l'énergie et de la mobilité, puis le temps de la suprématie de la finance, tout cela avant que le numérique ne transforme l'individu en émetteur de données, producteur de richesses sans fin, crétin manipulé et donneur de leçons. Mais on n'en était pas là. Pour le moment, la finance connaissait son apogée et ses profits étaient la seule valeur morale quantifiable. Vous pouvez réprouver le fait de piquer le portefeuille des gens sans qu'ils s'en rendent compte, mais être doué pour cela et goûter le plaisir que vous apporte votre dextérité vous fait oublier le caractère immoral de votre action.

Avec la finance, on était d'autant moins concernés par le caractère moral des choses qu'on vivait dans une bulle, qu'on se volait les uns les autres avec le même sourire, et qu'au final le pauvre type lésé par ce jeu compulsif, on ne le voyait jamais, parce qu'une forme de ségrégation faisait que les riches vivaient loin des pauvres, moins pour les fuir que pour éviter de les comprendre et de les plaindre. Je n'ai jamais rencontré un type dans ce milieu qui ait eu un cas de conscience. « Prends et regrette un jour si tu veux, mais prends parce que ensuite il sera trop tard et d'autres plus jeunes et plus malins prendront cet argent à ta place. » Et d'une certaine façon, on savait se convaincre et convaincre les autres de notre rôle positif pour l'économie réelle, qu'on n'était pas seulement des sangsues bonnes en maths et avides d'argent frais. Dans le vol qui me ramenait à Genève, j'en suis arrivé à la conclusion que, contrairement aux allégations de ma mère, je ne savais sans doute pas faire autre chose, que je n'étais même pas l'artiste refoulé qu'elle avait décrit.

En 2021, trente ans plus tard, alors que j'avais complètement changé de vie quand l'épidémie de Covid est arrivée, j'ai senti que les entreprises du numérique allaient jouer un rôle majeur dans cette crise et gagner beaucoup d'argent. Je me suis interdit de prendre des positions réelles, et me suis contenté de jouer virtuellement et de m'amuser à savoir combien j'aurais gagné si j'avais mis de l'argent et usé de toutes les techniques de la finance dont j'avais le souvenir. En ne prenant pas de positions réelles, j'ai renoncé à beaucoup d'argent, mais je me suis senti tellement bien de ne pas céder à ce qui pour moi était une facilité interdite aux non-initiés.

*

J'avais le pressentiment que, malgré mes efforts, mes enfants ne pourraient pas sortir indemnes du drame que nous avions vécu et je guettais, anxieux, des signes dans leur comportement.

De retour à la maison après deux semaines de cette absence qui m'avait conduit en Russie puis aux États-Unis, j'ai remarqué pour la première fois que mon fils était sujet à des tics, clignements d'œil excessifs, roulements des yeux. Il tournait aussi ses cheveux entre ses doigts avant de les arracher et je remarquai au sommet de sa tête qu'une petite tonsure commençait à se former. Des forces se liguaient pour contrarier la maîtrise de ses propres gestes. J'avais connu de pareils symptômes dans mon enfance, quand la fréquentation assidue des « gueules cassées », ces hommes et ces femmes horriblement défigurés lors des conflits du XXe siècle, avait développé chez moi des troubles obsessionnels compulsifs, comme de chercher constamment le reflet de mon visage dans les glaces, les vitres, les miroirs, tout ce qui pouvait me rassurer sur sa présence et me donner la preuve de son intégrité. Puis plus tard, à l'adolescence, parce que mon père était paralysé, je me suis mis à courir de la même façon obsessionnelle, jusqu'à cent quarante kilomètres par semaine, sans jamais me confronter aux autres en participant à des compétitions, parce que là n'était probablement pas la question. Mon fils prenait plus ou moins le même chemin.

Ma fille, elle, luttait ouvertement contre les atteintes insidieuses du souvenir traumatique. Elle refusait de se laisser submerger et faisait un travail titanesque bien que discret en refusant d'être la victime de ces circonstances tragiques. Elle soutenait son frère, le secouait à l'occasion, le réconfortait aussi, et cette position l'obligeait à ne rien se céder. Elle se sentait responsable de lui, autant pour l'aider que pour s'imposer à elle-même un rôle, une conduite et même une structure, dont j'ai fini par craindre qu'elle ne soit par trop rigide pour une adolescente. Je n'ai fait que conforter ce sentiment de responsabilité chez elle en l'associant à l'enquête que je menais sur sa mère et sur les raisons qui l'avaient conduite à nous quitter.

*

Peu après mon retour, le père de ma femme m'a annoncé qu'il allait séjourner près de chez nous au bord du lac Léman, seul, sans sa seconde femme, à l'hôtel, car il ne voulait pas nous déranger. Il s'est installé à Évian pour une semaine dans un de ces lieux de villégiature qui inspirent une tranquillité et un apaisement accentués par la présence du lac. Lors de sa rencontre avec les enfants à l'occasion d'un déjeuner au restaurant, un lieu neutre, ces derniers ont semblé moins impressionnés qu'il ne l'était lui-même. Il a reçu un choc en découvrant ma fille à l'âge où il avait revu pour la dernière fois la sienne. Il s'ensuivit du coup un élan affectueux qu'elle trouva précipité, ce qu'elle manifesta en se reculant. Parce qu'elle se souvenait que sa mère l'avait accusé de l'avoir abandonnée – même si la question se discutait –, elle peinait à le voir comme un grand-père bienveillant. Mon fils a paru moins intéressé, comme si cette rencontre ne représentait aucun enjeu pour lui. Il a poussé l'indifférence jusqu'à disparaître entre deux plats pour aller s'appuyer, nonchalant, contre la rambarde qui donnait sur le lac où il ne se passait rien. Le déjeuner s'est déroulé avec plus de silences que de mots, chacun cherchant à faire passer sa gêne et l'embarras de cette situation. Il semblait si difficile pour les enfants de renouer avec un grand-père qui n'avait pas vraiment été le père de leur mère, un peu comme si, l'air de rien, il leur fallait enjamber une génération.

Le lendemain, lorsqu'il est venu dîner chez nous où nous l'avions invité, il a jugé nécessaire de passer à l'offensive et d'expliquer aux enfants de vive voix qu'il n'avait jamais abandonné sa fille mais que la mère de celle-ci l'avait éloignée de lui jusqu'à le rendre étranger. Ma fille ne s'est pas laissé attendrir.

– Pourquoi vous êtes-vous laissé faire ? On se bat pour ses enfants, personne ne peut vous les soustraire, non ?

J'ai eu l'impression qu'elle lui fermait brutalement la porte.

– Il faut essayer de comprendre avant de juger, ton grand-père était remarié…

Il m'a interrompu :

– Parce que j'ai bien l'intention de continuer à vous voir,

je ne nierai pas ma lâcheté. Mais je dois ajouter que votre grand-mère m'a fait passer pour un sale type égoïste auprès de votre mère pour me punir de l'avoir quittée. Elle voulait cette enfant pour elle seule. Vous ne le savez peut-être pas, mais elle était elle-même la fille d'un pianiste et compositeur soviétique qui avait mis enceinte une Française lors d'un bref passage à Paris et qui n'a jamais revu ni cette femme ni sa fille, alors que la légende voulait qu'elle ait passé le rideau de fer en fraude. Encore aujourd'hui, on célèbre l'œuvre de ce musicien disparu, et personne ne parle de cette fille qu'il a eue en France. Votre grand-mère a mal vécu cet abandon, elle a voulu être pianiste à son tour mais elle n'avait pas le talent de son père, et elle s'est contentée de donner des cours comme professeur, sans jamais obtenir de prix au Conservatoire. Et si nous nous sommes quittés, c'est parce qu'elle était de plus en plus aigrie de ne pas réussir comme son père, alors que dans le même temps je m'affirmais comme un psychiatre reconnu. Sa déception et son aigreur se sont reportées sur moi, elle me faisait payer son sentiment d'échec, bien que je n'y sois pour rien. Lorsque je l'ai quittée, elle a infligé à sa fille ce qu'elle avait vécu elle-même.

– Volontairement ? a demandé ma fille, qui s'éveillait aux méandres de la psychologie humaine.

– Je ne crois pas.

Ma fille a repris :

– Alors vous qui savez tant de choses, vous savez certainement pourquoi maman s'est suicidée, non ?

Puis elle s'est tournée vers son frère et moi, comme si elle cherchait à nous prendre à témoin en attendant sa réponse.

– Nous y travaillons, votre père et moi. Au moins pour vous protéger de quelque chose qui serait passé d'elle à vous.

– Comme le fait de vouloir se supprimer ?

– Oh non ! Rien de cela n'est transmissible.

Je savais qu'il mentait, mais il le faisait pour la bonne cause.

Quand il nous a quittés, il était redevenu le grand-père de ma fille pour de bon. Mais mon fils, plus jeune et certainement moins réceptif à cette incursion dans la psychologie, moins soucieux de savoir ce qui s'était passé pour sa mère, est resté complètement indifférent à ce revenant.

Cilka nous avait observés sans rien dire. Elle séduisait par sa réserve. Je me demandais pourquoi je m'étais servi d'elle pour rendre Julia jalouse, parce que nous n'avions en réalité aucune intimité en dehors de la fonction qui lui était assignée. Évidemment, sa proximité avec les enfants et le fait que je lui devais leur équilibre la rapprochaient de moi, mais il restait entre nous un rapport de subordination qui m'aurait donné le sentiment, si nous avions été plus loin, d'abuser de ma position.

31.

Ceux qui n'ont pas vécu cette période ne pourront jamais s'imaginer ce qu'a été l'entrée fracassante de la Russie soviétique dans le capitalisme. Soixante-treize ans de frustration se sont soudainement transformés en une avidité sans limite menée par une poignée d'hommes aux aguets. Ceux-ci avaient depuis longtemps abandonné l'idée que le communisme pouvait conduire à un monde meilleur pour d'autres que pour les privilégiés de ce système inique, héritier d'une longue confiscation du pouvoir par une bande de voyous sans scrupules, qui avaient transformé l'espoir d'un monde meilleur en tragique farce bureaucratique répressive. Leur demander de se conduire dans un cadre un peu moral était bien au-dessus de leurs forces. On aurait libéré un orphelinat de gamins maltraités par des surveillants vicieux, on n'aurait pas obtenu un tel niveau de violence dans la compétition pour s'emparer de tout ce qui avait été collectivisé depuis la révolution de 1917. Les grands westerns américains nous ont rapporté le peu de cas qui avait été fait de la vie humaine, celle des Amérindiens en particulier, lors des grandes conquêtes de l'Amérique du Nord par les Blancs. La Russie était différente, parce que sa mentalité particulière pousse très facilement les individus à leur propre destruction avant que les conditions historiques ne les achèvent complètement. S'ajoute à cela une fascination pour les mots qui inspirent la grandeur là où, à y voir de près, on ne trouve que mépris, bassesse et cruauté.

« Au début, on a tout voulu changer et au final, on a fait comme d'habitude. » Cette phrase, prononcée par un homme qui serait quelques années plus tard premier ministre, résume parfaitement ce qui allait se passer dans les premiers temps du pouvoir de Boris Eltsine, le président d'une Russie qui se voulait nouvelle.

*

Des bons ont été distribués aux cent quarante millions de Russes pour leur permettre d'acheter l'entreprise dans laquelle ils travaillaient. Une procédure censée faciliter l'accession à la propriété de leurs moyens de production, le socialisme des origines en quelque sorte, sauf qu'encore une fois l'intention louable allait être détournée au profit d'une réalité plus sombre. Les citoyens n'avaient pas d'autre argent que ces bons et les directeurs des entreprises d'État ont compris la bonne affaire qui pourrait en résulter.

Quand Pavel m'a demandé de le rejoindre à Moscou, où il grenouillait dans les hautes sphères du nouveau pouvoir gangrené par un affairisme sans précédent, j'ai trouvé un homme changé par rapport à celui que je connaissais. Je l'ai senti stressé, impatient, comme quelqu'un qui sait qu'il est devant une opportunité qui ne se présentera pas une seconde fois dans son existence. Malgré sa nervosité perceptible, il avait gardé son caractère affable et ce plissement au coin de ses yeux étirés, signe de sa profonde honnêteté. En ce début des années 1990, Moscou ressemblait au Chicago de l'aube du siècle : la sidération de surface cachait l'agitation des profondeurs. Il m'a convié dans un restaurant ordinaire, c'est-à-dire très au-dessous de l'ordinaire pour un Occidental, mais la question n'était pas là. Cette fois, il ne s'agissait plus de sauver l'URSS de la famine mais de lui permettre de s'installer dans un nouvel eldorado. Notre relation était dans le droit fil de ce que m'avait demandé Epstein, le patron de ma banque. J'ai donc écouté, attentif et serein, celui que la presse russe désignerait bientôt comme un oligarque.

– Le complexe aéronautique a été divisé en plusieurs branches pour constituer des sociétés distinctes. J'en dirige une provisoirement, mais elle est très convoitée par des types qui sont de mèche avec des Occidentaux pour se l'approprier. Vous savez aussi bien que moi que la Russie n'a vraiment à vendre que son pétrole, son gaz, quelques autres matières premières et tout ce qui tourne autour de son secteur aéronautique et spatial. Celui-ci concentre les meilleurs cerveaux d'une industrie qui a su se maintenir au niveau de l'Ouest, même si ce que nous produisons est moins sophistiqué. Mais parfois plus fiable.

Sur un bout de nappe en papier, il s'est mis à dessiner un

diagramme qui détaillait ce dont il parlait et il a fini par entourer une société en particulier, celle qu'il voulait que je l'aide à acquérir. Le plan n'était pas d'une clarté totale mais d'un ton décidé, je lui ai confirmé que j'étais son homme avant de connaître exactement les modalités de l'opération.

– En fait, le gouvernement a distribué des bons à tous les Russes.

– Je suis au courant de ça.

– Sauf que les Russes, dans leur grande majorité, n'ont plus de salaires parce que le système économique est par terre. En conséquence, ils sont prêts pour survivre à vendre leurs bons bien au-dessous de leur valeur à celui qui voudra les acheter, c'est-à-dire moi, ou d'autres anciens dirigeants qui, aidés par des Occidentaux, voudront me prendre de vitesse. Ils seront d'autant plus soutenus par les étrangers que c'est un secteur de haute technologie, d'avenir, qui recèle tous les secrets militaires de ce qui a fait la force de l'URSS. Mais sans le soutien de nos anciens ennemis, rien n'est possible. Je sais qu'un fonds d'investissement lié à Harvard étudie une proposition d'un de mes concurrents pour mettre la main sur mon entreprise.

– Je pense que les règles d'investissement de ce fonds sont moins souples que les nôtres.

De retour à Genève, le lendemain, j'ai court-circuité le processus habituel de décision pour joindre Epstein – devenu, à sa demande, Aaron –, qui m'en a été reconnaissant :

– Vous avez bien fait, mon vieux, et d'ailleurs je vous propose de continuer à piloter cette opération à trois : vous,

Julia, que je vais informer de ce pas, et moi. Il faut ajouter à notre triumvirat un avocat spécialiste du droit russe, si tant est qu'il existe un droit russe, ce dont je doute.

Moins de deux semaines plus tard, une ligne de crédit de plusieurs centaines de millions de dollars était mise à la disposition de Pavel, qui l'utilisa pour racheter des bons vendus par des Russes à moins de 20 % de leur valeur nominale. Mais ils n'avaient pas le choix et l'urgence ne se prêtait pas à un examen de conscience sur la moralité de ce qui se tramait. Ce mélange de nécessité absolue, d'incertitude et d'adrénaline donnait à la situation une saveur exotique. On était loin de la finance comme on la pratiquait à New York, où on pouvait, après avoir essoré son concurrent, lui serrer la main dans un restaurant à la mode dans lequel on le croisait. Suis-je devenu addict à cette adrénaline ? Sans l'ombre d'un doute. J'ai été pris par la frénésie dans laquelle cette époque nous a plongés, comme si j'étais devenu subitement un des acteurs d'un « eastern » qui, comme les westerns, comptait plus de méchants que de braves types. D'ailleurs, pour être parfaitement honnête, il n'y avait de gentils nulle part, ce qui évitait de se comparer. Je passais les quatre cinquièmes de mon temps à Moscou avec Pavel, dont je suis devenu l'ami au-delà de notre relation professionnelle. Il y avait en lui quelque chose qui me rappelait mon père dans cette volonté de ne rien céder sur sa droiture profonde malgré les circonstances. Il nous arrivait de traîner au bar de l'hôtel Métropole en buvant vodka sur vodka, et c'était le moment où les êtres humains enfouis dans la jungle des affaires refaisaient surface.

– J'aurais pu faire autrement, tu sais.

– C'est-à-dire ?

– J'aurais pu me vendre à l'Amérique comme scientifique de haut vol, me faire offrir une maison cossue près de Washington, monnayer tous les secrets auxquels j'ai eu accès. Et personne ne serait venu me le reprocher puisque nous sommes dans l'illusion d'un monde unique maintenant, sans ennemis, les Chinois mis à part, mais ils ne tarderont pas à tomber à leur tour, cela ne fait pas de doute.

– Alors pourquoi tu es resté ?

– Ce n'est pas l'argent. Cette industrie appartient à mon pays, elle lui a permis de gagner la dernière guerre mondiale et de survivre à la guerre froide, et elle ne doit pas être bradée par des aventuriers sans scrupules, cette engeance de vautours qui gravitent autour de nous et qui vendraient père et mère pour une poignée de dollars. D'ailleurs, je n'ai pas l'âme d'un exilé. Voilà longtemps que nous fournissons au monde des régiments d'exilés, comme s'il y avait toujours une raison de fuir ce pays qui semble frappé de malédiction. Tu sais, on dit que les requins deviennent fous quand ils pénètrent dans l'embouchure des fleuves où se mélangent l'eau douce et l'eau salée. Mais nous, nous avons dérouillé les nazis et sans cette fatalité qui nous impose d'avoir comme dirigeants des malades mentaux, nous aurions pu être un vrai modèle de société alternatif au capitalisme car, fondamentalement, je crois que l'homme mérite mieux.

– Je le crois aussi, Pavel, mais le capitalisme est ce qui flatte le mieux les instincts primaires de l'individu.

Regarde en France, qu'est-ce que les socialistes ont fait en dix ans ? Deux ou trois petites choses spectaculaires, mais pour le reste ils ont gommé quelques aspérités de l'économie de marché pour la rendre plus acceptable par le peuple, une façon de protéger la bourgeoisie en place. Les sociaux-démocrates ont transigé une nouvelle fois et renoncé à toute forme d'alternative réelle. D'un autre côté, a-t-on le modèle d'un pays communiste qui n'ait pas dérivé en dictature meurtrière tout en appauvrissant considérablement ceux qu'il était censé servir ? C'est le triomphe du matérialisme et de la cupidité, et nous le paierons au prix fort un jour, par la destruction de tout ce qui nous entoure.

J'ai fini le fond de mon verre sur ces paroles d'ivrogne que je n'imaginais pas aussi prophétiques. Pavel m'a regardé en souriant.

– Et toi, qu'est-ce qui te motive ?

– Mes contradictions. Comme je n'aime pas fondamentalement l'argent, je veux en gagner assez rapidement pour passer à autre chose.

– Et les femmes ?

– Il n'y en a qu'une, secrète.

– Mon pauvre.

Il a éclaté d'un rire sonore et généreux, avant de laisser tomber au moment où je m'y attendais le moins :

– Est-ce que tu crois en Dieu, mon ami ?

Le sujet était de taille pour quelqu'un qui en était à sa cinquième vodka.

– J'y crois, non pas comme le créateur, mais comme une force d'équilibre difficilement perceptible vers laquelle nous devrions tendre. Je crois au Nouveau Testament, j'aime la figure du Christ mais je n'ai rien à foutre des religions et de cette cohorte de faux frères qui cherchent à blanchir leur conscience et à imposer leur pouvoir au nom de Dieu. De ce point de vue, je préfère les agnostiques. Mais au final, où est la spiritualité ? Dans les arts plus que dans les artistes qui ne cherchent que célébrité et argent. Je crois qu'elle est dans un rapport d'humilité à notre environnement naturel, mais nous assistons à sa disparition sous toutes ses formes. Je crois aux Commandements auxquels j'ajouterais la fameuse phrase qu'on attribue au père de Camus : « Être un homme, c'est savoir s'empêcher. » Je ne sais pas si tu as pu lire *Vie et Destin* de Vassili Grossman. Je n'en ai retenu qu'une chose, que le livre sous-tend, qui va te paraître un peu puérile – ce que le livre n'est pas parce que c'est certainement un des plus grands livres de la littérature mondiale. Il suggère qu'il n'est qu'une chose à laquelle on puisse s'accrocher : ce n'est pas le bien, qui est souvent prétexte à une nouvelle forme de mal, c'est la bonté, juste la bonté.

– La bonté ? Nous en sommes loin. Un dernier verre ? Je vais lire ce livre.

L'amitié née entre nous s'est épanouie dans la pudeur. Nous parlions rarement de nos vies privées. Je savais que la mort de son fils qui s'était suicidé lui avait planté un clou dans le cœur, mais il évoquait rarement sa femme et quand il le faisait, elle semblait évoquer davantage un devoir qu'une passion ou même qu'une affection ordinaire.

32.

Le bâtiment du ministère de l'Industrie offrait une façade déprimante, mais elle l'était bien moins que l'intérieur, où les hauts plafonds supposés symboliser le pouvoir dominaient un mobilier pompeux.

Au lendemain de la soirée, nous étions partis ensemble rencontrer des membres de l'administration qui devaient autoriser qu'une entreprise d'un secteur sensible puisse désormais passer aux mains d'un particulier, fût-il soutenu par les ennemis d'hier.

Après deux réunions avec des subalternes qui n'avaient visiblement aucun pouvoir de décision, nous avons finalement rencontré un chef de bureau comprimé dans un costume trop étroit, mal taillé et aux teintes improbables. Nous l'avons laissé développer tous les arguments qui ne jouaient pas en faveur de notre proposition, un catalogue d'objections auxquelles nous n'avons pas répondu jusqu'à ce qu'il en ait terminé et pour conclure, j'ai compris que Pavel lui demandait son prix pour les oublier. Il reçut l'énoncé du chiffre sans broncher et se tourna vers moi. Je remontai l'attaché-case qui était sur mes genoux, je l'ouvris pour laisser découvrir au fonctionnaire qu'il était plein de billets verts alignés avec une certaine élégance en liasses serrées. Notre interlocuteur s'abstint de se rabaisser à compter, jugeant que le montant qu'il souhaitait était bien là. Chacun a son prix, le sien était élevé mais pas déraisonnable, et le paiement en dollars pouvait lui laisser présager une hausse vertigineuse de son gain, le rouble n'en finissant pas de se dévaluer par rapport à la monnaie américaine. Je refermai la valise, la laissai debout à côté de mon siège en prenant soin de ne pas la faire tomber au moment où je me suis levé pour quitter notre hôte, visiblement satisfait de ne pas avoir bradé son honneur. En contrepartie, il nous a délivré une liasse de papiers dûment tamponnés que Pavel a rangée avec soin dans un porte-document en cuir.

Quelqu'un ne voulait pas que cette transaction soit menée à son terme. Qui ? Difficile de le savoir dans le contexte de l'époque. Tant d'intérêts se contredisaient, le plus souvent violemment. Les différents protagonistes avaient en tête que tout allait se jouer sur une courte période de troubles intenses avant que l'ordre revienne. Dans son histoire, la Russie avait multiplié les périodes de chaos suivies de reprise en main brutales par le plus malin mais surtout le plus sanguinaire, un homme dans la droite ligne de l'ordre qui avait précédé. Peu importe la couleur du tsar, l'impérialisme doit toujours l'emporter sur l'idéologie affichée.

Le rapport au temps des Russes n'est pas le même que celui des Occidentaux. En premier lieu, parce que leur espérance de vie hors période de guerre civile ou territoriale est de près de vingt ans de moins que celle d'un Européen de l'Ouest. L'alcoolisme, la violence ordinaire et politiques n'y sont pas pour rien. Il en résulte une urgence qui se transforme en précipitation. La frustration du demi-siècle passé à subir la supériorité d'un bien commun illusoire sur l'égoïsme, tragique dans sa version slave, et donc désespérée, a créé un processus général de gloutonnerie qui a submergé la raison commune. L'argent sale s'est mis à couler à flots entre hommes d'affaires éphémères et mafieux. Les cadres de l'ancien régime qui ne se situaient pas au carrefour de ces intérêts ne pouvaient espérer en profiter que par la corruption. Ils assistaient, impuissants, au délitement d'un système dans lequel leur esprit étroit s'était moulé, et à la confiscation des richesses par une toute petite oligarchie agile, maligne et sans scrupules. Pendant ce temps-là à Moscou, des fontaines de champagne se déversaient sur les parquets d'appartements immenses où, dans des soirées, de belles femmes nues, à quatre pattes, servaient de pieds à des tables en verre transparentes. Les goinfres insatiables faisaient la loi avec la vulgarité de nouveaux riches sidérés que tant de biens et d'argent convergent vers eux, qui quelques mois plus tôt n'étaient rien.

Pavel se tenait éloigné de cette engeance de bouchers acharnés à dépecer ce qui pouvait encore l'être de l'Empire soviétique, réduit à une Fédération de Russie gouvernée par un pochetron charismatique qui tentait de rester debout sur le pont d'un navire chahuté par une tempête de prévarications.

Le péril grossissait désormais sous nos yeux, celui d'une faillite annoncée. L'État russe en était venu, au milieu des années 1990, à emprunter des sommes colossales aux banques en échange de garanties sur les grandes entreprises qui n'avaient pas encore été vendues à la découpe. C'est ainsi qu'on a assisté, à la suite du défaut prévisible de remboursement par l'État de ses emprunts, à un des plus grands processus jamais réalisés de privatisation d'une économie. J'ai compris alors que mon nouvel ami pouvait jouer un rôle dans cette période historique.

J'ai réussi à joindre Aaron Epstein qui m'a donné son feu vert. En accompagnant Pavel, la banque avait pris position dans un secteur aux confins de l'aéronautique, de l'armement et de l'industrie spatiale. Il était clair dans nos esprits que l'État voudrait reprendre un jour la main sur ces industries stratégiques, et c'était là une perspective de plus-value plus que substantielle, pour le meilleur et pour le pire.

Le pire ne tarda pas à poindre, au détour d'une soirée raisonnablement arrosée dans un restaurant pour nouveaux riches de Moscou où Pavel avait convié un parlementaire du régime. Il ne se confiait pas sur les sollicitations plus ou moins honnêtes dont il était l'objet, mais son sens politique savait tenir à distance les envieux qui ne comprenaient pas comment il avait pu trouver de tels appuis pour financer ses investissements. Les vautours de la nouvelle société tournoyaient au-dessus de lui à une altitude de moins en moins élevée. Mais on sait que les charognards ne font pas le travail eux-mêmes. Ils se contentent d'attendre que d'autres exécutent cette tâche qui fait passer quelqu'un du stade d'être vivant à celui de nature morte. Il était difficile de déterminer qui allait s'en charger, de l'homme de main d'un mafieux ou d'un politique, d'un frustré de l'ancien KGB ou d'un homme d'affaires élégant. Toujours est-il qu'en sortant du restaurant on s'est fait tirer dessus. Par maladresse du tireur ou par chance, aucune balle ne nous a atteints, mais je me souviens du bruit qu'a fait l'une d'entre elles en me frôlant. Un homme qui sortait du restaurant derrière nous a pris cette balle dans l'épaule et s'est effondré. Le tueur, probablement inexpérimenté, a couru jusqu'à une voiture qui a démarré lentement, comme si le chauffeur avait pris le temps d'engueuler le tireur pour son incompétence.

Cet incident a servi de leçon à Pavel, qui a ensuite employé deux gardes du corps qui ne le quittaient plus d'une semelle.

De la période militaire dans mes jeunes années, j'avais gardé une certaine technique du maniement des armes et j'ai demandé à Pavel de m'en procurer une qui m'accompagnerait lors de mes venues en Russie. J'avais moins peur pour moi qu'à l'idée que les enfants se retrouvent seuls un jour. J'ai ensuite voulu me mettre en retrait et espacer mes voyages dans ce nouvel eldorado mais certaines forces contraires, comme il en existe toujours dans la vie, ne l'ont pas entendu de cette oreille.

33.

À Genève, le type de la CIA que j'avais eu l'occasion de croiser avait été promu et affecté à une zone plus turbulente. On aurait dit que son successeur avait décidé d'incarner la caricature de l'espion américain : un costume clair serré, des grosses lunettes de soleil, une chevalière en or à la main gauche, hors de proportion avec la taille de ses doigts. On se demandait s'il n'était pas tombé de l'écran lors de la projection d'un film d'espionnage des années 1960. Sur une de ces intemporelles terrasses d'hôtel qui donnent sur le lac où nous nous faisions face, il a commandé un café crème avant d'aborder directement le sujet.

– On s'est demandé dans un premier temps s'il ne valait pas mieux vous traiter depuis Moscou, mais nous sommes arrivés à la conclusion que ce n'était pas une bonne idée. Vous jouez un rôle pivot par votre lien avec notre ami russe, et le moment est venu de passer à l'action.

– Me traiter ?

– Oui, désormais je suis votre agent traitant.

– Mais qui vous a dit que j'acceptais d'être « traité », comme vous dites ?

– Vous êtes le maillon d'une chaîne de la plus haute importance pour l'Agence. À travers vous, grâce à vous, nous avons l'opportunité d'accéder à des secrets militaires stratégiques.

– Vous voulez que profitant de ma situation auprès de Pavel, je collecte toutes ces informations ?

Le temps de lire la réprobation sur mon visage, il a enchaîné comme si de rien n'était :

– Le système soviétique s'est écroulé, mais la Russie reste la Russie, capricieuse et imprévisible. Rien ne dit que, sous prétexte de se jeter dans le libéralisme économique, elle va devenir notre alliée. Je ne la vois pas rejoindre l'OTAN, et tant que ce ne sera pas le cas, elle restera un ennemi potentiel.

Comme souvent lorsque je ne me sens pas à l'aise, j'ai reculé mon siège et allumé une cigarette en allongeant les jambes. J'ai tiré deux ou trois bouffées profondes, le temps de synthétiser ma pensée, et puis je me suis lancé :

– Je vois deux objections majeures à ce rôle. La première, c'est que cela fait de moi un espion et que ça n'a jamais été mon but dans la vie. La seconde, c'est que Pavel est devenu un ami…

– C'est justement ce qui est formidable…

– Laissez-moi finir. C'est un ami et je devrais le placer dans une position qui un jour ou l'autre peut le mettre en danger de mort. Vous le savez comme moi, le KGB a perdu son rôle prépondérant, mais il trépigne de reprendre du galon et de s'en prendre à tous ceux qui ont pactisé avec l'Occident. S'agissant d'une entreprise sous-traitante de l'industrie militaire et travaillant sur des technologies de pointe pour la Russie, il pourrait tout simplement être accusé de haute trahison et exécuté.

Il a eu un petit rire dérangeant.

– De toute façon, il le sera le jour où l'État sorti du chaos voudra reprendre toute son industrie sensible en main. Je serais vous, je n'investirais pas trop sur cet homme, aussi respectable soit-il.

– Pourquoi n'essayez-vous pas de retourner Pavel en votre faveur directement ?

– Vous savez comme moi que c'est un patriote, il a besoin de capitaux étrangers mais il n'est pas résolu à se vendre lui-même.

– Il ne veut pas vendre son âme au diable, alors vous me demandez de vendre la mienne, c'est ça ?

– Dites-moi votre prix.

– Tout le monde en a un mais vous n'avez pas les moyens.

Il a éclaté de rire avant de redevenir sérieux.

– Si ces informations ne viennent pas par vous, elles viendront par d'autres canaux, personne n'est plus pourri que les Russes aujourd'hui...

– Mais au moins je n'aurai rien à me reprocher à l'égard de Pavel et si un procès lui est fait un jour, ils ne pourront pas prouver qu'il était complice.

– Vous vous faites des illusions, ces gens-là n'ont pas besoin de preuves pour condamner à mort. Enfin, réfléchissez un peu ! Si on disait quarante-huit heures parce que le temps presse. Certaines fenêtres s'ouvrent puis se referment brutalement, là nous avons une opportunité en or, on vous en voudrait beaucoup de la gâcher... Ce serait une belle prise de l'histoire de l'espionnage, quelque chose qui ferait date.

*

Il y a quelque chose à la fois de mathématique et d'irrationnel dans un dilemme qui mobilise une grande partie non seulement de votre énergie mais de vous-même. La question de l'âme m'a toujours fasciné par son caractère difficilement définissable. Les vrais dilemmes se trament entre l'âme, plutôt insaisissable, et une réalité qui n'est a priori pas de son univers.

Pour dire les choses plus simplement, je me sentais aspiré contre mon gré par un monde qui n'était pas le mien et qui, au nom d'intérêts supérieurs, pouvait rapidement me réduire en cendres. Vendre mon âme à la banque et à la CIA, voilà ce qu'on me demandait ouvertement. Si je ne l'avais pas fait pour eux, l'aurais-je fait pour les services français ? De ce côté-là, personne ne m'avait approché de près ou de loin, et je ne m'en portais pas plus mal.

Ce cas de conscience m'a tenu éveillé plusieurs nuits pendant lesquelles j'ai pu observer longuement le reflet des lumières vaciller sur le lac. Il m'a obligé à une introspection que je n'avais jamais menée jusqu'à ce point. J'ai dû ramer vers le fameux « connais-toi toi-même » de Socrate dont le génial Tchekhov trouvait dommage qu'on puisse dispenser d'aussi bonnes idées sans proposer de mode d'emploi. J'ai procédé à ma façon en tentant cette chose ô combien difficile qui est de ne pas se mentir à soi-même sur soi-même, une facilité qui nous est offerte naturellement et dont nous abusons régulièrement.

34.

Pavel était en face de moi dans un restaurant luxueux de Moscou après que nous avions porté un ultime toast à sa dernière acquisition. À cet instant, la vodka ingurgitée m'a donné assez d'assurance pour lui annoncer que je quittais la banque. Au moment même où il devenait un de ces oligarques incontournables de la Russie moderne, je n'allais plus m'occuper de ses affaires. Il s'y attendait et me l'a dit d'une façon flatteuse :

– Je ne te voyais pas indéfiniment servir une banque. Pourquoi ne viens-tu pas travailler avec moi ? Je te dois beaucoup, et en retour, je pourrais t'associer d'une façon ou d'une autre dans mes entreprises. Tu connais la finance et l'aéronautique, j'aurai toujours une place au soleil pour un homme comme toi.

Je lui ai adressé un sourire reconnaissant mais qui déclinait sa proposition.

– En fait, je dois franchir une étape, diriger ma propre entreprise, réussir et puis tout vendre !

– Je comprends, mais j'ai l'impression que tout a changé

rapidement, de façon un peu précipitée, es-tu sous… une pression quelconque ?

– Oh ! non, je t'ai accompagné jusqu'à un stade où j'estime que tu n'as plus besoin de moi. Maintenant, mission accomplie, je vais me lancer un nouveau défi.

– Dans quel secteur ?

J'ai hésité une seconde.

– L'aviation, c'est là que j'ai une certaine expertise…

– Si tu as besoin d'un partenaire de confiance, tu sais que tu peux compter sur moi.

– Je n'en doute pas.

Je l'ai quitté avec la nostalgie de celui qui avait vécu une aventure unique avec un personnage hors du commun. Sa force lui avait permis de réussir dans un pays où la violence reptilienne avait pris le pas sur toute forme de civilisation.

Pourquoi lui ai-je parlé d'abord avant de prévenir la banque de mon départ ? Parce que je savais que, après le lui avoir signifié, je ne pourrais pas faire marche arrière. Je l'ai fait de la façon brutale qu'ont ces gens-là quand ils vous virent en vous demandant de leur rendre immédiatement votre ordinateur et vos pass.

J'ai informé Nigel McGregor et dans la foulée Julia, qui n'en revenait pas. Le lendemain de mon annonce, elle a trouvé un stratagème pour traverser l'Atlantique. Deux jours plus tard, elle était là devant moi dans un de ces restaurants hors de prix qui, comme beaucoup de produits de luxe, ont une façon élégante de recycler l'argent sale qui se fait aux quatre coins du monde. Mais il faut reconnaître que, quand on y déjeune, on s'y sent bien. Julia était furieuse, et plus elle examinait la situation, plus elle fulminait. Intolérable, impardonnable, immature, elle m'a jeté tous ces mots à la figure d'une voix sourde. Elle était d'autant plus contrariée que je n'avais jamais été aussi détendu de ma vie. Je connaissais le montant exact que la banque devait me verser comme bonus sur les opérations que j'avais initiées avec la Russie, une somme coquette, assez pour me reposer dix ans ou mettre les premiers fonds substantiels dans une acquisition d'entreprise. Rapidement j'en ai eu assez de ses reproches, et je lui ai coupé la parole :

– Si je n'avais pas eu la CIA sur le dos, les choses auraient pu se passer différemment. Bien différemment.

Elle est restée sans voix : quelque chose de fondamental lui échappait.

– La CIA ?

– Oui, la CIA. Ils m'ont mis sous pression pour que je contrôle Pavel...

– Tu aurais pu simplement refuser.

– Refuser ? Tu connais beaucoup de gens qui refusent un service à la CIA sur des enjeux de cette importance ? Non, ils ne m'auraient pas lâché, et l'espionnage, ce n'est pas pour moi.

Elle était furieuse, et aucun de mes arguments ne parvenait à atténuer sa colère.

– Des sentiments amicaux pour un Russe, c'est de cela que tu me parles ? Tu serais tombé raide dingue d'une Russe encore, je pourrais essayer de comprendre, mais Pavel est prétendument ton ami, et au nom de cela, tu ne peux pas servir des intérêts qui sont plus grands que toi ?

Tu sais pourquoi ? Parce que finalement, tu es un type ordinaire doublé d'un lâche. Tout était parfaitement en place pour la banque et pour le pays, et toi, qu'est-ce que tu fais ? Tu me parles d'amitié pour quelqu'un qui t'aura oublié dans trois semaines. Si encore tu m'avais informée avant de prendre ta décision et de lui en faire part… Au lieu de cela, tu as sauté du train en marche comme la poule mouillée que tu es. En plus, tu n'es même pas un patriote.

– Je ne suis pas américain, me semble-t-il !

Elle m'a fixé, les yeux exorbités :

– Si on ne vous avait pas libérés, vous, les Français, vous parleriez… allemand.

– Oui, je sais ! Nous y voilà. Je vous en suis très reconnaissant mais aussi un peu aux Russes, qui ont tout de même défoncé les nazis sur le front de l'Est. Je ne suis pas votre valet, c'est clair ?

– Tu n'es qu'un connard. J'ai vanté tes qualités auprès des grands boss de la banque, j'ai pris des risques pour toi et toi, qu'est-ce que tu fais ? Tu me chies dans les bottes.

– Et les principes ? Et qu'est-ce que tu fais dans la vie sans principes ?

– Tu rampes comme un invertébré en espérant qu'on ne te marche pas dessus.

– La lâcheté aurait été de me mettre au service de votre grande agence, de me laisser tuer pour elle un jour ou l'autre. Je veux l'argent que vous me devez, et basta…

– Tu l'auras, ton fric, mais je ne veux plus entendre parler de toi.

J'ai pris sa colère avec dérision.

– On peut continuer à coucher ensemble sans que tu entendes parler de moi si tu veux.

– D'abord, je n'ai pas de désir pour les faibles. Ensuite, même si je le voulais, je ne pourrais plus avoir de relation avec toi parce que pour nous, les Américains, ton comportement fait naître des soupçons.

– S'ils m'avaient retourné, tu t'imagines bien que j'aurais continué.

C'en était assez. Je me suis levé sans faire d'esclandre après avoir posément plié ma serviette encore immaculée et je suis parti sans un mot, avec l'idée de ne plus jamais la revoir.

35.

Je ne pensais pas qu'une action conjointe de l'Agence et de la banque ait été fomentée, mais un certain patriotisme conduisait à une collaboration tacite entre les deux. Je ne contestais pas leur analyse ni leur stratégie, je n'étais simplement pas ce genre de personne qui accepte de se laisser embarquer dans des aventures qui la dépassent et risquer au final de mourir en victime collatérale pour un drapeau qui n'est pas le sien. En marchant le long du lac, fumant cigarette sur cigarette, j'ai remonté dans mes souvenirs en questionnant le lien complexe que ma famille avait entretenu avec l'Amérique. Je crois que l'admiration profonde que mon père lui portait s'était arrêtée le 22 novembre 1963, quand le président Kennedy avait été assassiné.

Kennedy, au-delà des origines vaguement communes que nous partagions en Irlande, avait représenté à ses yeux l'espoir d'une nouvelle génération d'hommes politiques et d'une relation raisonnée avec le bloc communiste. Mon père ne croyait pas à la théorie du tueur isolé dont on nous avait rebattu les oreilles, cet ancien militaire remarqué pour son peu d'aptitude au tir, qui avait commandé son arme par la poste. Un *patsy*, disaient les rares Américains de bonne foi, c'est-à-dire un leurre minutieusement préparé pour jouer contre son gré le solitaire pro-communiste. Une blague, suivie d'une manipulation encore plus visible quand Jack Ruby, qui tenait une boîte de strip-tease, était venu sans rencontrer la moindre résistance descendre Oswald par un tir rapproché dans le commissariat de Dallas où il clamait son innocence. Une énorme farce. Ce jour-là, l'Amérique avait connu un coup d'État, et le premier à le dire en privé fut de Gaulle. Il était d'autant plus qualifié pour le savoir que certains participants à ce complot avaient planifié de l'assassiner, lui aussi, avec l'aide de l'OAS, parce que la distance qu'il prenait vis-à-vis des États-Unis et de l'Otan déplaisait à Washington – un agent de la CIA me l'avait confirmé. Sans oublier qu'un tueur présent à Dallas, qui avait probablement tiré la balle fatale sur le président, celle qui avait fait exploser son cerveau en le projetant sur la robe de Jackie, avait travaillé pour l'OAS dans les projets d'assassinat de De Gaulle. L'indépendance militaire et énergétique qui avait été le credo du Général face à une Amérique qui ne se concevait ni amis ni alliés mais uniquement des vassaux avait marqué mon père, et par conséquent m'avait marqué, d'autant plus qu'il avait été impliqué dans cette politique en tant que physicien nucléaire...

Je suis rentré à l'aube en taxi pour ne pas avoir à conduire après avoir éclusé dans un bar de nuit où je me suis repassé le film de ma passion pour Julia. Le matin, j'ai retrouvé mes enfants et la nounou, à qui j'ai dit que je quittais la banque, ce qui annonçait probablement la fin de notre collaboration. Elle m'a proposé de rester si je voulais. Je ne lui en ai rien dit mais j'ai décliné parce que j'avais des soupçons la concernant. À plusieurs reprises, j'avais constaté qu'elle avait fouillé dans mes affaires, signe qu'elle me surveillait peut-être pour quelqu'un, probablement l'Agence, en échange du maintien de son visa ou d'autre chose. Je ne pouvais pas lui en vouloir de travailler pour ceux qui lui avaient obtenu ses papiers. Les enfants étaient grands désormais, plus très loin d'être des adultes. Elle restait toutefois le pivot de l'organisation matérielle de la maison, et son départ allait nous obliger à la remplacer.

Ce matin-là, nous avons discuté entre nous comme nous ne l'avions pas fait depuis longtemps, ce qui m'a permis de les observer. Ils étaient devenus aussi différents l'un de l'autre qu'on pouvait l'être, tout en s'aimant profondément. J'avais au moins réussi cela. Des enfants qui se méprisent sont un échec pour des parents. J'allais bientôt recevoir un gros chèque mais dans ces circonstances, je ne parvenais pas à lui associer un sentiment de réussite. En revanche, voir mes enfants s'aimer comme ils le faisaient m'allégeait beaucoup. Ma fille penchait du côté de l'extériorité, de la réussite et d'une certaine jouissance de la position où elle se situait sur l'échelle sociale, ce qui la rendait plutôt matérialiste. Mon fils, au contraire, était dans l'intériorité, la spiritualité. Il visait à être capable de vivre de peu, à dépendre le moins possible des autres, à se conformer le moins possible à un modèle social, à ne pas consommer au-delà du strict nécessaire. À rechercher l'équilibre absolu, il me donnait l'impression de marcher sur une crête, avec de part et d'autre le vide agissant comme une attraction diabolique. Pour faire court, il m'impressionnait par sa maturité intellectuelle autant qu'il m'inquiétait par sa fragilité.

Bien que de père catholique et de grand-mère maternelle juive, je me suis toujours considéré comme un éternel protestant, qui refuse les dogmes et les Églises se servant du Nouveau Testament comme d'un instrument de domination morale et de gri-gri contre la superstition. Plus tard dans ma vie, j'ai fait dire à Eugénie Grandet dans un film le fond de ma pensée : « Dieu est une recherche, quand on pense l'avoir trouvé, c'est qu'on l'a déjà perdu. » Mon fils avait plutôt adopté le précepte de Mani, un Perse fondateur d'une des premières sectes chrétiennes persécutées par les premiers catholiques. Selon lui, le bien est dans la spiritualité, le mal dans le matériel, simplicité d'un énoncé qui lui a valu d'entrer dans le langage courant comme « manichéen ». Mon fils était beaucoup plus intelligent que moi et d'une lucidité dérangeante. La lucidité marginalise lorsqu'elle est poussée à l'extrême, et je craignais que sa faculté d'adaptation, qui définit une bonne partie de l'intelligence en collectivité, ne soit oblitérée par cet excès de hauteur que nos sociétés sanctionnent avec dureté, comme elles le font avec tous ceux qui refusent de s'acharner à créer de la valeur mais cherchent à créer du sens. Sa sœur était capable de cette lucidité, mais elle avait choisi d'entrer dans le moule pour s'y imposer.

36.

Ma démission a coïncidé avec des vacances scolaires, et en attendant que les Américains me payent ce qu'ils me devaient, j'ai proposé aux enfants de partir en vacances en Norvège. J'avais l'idée de profiter de la nature avec eux, ce que nous n'avions pas vraiment fait depuis notre retour en France, même si la région où nous étions installés s'y prêtait. J'avais une idée derrière la tête que je ne leur ai dévoilée que lorsque nous avons été dans l'avion. Je voulais écrire un livre sur l'histoire de mon grand-père pendant la Première Guerre mondiale. Il était mort quand j'avais neuf ans mais je me souvenais de lui comme s'il était à côté de moi, avec son visage atrocement mutilé. Je n'avais jamais rédigé une ligne de mon existence et je ne me faisais pas beaucoup d'illusions sur mes qualités littéraires, au point que je me demandais si je n'allais pas me limiter à un scénario, sauf que je n'avais aucune idée de la façon dont on construit un scénario. « Pourquoi l'écrire maintenant ? m'a demandé ma fille. Pourquoi ne pas l'avoir fait avant ? » Tout simplement parce qu'un évènement apparemment anodin m'avait décidé, en créant même une urgence inattendue.

En classant des archives familiales, j'étais tombé sur une photo de mon grand-père quand il faisait son service militaire en 1913, où il figurait en compagnie de deux autres jeunes officiers comme lui. Ils n'avaient rien de va-t'en-guerre. Ces trois hommes ne posaient ni ne bombaient le torse devant le drapeau. Ils ne chantaient pas non plus *La Marseillaise* à tue-tête. Ils buvaient seulement un café, assis sur des caisses en bois, une tasse en fer-blanc entre les mains, les coudes posés sur les genoux pour l'un, les deux autres adossés à un mur, une cigarette entre les doigts, cherchant visiblement à attirer sur eux un rayon de soleil un peu blême. Celui qui regardait le plus franchement l'objectif était mon grand-père, en réponse à la sollicitation probable du photographe. Il le faisait avec bienveillance, la mine du type qui accepte pour pouvoir plus rapidement passer à autre chose. Il était objectivement beau, beauté qui semblait renforcée par son détachement et un air de confiance dans l'existence que rien ne paraissait pouvoir troubler. On percevait qu'il n'était pas le genre d'individu à se mettre en avant et qu'un recul perceptible sur le monde contribuait à sa nature paisible. Cet homme-là, je ne l'ai évidemment jamais connu, mais je me souviens d'un grand-père touchant d'affection, reconnaissant envers la destinée qui lui avait laissé une descendance. Le visage qu'il me montrait quand il ne portait pas son bandeau noir disait tout sur l'espèce humaine et sa folie. Comment était-il passé de l'un à l'autre ? Où avait-il puisé la force de supporter le passage du beau jeune homme indolent et séduisant au repoussoir des regards ordinaires ? C'était autant de sa tragédie et de sa faculté de résilience que je voulais témoigner que d'une période où, grisé par ses progrès technologiques en matière d'armement, l'Occident dominateur avait tenté d'en finir avec lui-même.

Des livres, des romans sur la guerre de 14, ce n'était pas ce qui manquait, mais à l'approche de la quarantaine, je me sentais un peu le dernier maillon d'une chaîne bientôt brisée par la disparition des poilus, pauvres hères condamnés à assister à des cérémonies commémoratives à dates fixes, sapés comme un dimanche. Parce que tous ces blessés de la face, j'avais partagé leur existence à chacune des vacances scolaires de ma petite enfance, je les avais observés, j'avais joué dans leurs jambes, j'avais inhalé la fumée de leurs cigarettes et je m'étais imprégné de leurs rires, les rires d'hommes et de quelques femmes qui n'avaient plus rien à craindre de l'existence.

Les enfants ont adhéré tacitement au projet en acceptant qu'on parte quinze jours se retirer dans une région reculée et enneigée où il n'y avait pas grand-chose d'autre à faire que de contempler une nature immaculée. Cette maison du Telemark appartenait à un ami d'une relation, un artiste peintre qui s'était offert ce lieu difficile d'accès en hiver pour être sûr de ne pas être dérangé. Après avoir passé le village et franchi un petit pont, la route s'élargissait le long d'un lac qui semblait vouloir finir dans un marécage recouvert de quelques nappes d'eau transparentes, avant de disparaître là où on la quittait pour en prendre une plus étroite sur la droite, scandée par quelques maisons anciennes. Mais celle vers laquelle nous nous dirigions ne s'offrait pas à la curiosité. Elle était située en hauteur, tout au bout d'un chemin qui serpentait un bon moment avant de finir en côte abrupte, pour s'ouvrir sur un large pré enneigé où trônaient une construction en bois imposante et sa grange, les deux peintes de ce rouge qu'on retrouve dans le drapeau norvégien. Le propriétaire était parti aux États-Unis où on lui offrait sa première exposition internationale, à Philadelphie, et il avait accepté de nous prêter la maison seulement parce qu'un projet artistique était lié à notre venue.

S'il avait su que j'étais une sorte de banquier d'affaires en attente de reconversion, il ne nous aurait certainement pas laissés approcher de ce lieu d'autant plus magique qu'il jouxtait un des plus beaux sites qu'il m'ait été donné de voir : une succession de lacs et de forêts protégés auxquels on pouvait accéder par un chemin qui se déroulait sur plusieurs kilomètres. Les enfants trouvaient que ces lieux leur rappelaient le Vermont. On pouvait y randonner des heures sans croiser personne. Mon fils a pris cet endroit comme une bénédiction, ma fille comme une parenthèse exotique dans la vie résolument urbaine à laquelle elle se destinait.

Je me suis fixé le défi d'écrire mon témoignage en quinze jours parce que je savais qu'après ce délai, je ne pourrais retrouver ni la tranquillité ni les dispositions d'esprit pour mener à terme ce travail de mémoire que j'avais l'immodestie de croire indispensable. Il l'était de fait à mon équilibre à ce moment donné de mon existence, comme s'il allait me sauver de cette routine du système par lequel je m'étais laissé aspirer depuis trop longtemps. Je pensais, peut-être à tort, que ce travail allait me permettre d'en savoir plus sur moi-même derrière le rôle dans lequel je m'étais installé depuis la fin de mes études.

J'ai fini le livre quatorze jours après mon arrivée. Je l'ai tapé sur une vieille machine à écrire qui ne souffrait pas vraiment les corrections, ce qui m'obligeait à bien penser à ce que j'allais dire avant de le coucher sur le papier. Cet exercice m'est apparu à la fois facile et exténuant. Quand j'en ai eu terminé, je n'en connaissais pas plus sur moi-même. J'avais involontairement usé d'un procédé particulier mélangeant la fiction au réel pour mieux accéder à la vérité, à un devoir de vérité plus exactement, une entreprise colossale qui n'est à la portée de personne, surtout lorsque nous visons notre propre histoire dont nous sommes certainement le pire narrateur. Mon sentiment n'était pas celui d'avoir fait œuvre littéraire mais d'avoir accompli mon devoir à l'égard d'un de ces ancêtres dont j'ai le culte et qui sont ma référence. Mon père n'aurait jamais trahi un ami, pas plus pour ses propres intérêts pécuniaires que pour ceux de la nation. C'était ma limite, mais je savais que je devrais payer pour mes principes un jour ou l'autre. De retour en France, la banque m'avait viré l'argent qu'elle me devait.

Une nouvelle vie m'attendait.

37.

J'avais beaucoup travaillé ces dernières années, dans un contexte compliqué, avec essentiellement des Américains et des Russes, chacun à un bout du spectre d'une humanité au bord du gouffre. J'avais écrit dans la continuité de cette tension, mais maintenant que mon livre était terminé, une impression de vide m'a envahi. Il m'arrivait de dévisser, de ne plus parvenir à croire à la fiction de ma propre existence. Je sombrais rarement plus de deux jours, et il m'en fallait à peine plus pour remonter en rappel en me donnant l'illusion d'être le premier de cordée. Mais cette fois, j'étais entamé par les doutes émis par Julia sur mon courage. La personne qui comptait le plus en dehors de mes enfants m'avait traité de traître, un terme honni dans ma famille, violent comme une profanation de sépulture, celle de mes anciens. Je vivais aussi mal la perspective de ne plus jamais voir Julia, comme si elle m'avait été enlevée brutalement. Ce deuil s'ajoutait à celui de ma femme. J'ai fui par la lecture, « cette intimité entre des gens qui ne connaissent pas », comme disait Paul Auster, je crois, et qui n'ont pas intérêt à se connaître sauf à risquer de détruire le charme de cette rencontre fortuite.

Alors que je m'étais presque fait à l'idée de changer de vie plus tôt que prévu, deux évènements m'ont ramené à la réalité. Et pesé sur mes choix. D'abord, un ancien collègue de la banque, qui l'avait quittée lui aussi, me signala qu'une petite compagnie aérienne européenne pour laquelle il travaillait comme conseil rencontrait quelques difficultés et cherchait des investisseurs pour se relancer. Il connaissait mon tropisme russe et se demandait si cela ne pourrait pas intéresser de riches oligarques, sachant que la compagnie opérait à la fois sur des lignes régulières et dans l'aviation d'affaires. Le second évènement, qui a autrement attiré mon attention, a été un appel du grand-père des enfants pour me dire qu'il avait reconstitué le dossier médical de la mère de ma femme. Elle avait été suivie dans le service d'ophtalmologie d'un grand hôpital parisien par un professeur réputé dont il me donna le nom. Il pensait que cet homme, aujourd'hui âgé, pourrait peut-être m'en dire plus sur elle. Je ne voyais pas très bien ce que ce grand ponte pourrait me révéler, mais il insista.

– Quand un praticien suit aussi longtemps une malade pour une pathologie lourde, il se crée forcément un lien entre eux. Ce médecin, si vous parvenez à le rencontrer, ne vous dira évidemment jamais qu'il a eu, à supposer que ce soit le cas, une aventure avec mon ex-femme. Mais peut-être vous donnera-t-il des indications utiles sur ma fille, s'il l'a croisée. Peut-être l'a-t-il préparée à la cécité de sa mère, qui était inexorable. Je n'en sais rien mais, en tout cas, même s'il est bien mince, c'est un fil à tirer.

*

Le jour même, j'ai appelé l'hôpital où ce spécialiste avait exercé. On m'a répondu qu'il avait quitté le service depuis plusieurs années pour prendre sa retraite. J'ai essayé d'obtenir ses coordonnées, mais la personne qui était au bout du fil, une femme très aimable qui l'avait visiblement connu, m'a découragé.

– Je ne sais pas ce qui vous amène à vouloir lui parler, monsieur, mais je crois que le professeur ne vit plus à son domicile, il est atteint de graves troubles de la mémoire et il a été placé dans une institution spécialisée.

J'ai pris les références de l'institution à tout hasard, sans douter qu'elles ne serviraient à rien s'il était atteint de la maladie d'Alzheimer, et j'ai remercié mon interlocutrice. Mon « enquête » semblait plombée. Au moment où j'allais raccrocher, elle m'a demandé d'une voix d'une infinie douceur :

– Votre démarche est en relation avec l'affaire ?

Cela m'a intrigué.

– De quelle affaire parlez-vous ?

Elle m'a semblé hésitante.

– Oh ! Si vous n'êtes pas au courant, ce n'est pas la peine…

Je ne voulais pas que la conversation se termine là.

– Je vais vous dire la vérité. Ma belle-mère a été soignée pendant des années par ce spécialiste, pour finir aveugle. Et ma femme est morte récemment en mettant fin à ses jours. Comme elle n'avait pas d'autre famille que sa mère dont elle était la fille unique, et que je cherche à expliquer son geste, si tant est que ce soit possible, je me suis dit que le professeur avait peut-être eu l'occasion de la connaître, de lui parler, et le peu qu'il connaîtrait d'elle pourrait peut-être m'éclairer.

– Oui, je vois.

Elle a encore hésité un peu avant de se lancer :

– Cela n'a sans doute pas grand-chose à voir, mais le professeur a été attaqué en justice par ses deux filles qui l'ont accusé d'avoir abusé d'elles. Cela a fait grand scandale.

– Et l'affaire a été jugée ?

– Non. Il n'a pas été considéré en état à cause de ses pertes de mémoire.

Une fois notre conversation terminée, j'ai immédiatement rappelé le père de ma femme pour lui communiquer mes informations. Il m'a fait part de ses impressions, comme s'il réfléchissait à voix haute.

– Voilà un homme dont sa femme me disait qu'il avait des maîtresses, plusieurs parmi ses patientes. Et maintenant, on apprend que ses propres filles ont porté plainte pour des abus de sa part…

– On parle carrément de viol. Le viol de ses deux filles ! L'affaire n'a pas été jugée, il a eu droit à la présomption d'innocence, mais cela crée un faisceau de suspicions, non ?

– Je le crois aussi. Et bizarrement, alors qu'il semblait en pleine santé jusque-là, il se met à perdre la mémoire.

– Je pense que ce que j'ai de mieux à faire, c'est d'essayer de rencontrer ses filles, non ?

– Oui, ça ne coûte rien.

Sur ces mots, on a raccroché et je suis resté un bon moment pensif à regarder le lac. Il était désert, sans même un de ces pêcheurs en eau douce qu'on voyait parfois surgir des brumes matinales. Mon esprit ne savait que faire de toutes ces informations. Comme d'habitude, hélas, les conclusions m'étaient parvenues avant le raisonnement. Mon hypothèse était que ce professeur n'avait pas violé ma femme. Pourquoi ? Parce qu'une femme violée a nécessairement le dégoût des relations sexuelles avec un homme, et que ce dégoût, je l'aurais perçu. Elle en était loin, et ce n'est qu'à partir du début de sa dépression que notre relation s'était dégradée subitement, essentiellement à cause des antidépresseurs. Mais avant cela, tout était parfaitement normal. Je pouvais me tromper bien sûr, mais je n'y croyais pas.

Son père m'a rappelé au milieu de la matinée pour me dire qu'il avait récupéré les coordonnées des deux filles du médecin par l'intermédiaire de leur avocat, dont il avait eu le contact par un de ses patients. Je les ai notées, lui ai promis de les contacter.

Je l'ai dit, je crois, je n'ai jamais eu beaucoup de goût pour les énigmes, et je commençais à me lasser de cette drôle d'enquête qui visait à révéler quelque chose de ma femme dont elle avait choisi de me tenir éloigné pour des raisons qui lui appartenaient. Alors pourquoi, maintenant qu'elle était morte, essayais-je d'accéder à son secret, celui qui l'avait détachée de moi et de nos enfants ? Mon action ne relevait-elle pas elle aussi du viol de sépulture ?

*

D'autant qu'après plusieurs semaines à lire et à traîner, j'ai été très occupé par l'opportunité d'acquérir cette compagnie aérienne. Les choses se sont faites rapidement en y mettant une grosse partie de l'argent que je venais de gagner, et en y ajoutant une somme cinq fois plus importante empruntée à une banque. Pavel a proposé de m'« accompagner » pour réaliser cette opération en m'apportant des capitaux russes, mais j'ai préféré décliner. Les Américains n'auraient pas manqué d'en tirer des conclusions aussi fausses que définitives. Je l'ai dit assez directement à Pavel qui, pour la première fois, a clairement compris que j'étais suspecté d'une forme d'intelligence avec la Russie.

Pour montrer à la CIA que je n'avais rien à cacher, je dînais ouvertement avec lui lors de ses passages à Genève, et c'est justement lors de l'un de ceux-ci que je lui ai expliqué sans détour la situation.

Lui-même ne m'avait jamais suspecté de l'avoir espionné mais que je m'ouvre ainsi à lui l'a ému, je l'ai vu, car lui aussi était un homme de principes, même s'il évoluait dans une sphère où les principes avaient la souplesse d'une aile d'avion dans des turbulences. Ce soir-là, il a compris que j'avais renoncé à mon travail dans la banque pour ne pas le trahir.

– Tu sais, ils sont naïfs, ces types-là. Ils t'ont remplacé par un Janus mi-barbouze, mi-banquier qui essaie de gagner sur tous les tableaux, de faire un maximum d'argent et de mettre en place un réseau de renseignement sur les technologies militaires de mes entreprises. Qu'est-ce qu'ils croient, hein ? Pendant trente ans, j'ai eu les types du KGB sur le dos, craignant que je puisse faire défection pour les Occidentaux, est-ce qu'ils pensent que je suis... quoi... un poussin ? Un abruti ? Je ne suis pas Eltsine, moi, je ne prends pas mon bain dans la vodka. Je veux que cela change durablement en Russie. Même si j'ai longtemps été un communiste convaincu, je ne considère plus les Américains comme des ennemis, mais je sais aussi qu'ils n'ont pas d'amis, et qu'ils n'ont en tête que leurs propres intérêts.

– Ils veulent que leur modèle économique domine le monde. C'est aussi simple que ça ! Et on sait de quoi ils sont capables quand on résiste à leurs appétits. L'Amérique centrale et l'Amérique du Sud par exemple peuvent en témoigner ! Ils n'ont jamais hésité à installer des dictateurs à leur botte, comme en Argentine ou au Chili, quand les intérêts de leurs multinationales sont menacés... Mais s'ils sont dans cette position hégémonique, c'est votre faute, parce que vous avez laissé le seul espoir d'alternative au capitalisme être dévoyé par des voyous bolchéviques.

– Je sais. Le problème de la Russie, je peux t'en parler à toi, c'est qu'elle est aux prises avec ses contradictions, qui sont une immense paresse et une immense cupidité avivée par une longue frustration. Le Russe veut tout, tout de suite, en abondance. Soit il se résigne complètement, soit il se laisse dévorer par son impatience, et ce qu'il ne peut pas avoir par son travail, il l'exige par la force, à n'importe quel prix en termes de souffrances humaines ! Parce qu'il ne sait pas plus évaluer le prix de la souffrance que celui de la vie. Regarde tout simplement où sont nos forces et nos richesses. D'abord, dans les matières premières, qui ne demandent ni intelligence ni gros travail pour les extraire. Ensuite, notre expertise est dans les technologies de la destruction qui nous permettent de dominer les autres sans effort. Tu achèterais une voiture russe ? Un ordinateur russe ? Un pacemaker russe ? Un médicament russe ? Non. Mais un missile longue portée peut-être, non ? Pourquoi tous les régimes communistes ont-ils fini aux mains de déséquilibrés ? Je n'ai pas l'explication, sauf que tu remarqueras que la première fois qu'on a eu un premier secrétaire du Parti un peu sensé, Gorbatchev, ça a été pour en finir avec le communisme...

Il a poursuivi sur le ton de la confidence, en baissant la voix :

– Tu sais, je ne suis pas optimiste. À long terme, j'espère la démocratie pour la Russie, mais j'ai des difficultés à y croire. On a un président qui titube, prêt à s'effondrer, et une bande de profiteurs le manipulent en sous-main, mais tout ça ne pourra pas durer éternellement. Tu sais pourquoi ? Parce que les représentants de la force sous l'ancien régime, qui le sont encore aujourd'hui, les hommes du renseignement et de l'armée, eux, ils n'ont profité de rien. Ils ne sont plus considérés, ils sont payés quand l'État est capable de le faire, des salaires de misère.

Il a longuement soupiré puis a souri.

– Je vais essayer de trouver quelque chose qui doit bien exister : une banque occidentale sans lien avec la CIA.

Le reste de la soirée, nous l'avons passé dans un club où se concentrait une faune plus glauque que les profondeurs d'un étang de la Sologne profonde. Pavel y avait ses habitudes. Il ne s'intéressait pas aux filles vénales qui ponctuaient les lieux mais il aimait leur présence rafraîchissante. Il nous a fallu boire encore pour parler, lui du suicide de son fils, et moi de celui de ma femme, ce qui n'a fait que renforcer nos liens. Dimitri s'était défenestré après une soirée avec des copains dans un appartement communautaire quelques jours avant que Pavel et moi ayons fait connaissance, bien avant la chute du mur. Aucun signe annonciateur. Ce soir-là, son fils n'avait pas particulièrement bu et les derniers témoins à l'avoir observé l'avaient vu un verre à la main, bavardant avec un groupe de camarades dont faisait partie une fille. La discussion n'était pas animée. Le jeune homme s'était détaché du groupe sans bruit puis avait marché normalement vers la fenêtre ouverte et l'avait enjambée sans se retourner.

– Il a laissé un mot quelque part ? ai-je demandé à Pavel.

– Non, rien. Il aurait pu écrire à sa mère. Il était notre seul fils et il savait la peine qu'il allait lui faire. À moi aussi bien sûr, mais il savait que j'étais mieux armé pour surmonter cette épreuve que sa mère, dont il était le seul centre d'intérêt. Ma pauvre femme avait l'habitude de dire qu'elle avait l'impression de vivre en cage toute sa vie, mais que ce n'était pas si grave puisque notre fils allait forcément connaître des jours meilleurs. Elle disait qu'elle n'avait que lui parce que notre relation n'était pas facile. C'est vrai que je l'ai beaucoup trompée. Maintenant, mon fils est mort et jamais personne ne pourra expliquer pourquoi.

Pourtant, à la façon dont Pavel m'avait raconté toute cette tragédie, je m'étais fait une théorie plausible. Je ne voulais pas la confronter à son jugement parce que cela ne servait à rien. J'avais le souvenir de jeunes homosexuels qui s'étaient suicidés dans des bleds désertiques de la France profonde pour échapper à leur solitude tout autant qu'aux sarcasmes d'une partie malveillante de la population. J'imaginais que cela devait être encore pire dans la Sibérie de la Russie soviétique. Ce soir-là, s'était-il rendu compte de son extrême lassitude à donner le change avec ces garçons et ces filles de son âge ? Avait-il décidé d'en finir, considérant que le monde où il évoluait ne lui laissait aucune place ?

Il s'est passé quelque chose d'intrigant entre nous à ce moment-là : Pavel a compris que j'avais compris, et j'ai compris aussitôt que Pavel avait compris que j'avais compris. Nous nous sommes souri de façon un peu triste pour sceller notre accord de n'en rien dire. Il a embrayé immédiatement :

– Je lui dois beaucoup aujourd'hui. Depuis que Dimitri est mort, je n'ai plus peur de la mort, et c'est grâce à lui que j'ai pu construire tout ce que j'ai construit récemment sans vraiment craindre quoi que ce soit. Le pire qu'il puisse m'arriver, c'est quoi ? De le rejoindre. C'est un magnifique cadeau qu'on me ferait. Tu sais, je suis devenu croyant, je crois à la vie après la mort, et je suis convaincu que je vais le retrouver là-haut. Tu n'imagines pas la force que cela me donne ici-bas.

– Si, j'imagine bien. Pour l'instant, je n'espère pas retrouver ma femme là-haut, mais j'aimerais comprendre, pour faire la paix avec elle et avec moi.

– Pardonne-lui, pardonne-toi, sinon tu vas t'épuiser et tu ne trouveras jamais de cause valable. Parfois, l'instinct de conservation fait défaut.

Notre conversation semblait complètement surréaliste dans cette atmosphère de lumière tamisée, de musique faussement entraînante, de filles désespérées de faire payer leur humiliation deux fois le prix de leurs charmes.

Une bouteille de champagne plus tard, j'ai raccompagné Pavel en marchant jusqu'à son hôtel de luxe, où se concentraient les voleurs impénitents d'une planète dont nous étions, lui comme moi, les complices. Il était temps de changer de vie.

38.

En repensant à cette étrange période, la question revenait sans cesse : que retenir de ces quelques années dans l'aviation ? Pas grand-chose si ce n'est la peur que se produise un accident. Nul autre moyen de transport n'est aussi sûr que l'avion, mais aucune compagnie n'est à l'abri d'une tragédie. Une compagnie se doit de désigner un seul responsable dans cette triste éventualité, celui qui devra batailler pendant des années pour se disculper et exonérer la compagnie si elle peut l'être. Quand vous sautez pour la première fois en parachute, pris par l'adrénaline de la nouveauté, vous n'avez pas peur, mais il en va autrement la deuxième fois et les suivantes. De la même façon, la responsabilité du dirigeant, on la prend avec sérénité au début. Et puis elle se transforme en anxiété diffuse car on se sait à la merci des petites probabilités qui peuvent un jour ou l'autre s'assembler pour entraîner des familles dans des drames affreux.

On vivait un moment charnière de l'histoire de l'aviation avec la démocratisation d'une industrie via le low cost censé rendre le transport aérien accessible à tous. Cette tendance impliquait d'énormes investissements dans un secteur qui n'avait pas la rentabilité attendue par les investisseurs, dévorés par une avidité qui n'allait plus se démentir. Pour cette raison, autant que pour l'orgie de gaz carbonique qui se dessinait, j'en suis sorti quelques semaines avant l'évènement qui a causé le plus grand tremblement de terre du début de ce siècle, le 11 septembre. Ce qui restera comme la première attaque sur le sol américain a eu lieu en utilisant des avions commerciaux contre ces symboles phalliques de la puissance qu'étaient les deux tours de New York. Dans les jours qui ont suivi le drame, la panique s'est emparée des esprits, provoquant la déroute d'une industrie basée sur la confiance. Plus personne ne voulait monter dans un avion ! Il a fallu des mois pour oublier ce traumatisme. Par chance, j'ai échappé à la curée, ayant revendu ma compagnie avant l'attentat pour une valeur estimée à l'époque où prendre l'avion était encore un rêve.

La vente réalisée, j'ai compris que c'en était bien fini pour moi, d'autant que j'avais vécu de près, peu de temps auparavant, la tragédie du Concorde, qui s'était écrasé près de Roissy. Une séquence hallucinante de faibles probabilités qui s'enchaînent inexorablement : un McDonnell Douglas perd un cerclage de moteur sur la piste, lequel vient percuter un réacteur du Concorde, qui prend feu avant d'embraser son jumeau collé à lui. Le principe du Concorde était celui d'un avion de chasse, une propulsion de fusée permettant une finesse, c'est-à-dire une portance, de fer à repasser. L'avion qui a perdu deux moteurs ne pousse plus, ne plane plus. C'en est fini. Les pilotes, qui ont compris, se serrent la main dans le cockpit. Cent personnes voient en quelques secondes leur rêve les anéantir.

Ce jour-là, j'étais en vacances et je jouais au tennis avec mon fils. La partie terminée, en rentrant chez moi, j'ai entendu des bribes d'informations qui parlaient du crash d'un avion de cent places et Concorde mis à part, j'étais le seul à opérer des avions de cette taille sur le territoire français. Le temps de l'incertitude – une vingtaine de secondes – a suffi à provoquer un eczéma que j'ai mis longtemps à soigner. La disparition du Concorde a sonné le glas d'une expérience unique pour ses passagers, contempler la rotondité de la Terre depuis les hauteurs, voir se séparer le jour de la nuit. On a assisté à un exemple unique de régression technologique par la disparition d'une utopie flamboyante dans la course générale à l'accélération des déplacements.

*

Il m'a fallu plusieurs mois pour relier la chute des deux tours à ma propre histoire, même par un lien apparemment ténu. Et il m'a fallu encore plusieurs mois encore pour comprendre ce qui s'était vraiment joué. Tout a commencé à l'époque où les Américains, pris dans leur obsession de couler l'URSS, se sont trouvé de nouveaux alliés. Qui ? Les islamistes afghans auxquels le Pentagone a distribué généreusement des missiles à la fois antichars et antiaériens. Les Russes vaincus, ces armes se sont retournées contre les Américains, après bien des errances de leurs services de renseignements empêtrés dans la complexité des relations entre les dirigeants de leur pays – un groupuscule opaque lié aux intérêts pétroliers, mené par Bush Junior, manipulé par le cerveau Cheney – et les monarchies du Golfe. La situation est apparue comme elle était : désastreuse. Un écheveau qui demandera encore un peu de temps avant de permettre à la ménagère du Texas de tricoter en toute bonne conscience un pull en laine pour les orphelins de la sinistre campagne d'Irak, cette ignominie lancée sur des mensonges d'État.

Pendant ce temps-là, peu avant le tournant du siècle, ceux dont Pavel avait prévu le retour ont pris le pouvoir qu'Eltsine, à l'article de la mort, leur a tendu d'une main tremblante. J'ai suivi cette période de près, moins par intérêt personnel que par curiosité pour l'évolution d'un pays que je ne prétendais pas bien connaître mais qui m'intéressait, parce qu'il concernait l'avenir de mon ami et d'une certaine façon celui du monde. La puissance déchue semblait se réveiller, mais pas de la meilleure manière. Les Occidentaux ont un peu rapidement vu la Russie restaurée comme un allié dans leur lutte contre ce nouveau péril, dont Poutine s'est fait rapidement un héraut en Tchétchénie, avec des méthodes de destruction spectaculaires.

Il avait été difficile pour Eltsine de nommer comme premier ministre un personnage moins charismatique que Poutine. On aurait dit le fantôme d'un gnome sorti des sous-sols de la Tchéka du temps de la terreur stalinienne. Par certains côtés, il faisait penser à Iéjov, avec sa petite taille mal assumée, son air de chien battu revanchard. Son destin initial était de devenir une petite frappe des faubourgs de Saint-Pétersbourg, mais le voyou avait décidé qu'il était plus confortable de terroriser ses propres compatriotes dans l'antre du vrai pouvoir soviétique. Le KGB correspondait totalement à sa forme d'esprit. Il n'y avait pas mieux terminé que lieutenant-colonel et n'y serait jamais un maître espion. Un simple bureaucrate de la rétorsion, particulièrement en Allemagne de l'Est, colonie de l'Empire soviétique où il prenait plaisir à surveiller les vaincus devenus vassaux, qui montraient avec la Stasi un zèle étonnant. Le complexé s'était épanoui dans le monde parallèle du mensonge et de la manipulation. Son absence fondamentale d'empathie s'y déployait en toute impunité.

C'est depuis les marches de l'empire qu'il assiste à son effondrement. La chute du mur à Berlin, devant ses yeux impuissants, le traumatise. Et puis, c'est le KGB qui s'effrite sous l'effet des salaires impayés et des nouvelles opportunités qu'offre le grand bazar. Poutine révèle sa capacité à composer avec le nouveau système auprès du maire de Saint-Pétersbourg qui l'emploie un temps. Il s'y montre efficace pour traiter avec les arrivistes, les affairistes et les corrompus. Il profite lui-même de cette convergence d'intérêts mafieux. Quand il réintègre le KGB, les meilleurs en sont partis, laissant aux médiocres un espace inespéré, ce dont il se sert pour s'imposer à la tête du FSB naissant. De là, il observe cet embryon de démocratie qui n'est en réalité qu'un désordre entretenu par des affairistes profitant de ce bruit de fond pour voler le pays en toute impunité. Mais ce qui le choque le plus, c'est qu'il soit lui-même exclu de la curée.

Berezovsky, le milliardaire, l'a sous-estimé. Grave erreur. Lui qui se sert de la confiance d'un Boris Eltsine à l'agonie pour servir ses intérêts et diriger la Russie en sous-main a vu d'un bon œil la nomination de Poutine, pour autant que celui-ci continue comme ses prédécesseurs à ne pas exercer le vrai pouvoir, laissé aux oligarques. Il aurait dû remarquer à la démarche de Poutine que les choses n'allaient pas se passer comme il le souhaitait. Quand il marche, Poutine balance un bras mais le second reste collé au corps, comme s'il refusait de se soumettre à l'autre. Il a derrière lui tous les frustrés de la décennie, espions et militaires en tête, nostalgiques d'une Russie se grisant d'une illusion de grandeur et jetant un voile pudique sur sa profonde faiblesse. Ils n'ont pas été conviés au grand festin de la prévarication et de la spoliation mais cette fois, c'est un de leurs hommes qui est aux manettes. Ce qui est rassurant, c'est qu'il n'a aucune intention de rendre le pouvoir au peuple, cette illusion occidentale, mais de l'exercer sans partage. Et il a encore moins l'idée de restituer les richesses qui lui ont été volées avec le soutien des Occidentaux, des Américains en particulier. Bush père l'a dit sans sourciller : « Nous avons gagné la guerre froide. » Pour le nouveau venu du Kremlin, ils ont aidé l'effondrement qui a suivi. Poutine a probablement découvert qu'Eltsine a été « traité » par les Américains, que d'une façon ou d'une autre il a travaillé pour eux, et il est prêt à fermer les yeux sur cette infamie pour peu qu'on lui laisse carte blanche pour son projet, qui est tout simplement de s'approprier le pays, de prendre personnellement le contrôle de toutes les entreprises stratégiques et d'imposer sa propre vision d'un ordre nouveau.

Mon ami Pavel avait prévu ce retournement : la fin d'un système interlope et la reprise en main de la Russie par un homme fondamentalement opposé à la démocratie – valeur empruntée aux Occidentaux qui s'en gargarisent, tout en tolérant parfaitement que les multinationales imposent leur domination, ce que Poutine voit juste comme une hypocrisie décadente.

39.

J'ai commencé à m'intéresser de près à Poutine alors qu'il n'était encore que premier ministre.

Le temps de l'allégeance au modèle dominant était révolu, je n'avais plus d'implication dans aucune activité financière, plus de lien avec la Russie ni avec les États-Unis, j'avais quitté les rivages du lac Léman pour remonter à Paris, où mes enfants prenaient leur indépendance. C'est ainsi que je suis devenu une sorte d'écrivain, sans manifester dans un premier temps de véritable intention dans ce sens. Ma mémoire s'est vidée des souvenirs de mon existence précédente avec le curieux sentiment que tout cela n'avait pas eu lieu et qu'une vie plus adaptée à ma nature profonde commençait maintenant. Je me suis préparé méthodiquement à l'illusion d'être quelqu'un d'autre en lisant. De Cioran à Camus en passant par Tchekhov, Carver, Sebald, Gao Xingjian et Philip K. Dick, j'ai tenté de rattraper le retard de toutes ces années qui avaient laissé peu de place à cette forme de lévitation qui consiste à se plonger dans les méandres d'esprits assez motivés pour remodeler une réalité qu'on pense incontestable telle qu'elle nous apparaît. J'ai vécu cette période comme le long soupir qui succède aux étirements du corps le matin quand on se prépare à une nouvelle journée. Mais très vite j'ai été miné par le sentiment diffus de ne plus être ce que j'avais été, sans être non plus celui que je voulais devenir. L'écriture n'est jamais loin de l'imposture et il m'a fallu de longs mois pour neutraliser cette impression. Écrire n'est pas se retirer du monde, c'est au contraire un travail obsédant visant à en démonter les mécanismes les plus secrets. Cela conduit à s'offrir des bonheurs qui semblent n'être que les intermittences de souffrances toujours renouvelées, comme si notre organisation collective travaillait essentiellement à l'asservissement de l'individu dans une conformité affligeante, parvenant au mieux à lui laisser l'illusion de la liberté, avant de le précipiter à intervalles réguliers dans des tragédies sanglantes. J'ai accepté l'idée d'être avant tout un homme de 14, que cette guerre, suicide collectif d'une civilisation qui découvre qu'elle a les moyens de sa destruction totale, avait fait de moi ce que j'étais, bien que né près de quarante ans après la fin des combats. Il venait de là, le premier grand désenchantement de mes premières années parmi les ombres de l'horreur, condamnées à la joie d'avoir seulement survécu à l'anéantissement. Qui décide des inutiles sacrifices qui ont jalonné notre histoire, et selon quelles conditions ? Comment s'agrègent les forces occultes contre lesquelles viennent s'échouer de petites vies anonymes et touchantes qui pourtant portent en elles, par l'addition de leurs égoïsmes, par l'étroitesse de leur pensée, les ferments de catastrophes prévisibles ? Il en résulte des destins emportés dans le torrent de boue de la grande Histoire. Je pensais tenir le cadre de cette reconstitution du réel par la fiction à laquelle il valait la peine de s'atteler pour transcender celui des « petites histoires personnelles », comme disait Deleuze avec un mépris qu'elles ne méritent pas.

*

Je suis resté plusieurs mois sans nouvelles de Pavel et je ne cherchais pas à en avoir parce que désormais, il appartenait à mon ancien monde. Mais j'ai soudainement réalisé que ce silence ne lui ressemblait pas. J'ai hésité quelques jours avant de me décider à appeler le siège de ses entreprises où j'avais encore le nom de certains contacts. Je n'ai eu que des réponses gênées à mes questions, jusqu'à ce qu'un de ses proches collaborateurs me révèle qu'à l'issue d'un procès mené en quelques semaines par un procureur zélé, Pavel avait été condamné à douze années de prison ferme, sans possibilité de libération anticipée, dans un centre de détention en Sibérie, probablement le temps pour la bureaucratie russe de le dépecer complètement de ses avoirs. Cette geôle était située près d'une mine d'uranium pour que les détenus contaminés par la radioactivité finissent par se désagréger sous ses effets.

Ça sentait les bonnes vieilles méthodes staliniennes, et qui d'autre que le petit-fils du cuisinier du célèbre criminel pouvait relancer la terreur de cette façon ? Élu président récemment, Poutine avait décidé de rebattre les cartes et d'imposer qu'il n'y aurait jamais plus qu'un seul vainqueur : lui-même. Sa méthode était facile à décrypter. Tous les entrepreneurs jouaient avec des règles fiscales flottantes et pour le moins incertaines. Il suffisait au nouveau pouvoir de déterminer qui devait être puni pour avoir triché et qui ne devait pas l'être. N'étaient pas poursuivis ceux qui avaient fait allégeance et accepté de partager la propriété des entreprises lucratives ou sensibles avec les nouveaux prédateurs. Pavel avait probablement fait partie des résistants parce que ce qu'il n'avait pas laissé aux rapaces, il n'avait pas l'intention de le céder aux charognards. Le piège s'était refermé sur lui, comme sur bien d'autres oligarques. Certains quittaient le pays pour se réfugier essentiellement à Londres, qui était devenue la principale place européenne de blanchiment d'argent russe acquis dans la précipitation de la fin du régime communiste.

Poutine, parvenu au sommet en endormant la vigilance des puissants, montrait désormais que la nouvelle brutalité du pouvoir n'avait rien à envier aux précédents règnes. S'il avait voulu rendre le pouvoir et ses richesses au peuple russe, il aurait inquiété les Occidentaux, tout comme s'il avait montré la moindre velléité de retourner en arrière. Au contraire, ils se sont laissé hypnotiser par sa cupidité sans limite et un sens des affaires qui lui donnaient une place prépondérante sur les marchés du pétrole et du gaz, sans comprendre à quel point il était un homme de rancœur, de revanche, et que la seule industrie qui le passionnait était, comme l'avait prévu Pavel, celle de la destruction. Tout cela, on le sait maintenant mais personne n'a voulu le voir émerger comme le dictateur qu'il allait devenir pour la simple raison que la mise en place de son pouvoir absolu promettait de juteuses affaires. Poutine avait cette chose que les tyrans ont en commun : un esprit machiavélique au service d'instincts primaires où le peu de sophistication est totalement dévoué au mensonge et à la manipulation. Et comme eux, il a commencé par désigner un ennemi collectif. Avec les Tchétchènes qu'il allait massacrer, il tenait ce bouc émissaire autour duquel il pouvait rassembler les Russes fatigués d'une décennie passée à courir après des salaires et des pensions impayés, en contrepartie d'une liberté de penser le ventre vide. Comme d'autres avant lui, il a tourné la page où l'histoire russe fait un tour sur elle-même, mais il gardait le pire en se contentant de faire changer de mains les centaines de milliards pris à l'État et au peuple.

Pavel évoluait dans un secteur stratégique pour le maître du Kremlin, qui avant toute chose voulait reconstruire un appareil militaire délaissé depuis plus d'une dizaine d'années et dont une bonne partie était restée dans un Afghanistan dévasté par les Talibans avec l'aide des Américains. Mon ami n'en parlait jamais mais il avait été convié à cette fameuse réunion où Poutine avait convoqué au Kremlin les grands oligarques. Il a dû leur proposer de lui faire allégeance ou, dans le cas contraire, leur promettre d'être dépouillés de leurs biens. Pavel m'avait fait comprendre qu'un émissaire du nouveau maître était venu le voir pour lui proposer de céder la plus grande partie de ses activités à un investisseur désigné par le pouvoir. A-t-il refusé leurs conditions ? À ce moment-là, je ne disposais d'aucun moyen d'entrer en contact avec lui dans sa lointaine prison.

Je suis parvenu avec difficulté à joindre son épouse au téléphone, mais persuadée à raison d'être surveillée et écoutée, elle m'a simplement dit ce que je savais déjà. Elle doutait que Pavel revienne vivant de sa geôle sibérienne. J'ai consulté un avocat que je connaissais bien du temps où j'opérais dans le vieil empire. Il m'a demandé d'attendre son prochain passage à Paris pour évoquer toute cette affaire, dont il ne souhaitait pas m'entretenir avant d'avoir quitté la Russie. Une fois dans la capitale, il m'a confié qu'il n'avait pas eu accès au dossier en détail mais qu'il se disait effectivement que Pavel s'était comporté en rebelle, fustigeant les voleurs qui l'avaient pris pour proie et qui lui proposaient de passer du contrôle total de ses affaires à un pourcentage de 15 % en lui rachetant la différence pour un prix dérisoire. Moins de quinze jours après son refus, ses bureaux et son domicile avaient été perquisitionnés par une brigade financière qui l'avait ensuite conduit menotté en garde à vue, où il avait passé plusieurs jours avant d'être incarcéré jusqu'à son procès trois mois plus tard, le temps de donner l'illusion d'une instruction.

Quand j'ai dit à mon interlocuteur que j'étais persuadé qu'il allait mourir là-bas, il a été moins catégorique. Selon lui, Poutine était encore loin d'avoir tous les leviers de la tyrannie absolue et devait se conformer à un minimum de procédures légales. Son intérêt et celui de ses sbires n'étaient pas d'attendre que Pavel déclenche une leucémie en prison sous l'effet des radiations, mais de le pousser à une négociation, forcément désavantageuse pour lui, mais qui s'imposerait quand le détenu comprendrait qu'il n'avait plus le choix.

*

C'est à cette époque-là que j'ai décidé d'écrire sur ma plus vieille passion intellectuelle. Il était temps de décrire l'envers du décor de l'assassinat des deux frères Kennedy, épisode qui a définitivement plongé l'Amérique dans une spirale du mensonge d'État dont elle n'est jamais sortie, si tant est qu'elle n'y est pas déjà depuis longtemps. La question de l'image versus la réalité me passionnait, et l'Amérique avait mené loin cette dichotomie en dirigeant conjointement son action dans le *soft power*, véritable colonisation de la culture occidentale, tout en menant dans le *hard power*, celui de la force et des armes, des actions souvent terrifiantes. Elle avait poussé son hégémonie jusque dans la contre-culture, moment de respiration et d'espoir des années 1960, pour entraîner ensuite le monde entier dans une course effrénée au matérialisme. Il faut dire qu'au moment où je m'attelais à mon projet, rares étaient ceux qui dénonçaient la mondialisation, laquelle s'accompagnait d'une délocalisation de la production pour faire baisser les coûts au bénéfice des multinationales et d'une population occidentale déjà gavée, profitant de coûts salariaux maintenus bas par les dictatures qui s'épanouissaient dans ces nouveaux pays producteurs et renforçaient leur pouvoir, à l'image de la Chine.

40.

Mes parents avaient chacun discrètement fui leurs origines, ce qui en faisait des déracinés volontaires, état qu'ils m'ont transmis. Il restait un lieu, un port d'attache qu'ils m'avaient légué, une ancienne petite maison utilisée au cours des siècles passés pour égrainer les raisins dans une plaine viticole du Sud-Ouest. C'est là que, solitaire et reclus, au milieu de milliers de pages d'archives et de dossiers déclassifiés, je me suis attelé à ce travail qui a progressivement envahi toute la maison, des feuilles répandues par terre sur toute sa surface, jusque dans la cuisine, où je me faufilais pour réchauffer une boîte de conserve quand nécessité faisait loi. Je me souviens d'une période heureuse comme je n'en avais pas connu depuis mon enfance quand, seul avec ma grand-mère, aussi joyeuse que dépressive, nous goûtions la sérénité du Vercors aux changements de saison. Ces longues semaines de solitude m'ont ouvert au silence et à ses vertus en m'évitant ces mots en excès qui encombrent parfois les relations humaines. Je ne parlais vraiment qu'à mes enfants au téléphone, que j'appelais régulièrement pour mesurer à leur voix s'ils arrivaient à se débrouiller et s'ils parvenaient à apprivoiser les vertiges du vide qu'avait laissé leur mère en eux.

Le livre terminé et publié a eu une vertu essentielle que lui a apportée son succès : l'envie de poursuivre pour renouveler ces moments intenses de jubilation que j'avais vécus pendant son écriture.

J'écrivais enfin pour moi, avec la satisfaction de proposer une autre fiction en réponse à celle des élites dominantes acharnées à faire passer la leur pour une vérité incontestable. Mon moteur était moins politique que personnel : régler mes comptes avec ces soi-disant responsables qui à intervalles réguliers plongeaient des gens ordinaires dans l'horreur des conflits. Comprendre le pouvoir, ses ressorts, ses affabulations, les débusquer, les mettre en scène suffisait à animer mes jours et à enchanter mes perspectives, maintenant que j'avais rompu avec la logique commune de l'expansion, de l'appropriation et de l'enrichissement sans fin. Adieu Sisyphe, j'en avais fini de pousser le rocher sur cette pente qui le renvoyait indéfiniment, comme tous ces damnés qui animaient la fête capitaliste de la mondialisation heureuse ! Quand j'ai tout lâché, je me souviens d'avoir reçu un coup de fil d'un ancien collègue de travail de la banque à New York. Il venait d'apprendre que j'avais quitté les affaires, il n'en revenait pas et se demandait comme Julia si je n'étais pas tombé en dépression. Je lui ai expliqué au téléphone que l'addiction à l'argent comme moteur de vie ressemblait étrangement à une névrose obsessionnelle dont on connaît le rôle : un rempart contre la dépression qui nous guette quand on en vient à se demander si on vit pour de bonnes raisons. Je l'ai rassuré sur mon état, il ne m'a pas cru, persuadé que j'allais bientôt revenir dans le business sans lequel la vie n'avait selon lui aucun sens. Je me suis alors demandé s'il n'avait pas été téléguidé dans sa démarche par Julia.

*

L'idée de me consacrer à la tragédie de ce sous-marin est apparue non pas lorsque les projecteurs du monde entier se sont braqués sur la mer de Barents, où le *Koursk* s'était échoué par cent mètres de fond après une explosion survenue pendant des manœuvres, mais quand il m'est apparu que cette affaire en disait plus long sur le pouvoir qui se mettait en place que bien des supputations. Elle s'est rapidement transformée en obsession, trait de mon caractère d'adulte en réaction à la souffrance d'avoir été aussi velléitaire toute ma jeunesse. Les enjeux allaient pour moi bien au-delà de cette Amérique du mensonge que je venais de décrire, parce que s'y mêlait une dimension personnelle, qui concernait la Russie et un certain attachement à Pavel.

La vraie nature de Poutine ne pouvait désormais plus échapper à un observateur de bonne foi. Un peu plus d'un an avant le naufrage du sous-marin, à l'été finissant de 1999, une série de cinq attentats avaient dévasté des immeubles de Moscou et de plusieurs villes de Russie. Les victimes se comptaient par centaines et le nouveau premier ministre offrait à son peuple indigné une lecture limpide de ce drame. Il venait d'identifier les coupables : les horribles terroristes tchétchènes. Cette désignation d'un bouc émissaire meurtrier était d'autant plus aisée que la Russie venait de sortir humiliée d'une première guerre avec la Tchétchénie. Ce pays réclamait son indépendance en refusant de faire partie de la Fédération de Russie, la zone d'influence reconstituée après l'effondrement de l'URSS pour donner le sentiment que la vocation dominatrice de la Russie n'avait pas complètement disparu malgré ses déboires. Cent mille morts plus tard côté tchétchène, l'armée russe, aussi déficiente qu'en Afghanistan précédemment, avait été contrainte, malgré l'aide financière occidentale qui louait sa lutte contre la radicalité musulmane, de trouver un accord de paix aussi rapide que bancal.

On était là au cœur du mystère Poutine : ce petit apparatchik n'aurait jamais été élu président s'il n'avait pas donné l'illusion d'être l'homme d'un grand élan patriotique contre un ennemi imaginaire. La guerre a été de tout temps le meilleur remède pour masquer l'incurie et la corruption de ceux qui nous dirigent. La seconde guerre de Tchétchénie, encore plus atroce que la première, allait pouvoir s'engager, alors que la rumeur commençait à circuler dans le pays comme parmi les Occidentaux que la main du FSB – le successeur du KGB – était derrière les attentats. Une enquête parlementaire avait été refusée avant que les archives les concernant soient soustraites au public pour soixante-quinze ans.

L'Occident à ses côtés, deux ans avant les attentats du 11 septembre 2001, Poutine engagea donc sa guerre contre un terrorisme qu'il avait manipulé, ouvrant la grande période de croisade contre l'islamisme radical et trouvant en même temps le chemin vers le Kremlin.

Neuf mois après les attentats de Moscou, lors de manœuvres russes visant à impressionner des observateurs chinois sur la qualité des missiles russes lancés depuis leurs sous-marins, voilà que l'un d'eux, le *Koursk*, explose et sombre dans de faibles profondeurs en mer de Barents, terrain de jeu de la marine de l'ex-empire tout autant que des crabes géants qui y pullulent. Le monde a suivi le naufrage en direct avec déjà, à l'époque, plus de commentaires et de supputations que d'images. Ses contours finissent par se dessiner, imprécis. L'explosion aurait eu lieu à l'avant du bâtiment, probablement lors de la mise à feu d'une torpille. Une autre théorie va rapidement surgir, celle d'une collision avec un sous-marin américain venu espionner les manœuvres russes. Une seule vérité émerge, celle qui m'intéresse et dont je suis le développement heure par heure : les sous-mariniers situés à l'avant sont morts dans l'explosion mais dans les compartiments étanches situés à l'arrière, les hommes sont encore en vie. Posé par moins de cent mètres de fond, une profondeur inférieure au record du monde d'apnée, le sous-marin est accessible par les sas de secours. Mais pour cela, il faut utiliser un type de petit submersible que seuls les Occidentaux possèdent. Ces derniers proposent aux Russes d'intervenir. C'est à ce moment précis que Poutine endosse les vieilles loques du régime dont il est issu. Il refuse l'aide occidentale qui permettrait de récupérer les survivants. Mais son choix de les laisser mourir va au-delà de son orgueil, il ne veut surtout pas que de cette vingtaine d'hommes rescapés puisse surgir une vérité sur l'accident qui ne serait pas la sienne, parce qu'un être vivant qui a vécu une telle tragédie finit toujours par parler. C'est alors que commence le calvaire pour ces jeunes marins qui frappent contre la coque en espérant des secours. Et pour renouveler l'atmosphère fétide de leur compartiment, ils percutent heure après heure des cartouches d'oxygène. N'ayant plus d'instrument qui fonctionne pour en mesurer le taux, ils suroxygènent l'espace restant, jusqu'à l'explosion qui leur est fatale. Poutine peut dormir soulagé : la vérité est engloutie dans un océan de cynisme.

*

Quand je pénètre à la morgue de Moscou au petit matin, saisi par un froid glacial, dans cette atmosphère sinistre qui précède le réveil de la capitale russe, j'entre par la mauvaise porte. Mais rien n'est surveillé et après tout, les types qui sont chargés de le faire sont plus préoccupés par leurs arriérés de salaire que par le sort des morts. On emprisonne les vivants depuis des lustres, pourquoi ne pas donner un peu de liberté à ces cadavres qui jonchent le rez-de-chaussée de la morgue ? La vie des derniers arrivés a pris fin dans la nuit, à la suite d'une rixe, d'un coma éthylique ou peut-être simplement certains sont-ils morts de froid dans les parcs de la ville après s'être endormis, confiants de retrouver l'aube. Mais il y en a d'autres, des hommes et des femmes, dont les draps pudiquement posés sur eux sont tombés, découvrant des corps nus et des visages violacés raidis par la mort, qui fait son œuvre depuis plusieurs jours. La question est simple, comme souvent en Russie, et la réponse, personne ne s'y intéresse. Trop de corps pour trop peu de compartiments réfrigérés, l'équation triviale n'a pas de solution.

Je me faufile entre les cadavres que j'ose à peine regarder. Un employé désabusé s'affaire lentement à essayer de les disposer un peu plus convenablement. Ils attendent désespérément l'accord de la médecine légale. C'est justement un des grands patrons légistes que je suis venu rencontrer. Il a accepté de me recevoir à cette heure matinale. C'est un homme plutôt affable et souriant qui me reçoit au deuxième étage dans un bureau, qui m'a finalement été indiqué par l'homme préposé aux corps, pas même étonné de me voir là. Les morts ayant plus à raconter que les vivants dans ce pays glacial, mon interlocuteur est important dans le dispositif voulu par les autorités pour dissimuler la vérité sur une affaire qui irrite le pouvoir, particulièrement depuis que les mères des marins disparus sont venues demander des comptes à Poutine. On a même vu l'une d'entre elles à la télévision l'invectiver en direct avant d'être neutralisée par une piqûre de sédatif. Le premier ministre est encore à ce stade où ses intentions dépassent ses moyens. On le voit crispé, parce qu'il ne comprend pas ce que veulent ces femmes. Il ne conçoit pas leur douleur, la seule chose qui lui vient à l'esprit et dont il s'ouvre à ses proches collaborateurs, c'est qu'elles veulent lui soutirer de l'argent alors que les caisses de l'État sont vides. Des profiteuses, des femmes qui utilisent leur douleur pour l'escroquer, c'est comme ça qu'il les perçoit.

Mon interlocuteur ne serait pas là sans une relation commune, ma fixeuse, qui l'avait convaincu de recevoir un écrivain qui aime la littérature russe, descendant d'une longue lignée de marins, et qui n'a rien à voir avec le journalisme. Sa coopération tient plutôt à une aversion pour le pouvoir naissant. Comme beaucoup de Russes qui ont dépassé la cinquantaine, il ne voit pas bien l'intérêt d'un régime qui reprendrait tous les inconvénients de l'autoritarisme communiste sans aucun des avantages de cette période où l'on n'avait pas à se soucier du matériel, même s'il était chichement dispensé.

Les corps des jeunes marins qui auraient pu être sauvés ont été confisqués par le pouvoir à leurs familles pour être conservés dans des compartiments réfrigérés. Mon interlocuteur, gêné par la barrière de la langue qui nous conduit à échanger des approximations, se lève brusquement et me demande de le suivre. Nous descendons par un monte-charge qui sent l'éther. De nouveau au rez-de-chaussée, nous traversons la grande salle, lui devant, poussant les trolleys jusqu'à ce que nous atteignions les coffres. Il en ouvre un dans un grincement sinistre, le plus bas, où repose celui qui à l'évidence fut un très jeune homme. Il porte encore sa tenue de marin. Il est intact jusqu'à la taille et au-delà il est complètement brûlé.

Il ressort de cette observation, sans que le légiste ait besoin de me le confirmer, que les survivants ont vu l'eau monter dans leur compartiment, heure après heure, minute après minute, jusqu'à la taille avant que l'explosion les tue en calcinant leur torse et leur tête. Et ces corps, les sbires de Poutine ne parviennent pas à se décider à les rendre aux familles, de peur qu'ils révèlent plus que ce que le nouveau pouvoir est décidé à en dire. Poutine a laissé mourir des militaires de sa propre armée, pensant qu'un enjeu plus grand l'y autorisait. C'est à ce moment précis que j'ai compris que les espoirs suscités par la chute du mur et le retour de la Russie à la démocratie étaient définitivement anéantis pour ce peuple qui allie, comme aucun autre, passivité et rêves de grandeur.

Le lendemain, j'ai quitté Moscou pour Mourmansk, d'où le *Koursk* était parti avant de couler, là où est cantonnée la flotte du Nord. Le Tupolev dans lequel j'ai pris place m'a semblé incertain durant tout le vol. Ses moteurs faisaient un bruit étrange de combustion poussive, et j'ai été plus étonné que l'avion nous conduise à destination que s'il s'était écrasé dans une de ces vastes plaines gelées qu'il survolait non sans mal. Je dois reconnaître que j'ai eu peur, mais ce n'était pas cette peur-là que j'aurais dû ressentir.

Le soir précédent, j'avais été approché par une femme alors que je buvais un dernier verre au bar du Métropole. Oiseau de nuit, professionnelle, elle traînait là sans vraie conviction, mais son intérêt pour moi, au milieu d'hommes d'affaires plus en fonds que je ne pouvais l'être, a éveillé ma suspicion. Peu après minuit, elle m'a suivi dans ma chambre pour un tarif qui m'a paru justifié au regard de ce que j'attendais de notre relation. La porte fermée derrière elle, je lui ai donné l'argent et elle m'a demandé un verre du mini-bar. Nous sommes restés ainsi à parler jusque tard dans la nuit. Sa curiosité à mon égard fut plus formelle qu'autre chose. Elle était visiblement tenue de faire remonter à qui de droit un minimum d'informations sur ses clients contre son habilitation à opérer dans cet hôtel prestigieux. Comme je m'y attendais, elle m'a demandé ce que je venais faire en Russie. Je lui ai répondu en la regardant droit dans les yeux que je venais y faire des recherches sur Tchekhov, un des écrivains et des hommes que j'admirais le plus parce que je trouvais chez lui un humanisme, une tempérance et une lucidité qui me rappelaient Montaigne. Et puis, il était mort avec la même élégance que mon père, trop tôt mais non sans panache. Comme lui, au seuil de la mort, il avait proposé à son entourage d'ouvrir une bouteille de champagne, avait trempé ses lèvres dans sa coupe avant de s'en aller. Pour rendre mes motivations encore plus vraisemblables, je lui ai parlé d'un projet que j'avais d'adapter une de ses nouvelles, « Une histoire ordinaire » pour le théâtre. Elle était étonnamment cultivée, avait étudié la philosophie. Elle a simplement dit en regardant le sol :

– Pourquoi adapter une nouvelle alors qu'il a déjà tellement écrit pour le théâtre ?

– Parce que je suis persuadé qu'il avait le projet d'écrire une pièce à la place de cette nouvelle, mais l'échec de sa précédente pièce l'en a empêché.

Sans transition, je lui ai demandé pourquoi elle était là.

– Mes études de philosophie ne me permettent pas de vivre. La Russie d'aujourd'hui ne se préoccupe pas de nourrir les esprits, et encore moins les ventres. Alors je loue le mien.

On a pris un autre verre, et en soupirant, elle a lâché :

– Il faut faire ce qu'on a à faire maintenant. C'est déjà bien que tu aies attendu si longtemps, un Russe m'aurait déjà dévastée de tous les côtés sans prendre le temps de parler.

– Un autre Français aussi, peut-être.

Je lui ai souri et je me suis levé pour la raccompagner à la porte au moment où elle esquissait le mouvement de se déshabiller. Elle a semblé surprise.

– Vraiment pas ?

– Vraiment pas.

Elle a rassemblé ses petites affaires.

– Si je demande mon pourboire, ce n'est pas trop ? Je dois partager un peu si je veux rester ici.

Je lui ai donné ce qu'elle voulait et je me suis couché dans les vapeurs d'alcool à deux heures de mon rendez-vous à la morgue. J'ai mis un moment à m'endormir, en essayant d'imaginer ce qui aurait pu se passer si j'avais rencontré cette femme dans d'autres circonstances. J'aurais certainement cherché à la séduire. Elle contrastait avec Julia, tendue, dominatrice, multiple, sexuelle sans jamais se montrer vraiment affectueuse. La Russe, plus grande, plus blonde, se montrait plus indolente et résignée, le monde s'était écroulé sur elle, et elle le vivait avec un fatalisme oriental. Alors que tout aurait dû la pousser au désespoir, son appétit de vivre semblait intact, quoique sans illusions.

*

Le bruit des moteurs m'inquiétait de plus en plus. De l'arrière où ils étaient collés, j'entendais le fracas oppressant de la combustion. Je m'obligeais à l'oublier en me résignant à mon impuissance. J'avais déjà connu le feu d'un réacteur dans un avion de ligne récent et j'étais passé près du crash dans un plus petit appareil déstabilisé par un vent rabattant au moment de passer le sommet d'une montagne, et dans les deux cas, j'avais cru à ma bonne étoile. De la Russe, qui n'était plus qu'un fantôme de mes souvenirs alcoolisés, j'en suis revenu à Julia qui ne m'avait plus donné de nouvelles, comme si tout ce que nous avions vécu n'avait jamais eu lieu. Notre amour faisait l'objet d'un non-lieu, et j'étais persuadé qu'elle m'avait effacé de sa mémoire, comme on le ferait pour l'énoncé imparfait d'une équation sur un tableau noir. Elle avait parié sur moi comme sur un cheval de course et elle devait avoir le sentiment d'avoir perdu, alors que je correspondais encore quelques jours plus tôt à la synthèse parfaite de ses aspirations. Je ne pensais pas qu'elle ait été impliquée dans les attentes de la CIA à mon égard mais ma réaction non patriotique de son point de vue l'avait assez dépitée pour rendre tout le reste secondaire. Curieusement, je ne la regrettais pas vraiment, parce que j'avais depuis le début de notre relation le sentiment diffus que celle-ci était sans issue, que nous ne pourrions jamais rien construire au-delà d'une ambition temporairement commune, ce qui n'était pas dans mon caractère.

41.

L'avion a atterri à Mourmansk dans un nuage de neige fraîche et légère. Malgré l'heure tardive de la matinée, il faisait encore nuit, une nuit indécise. L'aéroport se situait loin de la ville et il a fallu encore rouler un bon moment avant d'atteindre les faubourgs d'une bourgade frigorifiée, aux constructions hasardeuses, où vivaient essentiellement des marins d'active et des marins retraités qui n'avaient pas les ressources ou simplement la force de s'extraire de cette cuvette à l'âme congelée. Il y régnait une drôle d'atmosphère, comme si chacun s'employait à survivre, sans autre ambition. On ne voyait que des gens à la mine renfrognée, engoncés dans des vêtements d'hiver à bas prix ou, plus rarement, dans des fourrures excessives, la tête ornée de renard argenté braconné dans l'immensité. J'ai retrouvé mon fixeur dans mon hôtel, un lieu impersonnel mais propre, où on pouvait croiser quelques hommes d'affaires de la Norvège frontalière qui venaient négocier des crabes géants pêchés alentour. Tout avait été arrangé pour que je reste incognito. Quelques enveloppes avaient été distribuées à des responsables locaux du FSB pour qu'ils se désintéressent de moi car ils n'allaient pas tarder à apprendre que je venais là pour interroger des sous-mariniers à propos du naufrage du *Koursk*.

Je m'étais interdit de rencontrer les familles des victimes, d'abord pour ne pas les replonger dans l'horreur de ce qu'elles avaient vécu récemment, mais aussi parce que je ne voulais pas jouer les voyeurs ni les profiteurs de malheur auprès de ceux qui n'avaient aucun moyen de se consoler, et encore moins exploiter leur misère morale pour mon propre intérêt. Mais j'ai rencontré des amis des marins assassinés, qui voulaient célébrer leur mémoire par leur simple évocation. De l'équipage du sous-marin, il ne restait qu'un survivant, un comptable embarqué que le pacha avait forcé à rester à terre le jour du drame pour qu'il s'occupe de récupérer l'argent des marins à bord, qui n'avaient pas été payés depuis plusieurs mois. Les plus loquaces ont été les commandants d'autres sous-marins, consternés par la façon dont l'État avait transformé cet accident en une innommable tragédie. Je me suis pris d'affection pour ces hommes courageux rabaissés par un pouvoir qui portait atteinte à leur dignité en les obligeant à mendier leur solde, par ces politiques capables de jeter leurs vies aux chiens pour d'infimes calculs.

Les sentiments qui les animaient m'ont paru complexes, certains s'en tenant à dénoncer l'inadmissible, d'autres, prêts à la revanche, proposant de me passer des documents confidentiels pour rien, et enfin d'autres, mêlant la rancune et le renoncement à tout honneur militaire, offrant de me vendre des informations secrètes sur leurs navires, dont certaines ne l'étaient plus depuis longtemps pour les Occidentaux.

Voir ces hommes ne me suffisait pas pour m'imprégner totalement de cette prison polaire et je me suis arrangé pour louer les services d'un pêcheur de crabes. À cette époque de l'année, le jour faisait semblant de se lever vers les onze heures du matin pour se recoucher épuisé en tout début d'après-midi, et il ne m'a pas fallu plus de temps pour remonter le long du détroit jusqu'à la mer de Barents et voir tout ce qui m'intéressait, du porte-avions *Kouznetsov*, qui sortait du brouillard comme une vigie endormie, aux sous-marins de la taille d'un terrain de football, alignés les uns contre les autres. Je n'aurais pas pu en entendre plus sur ce que je voulais savoir, ni en voir plus sur ce décor désolant où la nature avait complètement cédé devant les rêves de destruction. Pour finir, j'ai rencontré quelques jeunes journalistes dans une des dernières radios libres qui avaient poussé dans le pays comme des champignons de saison, avant de pourrir sur pied maintenant que la liberté était passée de mode.

Rien de ce que j'ai fait ces jours-là ne relevait du courage mais simplement d'une forme d'inconscience guidée par la curiosité de savoir, comme si la vérité pouvait offrir un linceul acceptable pour tous ces marins morts. Jamais je n'avais connu de territoire plus hostile, mais je m'y sentais bien, comme aimanté par cette désolation, et les images que j'en ai gardé en tête me sont revenues à l'esprit chaque fois que j'ai pensé à Poutine. Elles mêlent le souvenir de ces amas de ferraille flottant sur une mer triste et celui de la raideur cadavérique de ces jeunes marins soustraits à l'amour de leurs familles.

Que j'aie pu circuler aussi librement montrait que le système Poutine hérité de Staline peinait à se mettre en place parce que les Russes semblaient aux prises avec des aspirations contradictoires, entre l'envie de profiter encore un peu de cette liberté éphémère dans leur histoire, leur incrédulité face à une classe politique incapable de trouver l'argent pour les payer, et malgré tout le sentiment profond d'un retour nécessaire à l'ordre.

Dans cet univers crépusculaire propre aux hommes et à leur goût pour la guerre, je n'ai parlé à aucune femme, mais j'ai échangé beaucoup de regards avec l'une d'entre elles, que je retrouvais midi et soir dans le seul restaurant convenable de la ville où elle servait, illuminant cet espace sombre d'un regard bleu étincelant malgré sa tristesse profonde et sa résignation. Ce regard me demandait de l'emmener loin de là. Je l'ai envisagé, comme on fait ces paris qui n'ont d'autre sens que de vous tenir vivant au risque d'en mourir et quand j'y ai été décidé, il était trop tard pour espérer un départ réussi.

Je n'ai eu aucun signe que le système de surveillance s'était réveillé ou m'avait détecté, juste une intuition, probablement fausse mais suffisante pour créer un état d'inquiétude auquel je voulais échapper en quittant les lieux précipitamment. J'ai pensé que refaire le trajet pour la France dans l'autre sens présentait trop de risques avec deux aéroports russes à passer, alors je me suis fait accompagner jusqu'à la frontière entre la Russie et la Norvège. Aucun garde-frontière russe ne la surveillait vraiment, car peu leur importait que certains veuillent quitter le pays, sachant qu'on avait toutes les bonnes raisons de le faire.

J'ai rejoint sans encombre Paris trois jours plus tard.

42.

À mon retour, j'ai été approché par un type en bas de mon immeuble. Il était américain. Il était avenant mais on sentait qu'il ne lui fallait pas longtemps pour changer d'humeur. Il m'a proposé de prendre un café, ce que j'ai refusé parce que j'étais pressé. Il m'a accompagné jusqu'aux escaliers du métro en me disant qu'il savait d'où je revenais et il m'a demandé si j'en rapportais des documents utiles.

– Je n'y suis pas allé pour espionner mais afin de comprendre un certain nombre de choses nécessaires pour écrire un roman.

– Ah oui ! Je sais, on m'a dit que vous étiez devenu romancier, une nouvelle vie, n'est-ce pas ? Bravo, il paraît que ça marche, et donc… rien ?

– Rien, que des souvenirs.

– Vous accepteriez tout de même de prendre un moment avec nous pour débriefer ?

Je lui ai souri, narquois.

– Parce qu'il y a des éléments que je n'ai pas et que vous voudriez me donner ?

Il a souri à son tour, d'un sourire crispé, avant que je m'enfonce en me pressant dans les escaliers de la station Vavin. J'ai attendu un moment et je suis reparti à mon studio pour y prendre mes documents, mon ordinateur et les déposer chez la concierge, à qui j'ai demandé de les garder jusqu'à nouvel ordre, ce qu'elle a fait de bonne grâce sans poser de questions. « Quand les enfants sont là, il y a des choses que je préfère mettre à l'abri. » Elle a trouvé ça logique.

Plus tard, en fin d'après-midi, je courais au Luxembourg pour essayer de me remettre de tous ces jours passés à absorber une nourriture sclérosante, à ne rien faire de mon corps et à essayer de deviner l'occupation des gens croisés dans la rue. Mon téléphone portable a sonné, un numéro inconnu. En général, je ne réponds pas aux gens qui ne se présentent pas. J'ai agi par réflexe et j'ai été saisi d'entendre la voix de Pavel qui me parlait comme si on s'était quittés la veille. Il m'a dit préférer ne pas discuter au téléphone mais m'a proposé de faire un saut à Paris pour venir me voir, sachant qu'il était à Genève pour quelques jours, ce que j'ai accepté sans réfléchir. Quand je suis rentré à l'appartement une demi-heure plus tard, détendu par l'effort que je venais de faire, ma clé a semblé frotter dans la serrure. Aucun autre signe d'effraction. Je savais déjà que le studio avait été fouillé par des professionnels qui avaient pris soin de tout remettre en place. Cela ne faisait aucun doute. Ce qui m'inquiétait plus était de savoir si l'appartement avait été sonorisé ou non.

*

Au téléphone, j'avais trouvé Pavel inchangé. Cela m'a donné une impression d'irréalité, comme si son incarcération n'avait été rien d'autre que le produit de mon imagination. Il avait toujours la même assurance et il était enjoué comme à son habitude. Il était juste méfiant envers le téléphone et il m'a confirmé que je n'avais pas rêvé, qu'un certain temps s'était écoulé entre nos deux rencontres, durant lequel il s'était sans doute passé des évènements essentiels pour lui.

Le lendemain, alors que je me rendais chez mon éditeur, j'ai croisé un homme dans l'entrée de la maison d'édition habillé d'un costume gris souris recouvert d'un imperméable anglais. Son port de tête compensait largement sa petite taille en le rendant remarquable. Il m'a abordé très simplement d'une voix douce et amicale qui savait probablement être ferme.

– Me feriez-vous la gentillesse de me parler en privé ?

J'étais en terrain familier et je ne voyais pas de raison de lui refuser cet entretien particulier.

Signe qu'il savait que j'étais attendu, il avait réservé un salon discret. La porte fermée, il s'est adressé à moi sans détour :

– J'ai appris par des amis que j'ai ici en interne que vous revenez d'une destination intéressante. Auriez-vous, par hasard, rapporté dans vos bagages quelques cadeaux souvenirs ?

Je lui ai souri en le regardant fixement.

– Vous n'êtes pas le premier à me poser la question.

Il a feint l'étonnement :

– Ah bon ! Mais qui donc ?

– Je ne sais pas comment vous les qualifieriez. Disons, nos grands frères, pour ne pas dire nos chaperons, ou si vous préférez nos pires amis.

– Je vois, je vois… Que vous ont-ils demandé exactement ?

– La même chose que vous.

– Et que leur avez-vous répondu ?

– Je leur ai fait une réponse qui ne les a probablement pas satisfaits parce que je crois qu'ils ont ensuite fouillé mon pied-à-terre pendant mon absence.

– C'est ce que font les gens dépités en général. Et donc ?

– J'avais pris soin de cacher ces documents chez une tierce personne de mon immeuble.

– Bien réagi. Et ces documents ?

– Je ne peux pas en garantir la qualité ni la pertinence. Beaucoup de documents techniques m'ont été donnés par des officiers supérieurs, d'autres m'ont été vendus. Je n'ai aucune idée de ce que cela vaut.

– Nous ne serons pas longs à le savoir si vous nous faites le plaisir de nous les confier.

– Je vais vous donner une partie de ce que j'ai. Le reste, qui concerne plus précisément l'affaire, sera dans mon roman et, comme vous le savez, il faut se méfier des romans : à force de mentir, ils finissent par exprimer une vérité.

– Pour cela, je vous fais confiance. J'ai beaucoup aimé votre livre sur Hoover. Votre parti pris a porté sur l'assassinat des Kennedy une lumière saisissante. Bien, on dit demain ? Votre heure ?

– La même. Au même endroit ?

– Bien sûr, je vais réserver de ce pas cette petite salle chaleureuse.

Nous nous sommes revus comme convenu et je lui ai donné tout ce que j'avais. D'une certaine façon, j'étais heureux de m'en débarrasser. Un peu plus tard, croisant les amis et relations que je pouvais avoir dans la marine, j'ai demandé à participer à une opération en sous-marin nucléaire, et je pense qu'il n'a pas été pour rien dans la réponse positive qui m'est parvenue très vite. Je tenais beaucoup à cette expérience, ne serait-ce que pour être capable de décrire ce qu'est la vie dans un submersible. Pour avoir failli me noyer enfant, j'ai toujours ressenti une terrible défiance vis-à-vis de la mer, mais curieusement je me suis rarement senti autant en confiance qu'au fond de celle-ci pendant ces manœuvres menées conjointement avec le « grand frère ». Et puis il y a ces sous-mariniers qui montrent une classe et un engagement qui échappent au commun des mortels.

43.

Pavel m'attendait au Crillon. Moi qui ces derniers mois me l'étais imaginé au goulag dans le froid sibérien, il réapparaissait dans un des lieux les plus ostentatoires de la capitale. Il n'avait changé en rien, peut-être avait-il pris un peu de poids, mais je me souviens que tout ce qui faisait la franchise de son expression s'était altéré imperceptiblement, comme si la personnalité que j'avais connue s'était érodée. Ma réticence au luxe et à tout ce qu'il représente m'a mis en position de faiblesse, d'autant que quelques jours plus tôt j'étais encore à Mourmansk, où des marins quémandaient de quoi vivre dignement. Il m'a serré fort dans ses bras avant de m'inviter à m'asseoir en face de lui. Il a immédiatement commandé de la vodka et des toasts de caviar pour fêter nos retrouvailles.

– Je sais que tu m'as cherché, ma femme et un avocat me l'ont dit. Je me suis éclipsé un temps et je suis vraiment désolé de ne pas t'avoir donné de nouvelles parce que les circonstances ne s'y prêtaient pas. On ne parle pas à un ami pendant une partie d'échecs, on doit rester concentré.

Je te dois des explications. Quand Poutine est devenu président, il a mis les oligarques au pas, selon un système binaire. Soit vous êtes avec moi, soit vous êtes contre moi. Si vous êtes avec moi, je vous dépouille dans la douceur. Si vous êtes contre moi, je vous dépouille dans le sang. Dans la vie, il y a les principes et il y a la réalité. Jusqu'ici, j'avais réussi à me maintenir dans les principes, et là j'ai accepté la réalité. Mais j'ai voulu sonder ma résistance. J'ai fait le type pas complètement borné mais pas complètement ouvert. La réaction ne s'est pas fait attendre. J'ai eu un contrôle fiscal, ils m'ont accusé et condamné pour fraude. Une fois en prison, ils m'ont plutôt bien traité et on a commencé à négocier. Je leur ai fait comprendre que s'ils allaient trop loin, compte tenu de mes années passées dans l'armement et de mes relations à l'étranger, s'ils me tuaient, beaucoup d'informations secrètes pourraient passer à l'ennemi via des documents que j'avais planqués à Genève. Mais comme je suis un patriote, je leur ai confirmé que cela n'adviendrait qu'en dernier recours. Alors on a mis sur la table toutes mes entreprises, des plus stratégiques aux moins stratégiques. J'ai accepté de leur céder le contrôle des plus intéressantes à moitié prix, à condition que je garde celui des autres, mais qu'ils restent actionnaires avec moi.

– Pourquoi tu as exigé de les garder ?

– Parce que s'ils ne sont pas actionnaires, ils ne feront rien pour développer ces boîtes.

– C'est qui, « ils » ?

– « Ils », c'est « il » sans *s*. Je ne l'ai rencontré qu'une fois sorti de prison et que tout a été négocié. J'ai compris après quelques mots, sans qu'il dise rien sur le sujet, qu'il ne faisait pas confiance à l'État russe pour reprendre les entreprises spoliées par les oligarques. Il a donc décidé de tout contrôler personnellement, directement ou indirectement. Poutine n'est pas un être humain, c'est un boa constricteur.

– De quoi avez-vous parlé ?

– Ça a duré moins d'une minute au Kremlin, il a commencé en me disant qu'il était satisfait de cet accord, que désormais il me comptait de son côté mais que si je trahissais, il m'effacerait, moi comme les miens, de la surface de la terre.

Je l'ai regardé longuement puis j'ai baissé la tête, un peu désemparé. Il l'a senti, alors il a coupé court.

– Et toi, mon vieil ami, quoi de neuf ?

J'ai hésité un peu avant de répondre.

– Rien, enfin, rien de particulier, je réfléchis à la façon dont les nazis se sont exercés sur les malades mentaux avant d'exterminer les Juifs. Je tourne autour du sujet...

Subitement, j'en suis revenu à lui :

– Donc maintenant, te voilà l'allié de Poutine.

Il a fait une drôle de moue avant d'acquiescer.

– Si je pensais que le peuple russe méritait vraiment autre chose, je me battrais pour lui, mais c'est s'épuiser pour rien. J'essaie de garder ma force vitale. Mais je reste prudent. D'ailleurs, je voulais te demander un service. Je vais faire passer une partie de mon argent en Suisse et l'y laisser. Ils font tous ça, même lui, parce que personne n'a confiance dans le pays. J'ai besoin d'un ami à qui je donnerais la signature et qui pourrait procéder pour moi au cas où je serais empêché d'agir.

– Je ne suis plus dans la finance, Pavel, et je ne veux pas y retourner…

– S'il m'arrivait quelque chose, cet argent serait à toi. Tu es mon héritier désormais… Je me suis séparé de ma femme. Si je venais à en reprendre une, je me garderais bien de lui confier mes économies… Tu peux faire ça pour moi, non ?

– On en reparlera.

J'ai dit ça avec l'idée qu'on n'en reparlerait jamais.

On ne s'est plus reparlé pendant les dix années qui ont suivi. Nous nous sommes tenus éloignés l'un de l'autre, moi parce qu'il m'avait déçu, lui parce que j'écrivais régulièrement des articles contre Poutine dans les journaux où j'essayais à ma petite échelle d'avertir les naïfs à son égard du danger qu'il représentait pour le monde par l'impressionnante régression qu'il avait engagée. On ne me riait pas au nez, mais les cercles avisés me traitaient avec une condescendance polie. Ils pensaient fondamentalement qu'il y avait plus à gagner en traitant avec lui qu'en s'y opposant. Il faut préciser que la Russie nous fournissait des quantités considérables de gaz mais surtout de combustible nucléaire pour nos centrales, sans parler des déchets à traiter qu'on leur refilait en catimini. Je n'étais d'aucun sérail qui légitime mes analyses, mais quelques journaux me faisaient la gentillesse de m'ouvrir leurs colonnes pour des articles virulents que les cercles concernés lisaient d'un œil distrait, jugeant que d'une manière ou d'une autre ils pourraient apprivoiser cet homme qui jusque-là s'était exercé à la monstruosité sans les déranger.

J'ai revu Pavel plus tard, mais plus comme l'ami qu'il avait été.

*

Le succès du livre n'a pas éteint mon amertume.

J'ai participé à quelques salons littéraires pour en faire la promotion, et c'est lors de l'un d'eux, alors que je dédicaçais, que j'ai vu apparaître une femme un volume à la main. À ma grande surprise, elle m'est apparue en double. Afin de vérifier cette drôle de vision, j'ai pris mes lunettes pour les essuyer mais en les reposant sur mon nez, elle était toujours double. Puis ce double s'est détaché pour feuilleter un ouvrage posé devant moi, pendant que l'autre avançait toujours, le livre à la main. J'ai appris un peu plus tard que malgré les apparences, les deux sœurs n'étaient pas jumelles, étant nées à dix-huit mois d'intervalle. Mais tout indiquait le contraire. Alors que je demandais à celle qui me tendait le livre à qui je devais le dédicacer, elle m'a donné leurs deux prénoms, et au moment où je lui ai rendu, elle m'a lâché : « Je suis heureuse de vous voir. Vous ne le savez peut-être pas, mais ma sœur et moi avons rencontré votre défunte épouse. »

Je leur ai donné rendez-vous dans un café de la vieille ville, lustrée comme si elle cherchait à faire oublier la laideur qui l'entourait. J'avais d'ailleurs eu une légère altercation avec le maire, la veille, lors du dîner d'ouverture du salon, sur le thème de la « destruction de la beauté » par des élus épris de modernité dynamique qui défigurent lentement la France pour le prétendu bien de leurs administrés. Je crois que j'avais vexé sa fierté de bâtisseur du regrettable. Mais de là où j'étais assis, on ne voyait rien de ces constructions immondes à condition de ne pas bouger. J'ai commencé ma discussion avec les deux femmes sur ce sujet qui entretenait une de ces colères dont j'ai le secret, et puis nous en sommes venus à ce qui nous réunissait. Je les sentais gênées, embarrassées. L'une et l'autre étaient de grandes et belles femmes à la mise très classique, le visage marqué par de lointaines souffrances dont je n'allais pas tarder à apprendre qu'elles leur étaient communes. L'aînée parlait, la seconde acquiesçait discrètement, c'est ainsi qu'elles fonctionnaient ensemble.

– C'est nous qui avons contacté votre femme après l'avoir longtemps recherchée. Cette quête avait pour but de recenser les victimes de notre père, ce grand professeur de médecine si respecté. Nous savions qu'il avait entretenu une longue relation avec la mère de votre femme, du début de sa maladie jusqu'au moment où elle était devenue complètement aveugle. Il arrivait très souvent à notre père de s'échapper de la maison le week-end au prétexte d'aller voir ses patients ou de participer à des congrès, et en fait il se rendait en Normandie dans la maison de campagne de la mère de votre femme, que vous avez probablement connue.

– Pas vraiment, la maison a été vendue avant que je rencontre ma femme.

– Cette relation longue avec une femme mûre nous a étonnées, ma sœur et moi, sachant que mon père ne s'intéressait qu'aux très jeunes filles.

Elle a pris sa sœur à témoin avant de poursuivre très naturellement :

– Ma sœur et moi sommes bien placées pour le savoir puisque... puisqu'il nous a abusées l'une et l'autre entre douze et quatorze ans. Il nous a fallu des années pour l'avouer à notre mère, et encore quelques années pour nous décider à poursuivre notre père. Lui, si avide de médailles, d'hommages officiels, etc., nous voulions qu'il soit déshonoré. Il y a échappé en faisant croire qu'il était atteint d'une maladie dégénérative qui le privait de sa mémoire et il a convaincu les experts médicaux qui ont déclaré qu'il ne pouvait pas être jugé. Il connaissait très bien ces experts et nous ne sommes pas parvenues à les disqualifier parce que personne, y compris les magistrats, ne souhaitait que cette affaire aille à son terme. Il faut savoir qu'en plus de ses accointances politiques, notre père vient d'une grande famille industrielle protestante française. Ma sœur et moi avons toujours pensé que nous n'avions pas été ses seules victimes. Que notre père entretienne une longue relation avec une femme mûre nous a donc surprises, jusqu'à ce que l'on découvre que cette femme avait une fille, d'à peu près notre âge au moment des faits. Nous l'avons rencontrée discrètement. Nous l'avons trouvée réticente à nous parler, n'est-ce pas ? (Elle s'est tournée vers sa sœur qui opina avec précipitation.) Elle était assez sèche. Nous lui avons demandé si elle avait subi les mêmes assauts que nous de la part de notre père. Elle a répondu que non, qu'elle avait bien eu une relation avec lui, consentie, qu'elle avait été amoureuse de lui. Puis elle nous a raconté comment cela se passait, comme si elle convoquait des souvenirs merveilleux. Le dimanche, notre père arrivait de Paris après le déjeuner. Il prenait le café puis la mère de votre femme se mettait au piano. Elle ne voyait déjà plus beaucoup. Pendant qu'elle jouait, notre père conduisait l'enfant dans une chambre au rez-de-chaussée de la maison où, selon elle, ils avaient des jeux amoureux. Finalement, il s'est détaché d'elle, et elle nous a dit en avoir été malheureuse.

Je les ai remerciées avant de me préoccuper d'elles, ces deux victimes d'un homme qui croupissait désormais dans un Ehpad, où sa famille le laissait aux prises avec ses souvenirs sans jamais lui rendre visite.

– Vous avez trouvé la force de survivre à cette horreur ?

Soudainement, la seconde sœur s'est mise à s'exprimer d'un ton saccadé, le souffle court :

– Nous vivons toutes les deux dans le même appartement, nous n'avons pas d'amis, pas de relation amoureuse ni sexuelle, aucun véritable hobby ni aucune passion, notre père a éteint notre lumière. Et nous sommes désolées pour votre femme, désolées si nous sommes responsables de ce qui a déclenché sa dépression. J'imagine à quel point cela a dû être violent pour elle de découvrir que notre père a fait passer la pire des perversions pour une passion amoureuse.

Comment se remettre d'un tel abus de confiance ? Si elle n'en avait rien su, elle serait peut-être toujours là près de vous et de vos enfants.

– Je n'en sais rien. N'ajoutez pas de culpabilité à votre malheur.

Nous nous sommes séparés comme de lointains parents qui venaient de se retrouver sans savoir s'ils allaient se revoir un jour.

Je suis tombé ensuite dans une forme de mélancolie qui a duré plusieurs semaines. Pas celle qu'on nomme la joie de la tristesse, mais un profond dégoût du monde dans lequel je vivais. On peut immerger longtemps un bouchon de liège, il finit toujours par remonter. Il faut lâcher prise, accepter le monde tel qu'il est et en être partie prenante au même titre que les autres, sans se considérer mieux ou au-dessus, sinon on risque de s'éjecter soi-même. Reste évidemment une troisième voie, celle que que Beckett désignait, j'y reviens, comme « le flot des emmerdés », heureux de cheminer dans une forme d'insouciance aussi bienveillante qu'opportuniste, ceux qui, à ne pas vouloir résister, finissent toujours par collaborer.

44.

Je me sentais toujours, malgré le succès, moins comme un écrivain que comme un chien déprimé qui ne sait pas où se coucher dans une vaste salle d'armes de château hanté, pavée de dalles froides. Quelle drôle d'idée de vouloir échapper à son mal-être par la fiction ! Tout en traitant de la pire des réalités, celle des nazis qui, avant-guerre, avaient testé la Solution finale sur des aliénés, avant d'étendre plus tard massivement aux Juifs et à bien d'autres victimes leur psychose meurtrière. Des malades mentaux criminels ont expérimenté le génocide sur d'autres malades mentaux, inoffensifs, qui avaient le tort de leur renvoyer leur propre image dans un miroir qu'ils ont voulu violemment briser, avant d'imposer par la force la démence de leur prétendue normalité. Les nazis ont justifié cette extermination par la dépense inutile que représentaient les fous mais aussi les malades traités pour simple dépression, à l'aube d'un monde nouveau. Bien avant la chambre à gaz qui a permis l'élimination de groupes humains à une échelle industrielle, ils ont pratiqué consciencieusement le meurtre de masse en branchant l'échappement des camions de transport des malades à l'intérieur pour gazer ces pauvres gens. A-t-on raison de qualifier de fous ceux qui ont organisé ce massacre ou étaient-ils simplement l'expression d'une normalité qui n'osait pas s'exprimer jusque-là à cette échelle ? Cette question m'obsédait : elle était centrale et très sous-estimée dans la littérature plus que dans les sciences sociales. Et je ne pouvais évidemment y donner aucune réponse scientifique parce que ce n'était pas mon métier, je pouvais seulement essayer de naviguer au plus près de la réalité de cette monstruosité. Il s'en était fallu de peu que le monde disparaisse pendant la seconde manche d'une guerre mondiale commencée en 1914, qui, à quelques semaines près, aurait pu conduire à l'apocalypse nucléaire. Les Japonais en ont eu un avant-goût expérimental et depuis, on s'est imaginé que cette menace de destruction totale suffirait à contenir nos sombres instincts dans les limites du « raisonnable ». L'avenir a démontré le contraire.

Je passais mes journées dans des documents d'époque, et entre deux plongées dans l'horreur, je fumais une cigarette en contemplant la cour pavée, luisante les jours de pluie, où quelques bacs à fleurs essayaient de faire oublier une atmosphère essentiellement minérale.

Il n'était pas question d'amour à ce stade-là, mais je m'étais lié de désir et d'affection pour une femme russe de mon âge qui avait fui sa Sibérie natale, son village près du lac Baïkal, pour mener une vie confortable en France, où elle venait de se séparer du père de ses deux enfants. Si certains prétendent que le hasard n'existe pas, c'est pourtant lui qui nous a liés alors qu'elle jouait comme figurante dans un film sur le tournage duquel j'avais été convié. Cette relation sans passion s'est installée progressivement. Elle faisait beaucoup d'efforts pour me démontrer qu'elle n'était pas à la recherche d'un nouveau mari français capable de l'aider financièrement. Et moi, j'essayais de combler mon étonnant tropisme russe par sa présence de chat. Elle allait et venait sans bruit, sans explication, sans justification, comme si notre relation n'existait qu'à la condition qu'elle ne soit pas nommée. Il lui arrivait de passer à l'improviste pour faire l'amour et de repartir aussitôt pour ne pas prolonger cette forte et fugace complicité qui s'installait entre nous périodiquement.

C'est ainsi qu'un matin, à l'heure où Paris se calme, j'ai cru l'entendre frapper à la porte et, pensant que c'était elle, je me suis pressé pour lui ouvrir. Pour la première fois, au réveil, j'avais eu le sentiment qu'elle me manquait. Quand j'ai ouvert, je m'attendais à voir sa grande silhouette élégante et son doux visage aux yeux bleus étirés surplombant des pommettes haut placées, mais la femme qui se tenait devant moi était plus petite et portait un chapeau rabattu sur son visage pour le masquer. Quand elle a jugé que l'effet de surprise était suffisant, elle a relevé son chapeau.

Son expression hésitait entre la provocation et l'ironie. Je suis resté sans voix, immobile sous le chambranle de la porte, assez longtemps pour qu'elle me pousse des doigts en disant :

– Tu ne me proposes pas d'entrer ?

Puis elle s'est mise à me parler à demi comme si on ne

s'était jamais quittés, à demi comme si elle visitait un appartement sur l'invitation d'un agent immobilier. Celui-ci, vétuste et en désordre, contrastait avec son apparence de femme d'affaires prête à tout.

– Un atelier d'artiste ? Dommage que tu aies un vis-à-vis. Ces hauts plafonds, ce n'est pas fait pour peindre ou pour sculpter plutôt que pour écrire ?

– Je peins aussi à l'occasion.

– Te voilà artiste, c'est merveilleux !

Elle hésitait entre apparente neutralité du ton et moquerie.

– La mezzanine en haut pour dormir et c'est tout ? C'est drôlement spartiate. Mais au moins le soleil se lève dans la pièce.

Le soleil faisait une timide apparition comme l'accessoiriste d'un théâtre qui entrouvre un rideau pour s'assurer une dernière fois que ses objets sont bien disposés. J'ai ressenti à cet instant comme le viol de mon intimité. Julia était d'une autre époque, d'un monde auquel j'avais tourné le dos, et elle était là, campée sur des talons excessifs, habillée d'un long manteau en cachemire qui caressait ses mollets, ses cheveux plaqués en arrière, un maquillage parfait. J'ai décidé de couper court.

– Je croyais que tu ne voulais plus me revoir, que tu m'avais abandonné à ma lâcheté et à mon manque de patriotisme pour un pays qui n'est pas le mien. Je me trompe ?

Elle s'est assise sur l'accoudoir d'un vieux fauteuil en cuir qui trônait dans cette pièce aussi vaste qu'insuffisamment meublée.

– Ce qui s'est passé est assez étrange. Je ne pensais pas

vraiment ce que j'ai dit et je t'avoue que j'ai prononcé ces mots parce que je nous croyais écoutés. Un type de la CIA de Genève se tenait à une table assez proche pour capter notre conversation avec un appareil simple. Pour qu'on ne me taxe pas de complicité, je me suis montrée virulente, au point que tu es parti. Les jours passant, je me suis détachée de toi parce que je me suis sentie profondément trahie.

– Alors qu'est-ce que tu fais là ?

– Tu as trahi la banquière, mais je ne suis plus banquière !

J'ai éclaté de rire.

– J'aurais dû m'en douter. Tu fais quoi maintenant, tu travailles pour Greenpeace ?

Elle s'est levée brusquement.

– Tu es très prévisible, je m'attendais à ce mépris pour l'ancien monde qui t'a tout de même permis de vivre décemment, parce que je n'imagine pas que tu vis de tes livres.

J'ai été piqué.

– Tu es mal informée, mais les détails ne regardent que moi... J'ai même distribué une bonne partie de ce que j'avais gagné, si tu veux tout savoir, comme si cet argent me collait aux doigts. Et toi, tu fais quoi maintenant ?

Elle m'a regardé, suspicieuse.

– Je travaille au département d'État.

Il me faut à ce stade faire une parenthèse. En France, il est d'usage que les hauts fonctionnaires qui se sont dévoués pour l'État, si l'on peut dire, partent ensuite pantoufler dans le privé, où les rémunérations sont sans comparaison. Aux

États-Unis, il n'est pas rare que des hauts diplômés suivent le chemin inverse. Après des années à engranger des dollars, certains choisissent de servir l'État à de hauts niveaux de responsabilité, aspirés par une nouvelle administration qui change complètement après chaque élection présidentielle. Julia avait apparemment fait le choix du ministère des Affaires étrangères.

– Tu as suivi Burt au département d'État ?

– Non, tu le sais, nous n'avons plus de relations personnelles, et maintenant il est administrateur d'une énorme entreprise du numérique en Chine.

Je n'ai pas pu me retenir de persifler :

– Pour le compte de l'entreprise ou comme couverture pour la CIA ?

Elle a repoussé mon assertion d'un geste de la main.

– Et toi, tu fais quoi au département d'État ?

– Je m'occupe d'économie, des relations avec les pays européens et avec la Communauté européenne. Je suis à Paris pour une conférence sur les conditions tarifaires des échanges entre l'Europe et les États-Unis, la première mission de mon nouveau job à Bruxelles.

– Je vois. Mais pour bien comprendre, c'est quoi, ton objectif à plus long terme ?

– Si tout se passe bien, au pire, ambassadrice, au mieux, peut-être un jour à la tête du département d'État.

– Je t'ai connue plus ambitieuse, dans une autre rage de réussir, donc ni vice-présidente ni présidente ?

Puis sans transition :

– Comment tu m'as retrouvé ?

– Simplement. J'ai demandé à un type de la CIA de te trouver, de me donner le code de l'immeuble, et j'ai tout eu dans la journée.

– Évidemment. Tu sais qu'ils ont visité cet appartement quand je suis revenu de Russie.

– J'ai cru comprendre qu'ils ne t'aiment pas beaucoup, et je suis désolée de te dire qu'ils te considèrent comme quantité négligeable.

– Tu as revu ton oligarque ?

– J'ai eu des nouvelles de lui. Poutine l'a déporté quelque temps avant qu'ils trouvent un accord sur ses affaires, et j'ai l'impression qu'ils s'accordent bien désormais.

– Les mêmes m'ont dit que tu faisais une fixation sur Poutine. C'est vrai qu'il a un sacré arsenal, mais vieillissant, et son économie est celle d'une puissance régionale moyenne. Pas de quoi s'affoler. On va le prendre en étau et faire tomber un par un les régimes qui l'entourent, et il ne sera plus rien. Il n'a aucune force d'attraction en dehors de la corruption.

Elle a fait un dernier tour de la pièce du regard.

– Alors, ce monde littéraire, il est plus intéressant que celui de la finance ?

– Il se résume à une anecdote. Deux écrivains se font face dans un café. L'un n'en finit pas de parler de lui, l'autre ne parvient pas à en placer une. Le bavard finit par se rendre compte que son interlocuteur s'impatiente, alors il s'arrête subitement et lui dit : « Excuse-moi, parle-moi un peu de toi, comment as-tu trouvé mon dernier livre ? »

Elle sourit. Je conclus :

– Non, il y a des gens bien, mais ce milieu reste la preuve que la culture ne rend pas l'homme meilleur, c'est tout !

– Mais pas pire non plus. En revanche, toi, je te trouve un peu amorti. Et puis cet endroit. Je comprends qu'il ait pu convenir à des types comme Modigliani, mais toi... Tu vois, je me disais que si on devait recoucher ensemble, je préférerais que ce ne soit pas ici.

– Ni ailleurs.

Elle a pris la direction de la porte en lançant :

– Je dois y aller, je vais être en retard à ma conférence.

– Tu veux que j'appelle un taxi ?

– Non, j'ai un chauffeur de l'ambassade. On se tient au courant.

45.

Les années se sont succédé, de mémoire je dirais six ou sept ans, pendant lesquelles nous nous sommes revus assez régulièrement, au gré de ses affectations dans les ambassades américaines des pays européens où elle travaillait. Elle avait renoncé à l'argent pour exercer le pouvoir. J'avais renoncé de mon côté à la finance pour tenter d'exercer un contre-pouvoir, remettre en perspective des vérités qui semblaient acquises, questionner l'essence du pouvoir, de ses abus, de ses dérives. Le terrorisme islamique était devenu la grosse affaire mondiale. Cette croisade qui ne s'exprimait que par la terreur avait été le prétexte pour donner un élan inespéré à la technologie numérique, dont les développements nous promettaient une surveillance généralisée des populations et une disparition progressive de toute vie privée. Le terrorisme, issu d'une appropriation fallacieuse et criminelle du Coran, occultait un autre phénomène tout aussi inquiétant, murmuré par certains cadres du renseignement : la pénétration de plus en plus profonde des organisations mafieuses dans les systèmes politiques.

La Russie en était une parfaite illustration avec Poutine, qui me paraissait plus proche d'un chef de Cosa Nostra que d'un despote classique, à la différence près, peut-être pas négligeable, qu'un « parrain » ne dispose pas d'un arsenal nucléaire. Il avait ce côté primitif des grands chefs mafieux, avec un absolu mépris de la vie humaine.

La conversation sur ces sujets passionnants autant que déprimants avait à peine le temps d'éclore entre nous qu'on l'éteignait brusquement en se jetant au lit où on s'accordait pour tout. Nous n'avons effectivement jamais couché ensemble chez moi à Paris, mais dans de nombreux hôtels confortables de capitales européennes. Jamais où elle était en poste, mais là où elle se trouvait pour des congrès qui dépassaient rarement deux jours. Je ne lui ai jamais parlé de Svetlana, que j'ai continué à voir assidûment jusqu'à ce qu'elle me quitte, avec la même douceur que celle qui avait présidé à notre rencontre, parce que je ne lui offrais pas de perspectives rassurantes. Elle avait eu l'honnêteté de l'exprimer ainsi. Voilà des années que je naviguais entre les États-Unis et la Russie, et cette fois-là la Russie m'a quitté pour de bon.

*

Le moteur me paraissait poussif et l'embarcation fragile pour un périple interminable, des centaines de kilomètres dans l'océan Indien, qui à cette heure avait l'inertie d'un lac gigantesque. Nous étions en pleine mer, je n'avais pas le moindre repère, pas même celui que donne la position du soleil, pile à l'aplomb. Le petit bateau croisait entre la capitale, Malé, et plusieurs îles des Maldives inaccessibles aux touristes. Il est surprenant d'observer à quel point des mondes différents peuvent se juxtaposer, comme si chacun vivait à une époque différente. Je m'étais déjà fait cette remarque lors d'un voyage en Angola à la fin de la guerre pendant laquelle les activités pétrolières s'étaient poursuivies paisiblement, alors qu'on tuait des enfants à quelques kilomètres de là. Aux Maldives, le contraste venait de la vocation touristique de cet archipel où se déversaient chaque année sur certaines îles des milliers de touristes, alors que sur d'autres, toutes proches, on vivait sans voiture de la pêche et de croyances ancestrales.

L'opération s'était montée dans une relative urgence mais sans précipitation. Près d'une décennie et demie s'était écoulée depuis mon enquête sur le *Koursk*. Je n'avais mené aucune enquête depuis parce que enquêter n'était pas l'essentiel de ma nouvelle vie. Le moteur de mon écriture reposait sur un mécanisme simple : l'indignation devant le mensonge d'État. J'essayais de m'en affranchir un peu sans y parvenir complètement, et j'avais surtout été très absorbé par mes débuts au cinéma comme réalisateur, en adaptant mon roman qui mettait en scène Staline à l'apogée de sa perversité, quelques mois avant sa mort, une période qui me semblait plonger dans la généalogie de Poutine.

*

Trois semaines avant de me retrouver au milieu de l'océan Indien, j'étais tombé sur une bien curieuse histoire. Une disparition qui faisait grand bruit, celle d'un avion de la Malaysia Airlines, le vol MH 370, qui s'était simplement évanoui sans laisser de traces avec à son bord 239 personnes. Les dirigeants de la rédaction avaient décidé de me confier ce travail, probablement parce que j'alliais une certaine facilité d'écriture à une expérience rare pour un écrivain, celle d'avoir dirigé une compagnie aérienne. L'affaire semblait d'autant plus intéressante qu'elle se situait dans une zone d'affrontement discret entre grandes puissances et que, dès le début, il était perceptible à travers plusieurs déclarations contradictoires que la vérité sur ce drame n'allait pas être facilement accessible. Cela me rappelait le soir du 22 novembre 1963, après que Kennedy avait été abattu, quand les autorités s'efforçaient déjà de bâtir une fiction pour éloigner l'opinion d'une vérité complexe dans laquelle elles étaient elles-mêmes compromises. La démocratie américaine avait rendu l'âme ce jour-là.

Pour avoir reçu pendant plusieurs années comme dirigeant de compagnie aérienne tous les rapports d'accidents d'avion de la planète, celui-ci m'apparaissait d'une étrangeté particulière pour la raison simple que je n'avais pas le souvenir qu'un avion de ligne ait disparu sans laisser de traces, sans qu'on ait fini par localiser son épave, sa boîte noire, sans qu'on ait retrouvé le moindre débris. L'affaire faisait d'autant plus de bruit que l'avion en question, le Boeing 777, était l'un des plus sûrs au monde.

À cette même époque, je m'intéressais aussi à cette

colossale révolution en cours, celle du numérique, et à la façon dont son immense filet se refermait sur nous en pratiquant une pêche aux informations sur les individus de plus en plus large, au point que le patron du renseignement américain, Alexander Haig, avait déclaré que pas un objet de la taille d'un poing ne pouvait, dans le monde, échapper à ses systèmes de surveillance. Alors, dans cette société de surveillance absolue qui se mettait en place dans l'ombre, comment un énorme avion avait-il pu échapper aux radars, dans une zone hautement militarisée par les deux grandes puissances que sont les États-Unis et la Chine ? Le terrorisme agissait alors comme une sorte de « prêt-à-expliquer » des drames sans réponse. Il faut reconnaître que les conditions de disparition de l'avion se prêtaient à cette facilité.

*

Alors que l'avion avait décollé de Kuala Lumpur pour un vol de nuit à destination de Pékin, les pilotes avaient fait leurs adieux au contrôle aérien malaisien au moment où ils le quittaient pour pénétrer dans l'espace vietnamien. C'est à ce moment précis qu'ils ont sombré dans un silence définitif. Le peu d'informations disponibles suggérait que les pilotes avaient éteint tous leurs moyens de communication et d'identification de l'avion, comme s'ils voulaient disparaître. La Thaïlande prétendait que l'avion avait été repéré par les radars militaires, se faufilant vers l'ouest, en se détournant totalement de sa route initiale au nord, vers la Chine.

On a voulu croire dans les premières heures qui succédèrent à la disparition que les pilotes étant musulmans, il s'agissait probablement d'un acte terroriste de détournement ou d'un crash volontaire. Alors que les États-Unis n'avaient pas de lien apparent avec ce drame, le FBI s'était saisi lui-même et avait perquisitionné le domicile du commandant de bord, où ses hommes avaient trouvé un simulateur de vol sur lequel certains parcours expérimentés laissaient envisager la préparation d'une action suspecte.

Lorsque j'ai commencé à m'impliquer dans l'enquête, la masse de données sur l'affaire enflait démesurément, mêlant les hypothèses farfelues, les mensonges, l'intoxication volontaire, la paranoïa, la fausse rigueur, bref un condensé de ce que nous sommes, des êtres essentiellement trompeurs, comme le disait Érasme. Les sites internet sur l'accident se multipliaient, brouillant les pistes. Je me sentais comme ces plongeurs qui percent un trou dans la banquise et s'immergent, sans certitude de retrouver ensuite le minuscule puits de lumière qui leur permettra de ressortir. J'ai observé cette prolifération d'affirmations et de délires calmement, en laissant monter ma motivation pour cette affaire, liée au souhait dans un premier temps d'aider le mari et père des seules victimes françaises, un homme que je n'avais pas encore rencontré mais que je trouvais remarquable : il montrait une force surhumaine dans l'épreuve qui lui était imposée et je ne le voyais pas aidé de façon décente par cette meute qui cherchait le scoop plus que la vérité.

Deux faits m'ont alors troublé. Le président anglais d'une grande compagnie aérienne s'était exprimé sur cette disparition étrange, avant de se refermer sur lui-même comme s'il en avait reçu l'ordre. Par ailleurs, après avoir laissé libre cours au chagrin des familles de victimes, la Chine avait fait tomber une chape de plomb en leur interdisant toute réunion et toute communication. La théorie officielle prenait en même temps une direction qui donnait le sentiment qu'on cherchait à brouiller les pistes et à amener les curieux à rechercher l'avion disparu le plus loin possible du lieu où il s'était probablement désintégré.

Couper les communications avec l'extérieur ne permet pas à un avion de disparaître complètement. Ses moteurs continuent à fournir des informations sur leur état de marche et sur leur position à leur constructeur via un satellite, données traitées par une société anglaise spécialisée. Les officiels s'étaient appuyés sur ces données pour déclarer que, visiblement, après avoir fait route vers l'ouest, l'avion avait subitement bifurqué vers le sud pour aller s'engloutir dans les eaux australiennes près de Perth. Il est vite apparu que ces officiels, en concentrant des moyens considérables sur cette zone, détournaient l'attention des enquêteurs d'autres zones plus vraisemblables, d'autant que la thèse selon laquelle l'avion aurait plongé à court de kérosène n'avait aucun sens. Les Australiens, pourtant liés aux Américains, comme les Anglais, n'ont pas tardé à se sentir floués, avec le sentiment amer d'avoir été utilisés pour manipuler le public.

Se frayer un chemin dans une forêt peuplée d'informations contradictoires, invérifiables et parfois mensongères est un travail de fourmi pour lequel mon esprit n'est pas formaté. Cela ne m'empêchait pas – le drame du *Koursk* l'avait prouvé – de bousculer les doctrines officielles en confrontant des évidences. Les jours passant, une hiérarchie se créait en général et le flot d'éléments commençait à s'articuler. L'un d'eux montrait qu'après s'être rendu silencieux et avoir bifurqué à l'ouest, l'avion avait pris de l'altitude jusqu'à des hauteurs ne permettant pas aux passagers de survivre sans masque à oxygène, comme si les pilotes ou ceux qui le contrôlaient avaient décidé de se débarrasser des passagers pour éviter leurs questions ou leur panique quand ils prendraient conscience que l'appareil se détournait de sa trajectoire. Cette scène est revenue des dizaines de fois dans mes songes les plus sinistres, dans des cauchemars récurrents où j'imaginais ces hommes, ces femmes, ces enfants asphyxiés pour la plupart dans leur sommeil, les meurtriers conduisant leur corbillard silencieux vers une destination connue d'eux seuls.

Quand on s'emploie à découvrir la vérité, il faut accepter de se tromper, parfois lourdement, de prendre de bonne foi des chemins qui au final ne mèneront nulle part, sans jamais s'attarder sur ses erreurs, poussé par les excès de son ego.

L'avion se serait détourné ou aurait été détourné juste après avoir quitté l'espace aérien malaisien. Rien, absolument rien ne permettait d'envisager l'hypothèse d'un accident. Son silence résultait d'une action volontaire car plusieurs indices démontraient qu'il continuait à voler. Le détournement vers l'ouest était le plus probable mais qu'ensuite il ait décidé de croiser au sud, en pleine mer en direction de l'Australie, semblait absurde à ce stade.

Certains renseignements collectés auprès de personnes placées dans des positions clés avaient plus de valeur que les supputations distillées par les autorités malaisiennes ou par le trio de pays anglo-saxons, dont tout montrait qu'ils se serraient les coudes pour faire rempart à la vérité, atteignant par leur attitude un niveau inégalé de complotisme qui aidait à brouiller les pistes.

46.

Il était vraisemblable que l'avion, que ses passagers aient été asphyxiés ou non, avait bien fait route à l'ouest après avoir salué le contrôle aérien malaisien. Je dis vraisemblable parce qu'il aurait très bien pu continuer sa route vers Pékin avant d'être malencontreusement détruit par un missile lancé pendant des manœuvres américaines. Cette thèse prospérait alors. Mais dans ce genre d'enquêtes, il est intéressant de se référer aux informations données par les uns et les autres dans les toutes premières heures qui suivent le drame, parce que c'est un moment où une possible sincérité n'est pas encore submergée par la volonté de manipulation. Les renseignements fournis par les radars militaires faisaient état d'un avion qui volait discrètement en essayant de les éviter. Deux autres témoignages m'étaient parvenus, l'un d'une personne travaillant dans la société qui recueillait et traitait les données des moteurs de l'avion transmises par satellite, affirmant que ces données avaient été faussées par son employeur et que l'avion avait bel et bien continué sa route à l'ouest, sans jamais bifurquer au sud vers l'Australie, ni au nord. Certains espéraient qu'il s'était dévié pour atterrir dans un lieu secret, thèse réconfortante dans la mesure où elle présumait que l'équipage et les passagers étaient peut-être encore en vie.

L'espoir est mauvais guide dans ce genre d'affaires, et quelques semaines après l'accident, j'essayais de m'en tenir à des convictions fragiles et instables, renforcées par le témoignage d'un plaisancier qui croisait autour des Maldives, lequel rapportait avoir vu des bateaux en cercle, dont certains, militaires, qui lui avaient donné l'impression de s'affairer à nettoyer la zone où ils sc trouvaient. J'ai également découvert dans la même zone la photo d'un extincteur d'avion prise par un homme vivant dans une île touristique. Transmis à Boeing par l'armée des Maldives, l'extincteur n'est jamais réapparu. Mais en remettant la photo au directeur de la maintenance d'une grande compagnie aérienne, il me fut confirmé que cet extincteur était bien celui d'un avion du type de celui qui avait disparu. Les extincteurs, de par leur composition, ont de bonnes chances de remonter en premier à la surface lors d'un crash. La concordance d'éléments qui restaient fragiles créait une suspicion entretenue par l'information selon laquelle plusieurs pêcheurs d'une île des Maldives avaient vu au lever du jour un appareil de grande taille voler à basse altitude au-dessus de leurs têtes. La description correspondait à l'avion disparu. Il ne pouvait pas a priori s'agir d'un autre avion de ligne, l'île n'étant pas placée sur un couloir de circulation habituel.

Des faits fragiles concordants permettent-ils d'échafauder une thèse de bonne foi ? Peut-être pas, mais un élément s'est trouvé déterminant pour m'engager dans cette direction, la présence au-dessous des Maldives d'une île concédée aux Américains par les Anglais, laquelle joue un rôle stratégique majeur pour les États-Unis qui l'ont transformée en base militaire de premier plan pour la surveillance de l'océan Indien. De cette île de Diego Garcia, les Américains surveillent tout, en mer, dans les airs, mais aussi les câbles sous-marins par lesquels circule l'information mondiale via internet. Difficile d'imaginer qu'avec une telle concentration de matériel de surveillance à cet endroit précis, ils aient pu perdre complètement la trace de l'appareil, d'autant que l'hypothèse qui commençait alors à émerger suggérait que l'avion détourné se dirigeait justement vers Diego Garcia pour, peut-être, s'y écraser, à l'image de ce qui s'était passé à New York lors des attentats du 11 septembre. À court de kérosène, l'avion aurait pu tomber en mer dans la zone où une opération de nettoyage avait été soi-disant remarquée, ou alors, option plus brutale, il se dirigeait résolument vers Diego Garcia avec suffisamment de carburant au moment où un missile américain de défense aérienne l'aurait atomisé.

L'impatience de parvenir à la vérité pousse parfois à assembler des éléments avec l'intention de leur donner une cohérence qui va dans le sens que l'on souhaite. Ne pas reconnaître que j'en étais un peu là serait mentir. Cette thèse, qui n'était certainement pas que la mienne, s'articulait logiquement. L'avion s'était détourné plein ouest, par la volonté d'un commandant de bord musulman lié à un groupe terroriste, il s'était ensuite débarrassé des passagers dans leur sommeil avant de mettre le cap sur Diego Garcia. À moins que les pilotes n'aient agi sous la pression d'un groupe terroriste qui pouvait avoir pris le contrôle de l'avion par l'électronique embarquée, facilement accessible dans l'appareil. Ou alors ceux-ci voulaient juste se faire passer pour des radicaux. Une information s'ajoutait à ce déluge d'hypothèses : la présence dans l'avion d'un ou plusieurs spécialistes de la prise de contrôle d'avion en vol. De plus, après les évènements du 11 septembre, George W. Bush avait convaincu les constructeurs américains en particulier de la rendre possible depuis le sol.

Les hypothèses proliféraient comme une gangrène mal soignée. Pourquoi alors ne pas imaginer que quelqu'un ou quelque chose dans l'appareil ne devait à aucun prix parvenir à Pékin, et que les Américains, informés un peu tard, avaient eux-mêmes décidé de détourner l'avion vers Diego Garcia sous un prétexte quelconque et que ce détournement s'était terminé de façon tragique ? Deux éléments qui n'étaient pas absolument certains venaient étayer cette thèse. On prétendait que des caméras de surveillance de l'aéroport avaient filmé des Américains cherchant apparemment à faire retarder le départ mais ils étaient arrivés trop tard. Le contenu des soutes entretenait aussi la confusion et la suspicion. Les autorités malaisiennes avaient délibérément menti à ce sujet en parlant d'une cargaison de fruits frais qu'en réalité on ne trouvait pas à cette saison. Ce qui laissait de l'espace pour supposer que quelque chose dans le fret était secret et ne devait surtout pas parvenir à Pékin. On a parlé à l'époque d'un drone américain de très haute technologie militaire saisi par les Talibans en Afghanistan et destiné à être revendu aux Russes.

Les présomptions étaient suffisantes pour suivre la piste des Maldives, la seule qui réunissait un faisceau de présomptions à peu près cohérentes.

Avant de m'envoler pour l'archipel, j'avais souhaité rencontrer le mari et père des victimes françaises. L'extrême solitude dans laquelle l'avaient laissé les autorités françaises m'avait particulièrement indigné. Malgré cela, j'avais trouvé en lui une incarnation de la force et de la dignité comme j'en ai rarement rencontré dans mon existence.

L'empathie m'a toujours semblé être une qualité qui s'évapore plus on monte dans les hautes sphères de la société, moins par manque fondamental de compassion que par incapacité de se mettre à la place des autres. L'impression que m'avait faite cet homme qui avait frappé aux portes du pouvoir afin de comprendre pourquoi on lui avait brutalement soustrait sa femme, sa fille, son fils et la petite amie de son fils, c'est que le pouvoir en place n'avait fait preuve d'aucune empathie pour lui.

Aucun de ses interlocuteurs ne se représentait l'effort surhumain qu'il avait dû fournir pour survivre à une telle épreuve ; la moindre des choses aurait été de le délivrer de son ignorance sur les causes de ces disparitions, puisque le renseignement français, j'en avais la conviction, savait ce qui s'était passé. Je m'étais rapproché à plusieurs reprises d'agents du monde parallèle pour les questionner et, à chaque fois, la réponse avait été la même : « Ne t'approche pas de cette affaire, elle est beaucoup trop dangereuse. » La façon dont on lui avait répondu, telle qu'il me l'avait raconté, montrait la gêne de ses interlocuteurs, non pas à son égard, mais au regard de cette fascinante disparition.

Les forces réunies pour faire obstacle à la manifestation de la vérité semblaient sans précédent, et le gouvernement français paraissait particulièrement préoccupé de ne pas porter ombrage à ses alliés. Il savait ce qu'il s'était passé et avait opposé tacitement que l'intérêt supérieur de la collectivité ne pouvait pas se plier devant le besoin de vérité d'un seul individu. Reçu par le président de la République puis par le directeur de la DGSE, cet homme était ressorti de ces entretiens avec le sentiment d'être pris pour le dommage collatéral d'une affaire dont il devait accepter qu'elle le dépassait. Il était devenu ce personnage innocent percuté par la grande histoire, laissé seul avec sa peine et son désespoir.

Les avocats qu'il avait engagés pour l'assister n'étaient pas les bons et je le lui ai dit ouvertement. Ils étaient trop liés aux arrière-cours du système. Ils semblaient à ses côtés plus pour le contrôler que pour l'aider à progresser dans sa quête de la vérité. Je lui ai proposé alors, sur les conseils d'un magistrat réputé pour ses luttes contre l'opacité du pouvoir, l'assistance d'une femme connue pour son intégrité.

47.

Dans l'avion qui me conduisait à Dubaï, j'ai sympathisé avec une hôtesse qui m'a avoué à quel point cette disparition avait marqué l'esprit des personnels navigants autant que les mystères qui l'entouraient. Au petit matin, après des heures d'attente dans des couloirs sans fin, j'ai quitté sans regret cet aéroport gigantesque pour prendre mon avion pour Malé, capitale des Maldives, dont je ne connaissais pas le nom avant d'avoir mes billets en main. Un fixeur m'attendait dans le petit aéroport, un homme originaire du Sri Lanka voisin qui m'avait déjà fait forte impression au téléphone depuis Paris. Il possédait au premier coup d'œil toutes les qualités de ce travail, la malice et le courage en particulier. Son dévouement à sa tâche semblait ne pas connaître de limite. En sortant de l'aéroport, par réflexe, j'ai étudié soigneusement les alentours à la recherche de quelqu'un qui aurait pu nous surveiller. Même missionné par un très grand hebdomadaire français, je ne suscitais pas d'intérêt visible pour les services de renseignements des puissances impliquées dans cette affaire sans précédent.

Après un déjeuner rapide, nous avons embarqué pour un long voyage sur un bateau qui ne s'y prêtait pas mais mon fixeur m'avait garanti que les deux hommes qui l'exploitaient le faisaient avec sérieux. Pour celui qui n'aime pas particulièrement la mer, passer des heures sur sa surface avec le seul horizon pour poser son regard a tout d'une épreuve.

Deux méthodes s'opposent quand on mène une enquête. La première consiste à s'agiter, à vouloir tout voir, à vouloir interroger tout le monde et à repartir avec le sentiment d'avoir tari toutes les sources d'information. Ma préférence va à une méthode plus taoïste qui consiste à laisser faire, laisser venir, inspirer confiance, juger en toute sérénité de la solidité des témoignages, en prenant tranquillement la mesure de ceux qui les portent. C'est ainsi que je me suis installé dans une petite chambre dépendant de la maison d'un dignitaire du village, située près de la mosquée. J'avais décidé de rester assez longtemps pour me fondre dans l'île et de n'y être en aucun cas un évènement pour les habitants, en discutant calmement avec les uns et les autres, en marchant autour du village le long de la mer et en partant pêcher avec eux comme si je faisais partie des leurs. Et sans en montrer l'intention, j'ai ainsi recueilli les témoignages de ceux qui se souvenaient d'avoir vu débouler au petit matin dans le ciel à très basse altitude un appareil énorme, comme ils n'en avaient jamais vu d'aussi imposant, et volant si bas qu'ils avaient pensé qu'il allait s'écraser dans la mer. Les couleurs qu'ils mentionnaient étaient bien celles de la Malaysia mais peu importe, l'apparition d'un avion de cette taille, le matin de la disparition du MH 370, alors qu'aucune ligne aérienne régulière n'est supposée approcher de ce havre de paix, posait question. Certains étaient en mer, d'autres à terre, leurs témoignages concordaient en tout point, y compris la direction exacte du gros porteur. Mais curieusement, je ne me sentais pas encore complètement convaincu.

Alors que je profitais de ces journées au milieu de ces gens authentiques, l'armée des Maldives m'a tout à coup demandé de quitter l'île. L'injonction est venue du maire du village qui m'a relayé l'information, désolé lui-même, sans pouvoir m'en donner la cause.

48.

De retour à Paris, j'ai tiré un autre fil. Celui d'une femme qui avait pris la tête de l'association des familles de victimes. C'est toute ma subjectivité qui s'est exprimée librement après que j'ai examiné les photos et les entretiens qu'elle avait pu donner aux chaînes d'information américaines. Le réalisateur débutant que j'étais observait ces images, qui me paraissaient provenir d'une actrice de crise. Elle jouait, j'en avais la conviction. Elle prétendait être liée par une histoire d'amour à la seule victime américaine de l'avion, mais il apparaissait que ce pauvre homme était marié aux États-Unis et qu'il n'avait pas rompu ses liens. Les photos qu'elle distribuait généreusement de ses voyages et vacances avec cet homme, montraient qu'il s'agissait de photomontages réalisés à la hâte.

Une actrice de crise est une personne formée par un service de renseignements pour jouer un rôle dans une affaire face aux médias. Elle assumait parfaitement ce rôle même si elle en faisait trop, beaucoup trop, en déversant des rivières de larmes quand c'était opportun et en les séchant à une vitesse record quand elles n'étaient plus nécessaires. J'ai eu le sentiment qu'elle surjouait. Alors évidemment, je me suis fait le film qui servait de support à sa prestation. Je l'imaginais mobilisée à la hâte par un service de renseignements pour servir de *front desk* à l'affaire. J'imaginais aussi que le même service avait dû négocier avec la pauvre femme du disparu américain afin qu'elle laisse dire et sous-entendre tout ce qui les arrangeait, y compris une liaison entre son mari et cette femme, probablement moyennant des compensations. Je me suis penché sur le curriculum vitae de cette intrigante, espérant trouver sa trace à Brooklyn ou à Hollywood. Mais ce n'était pas la bonne piste, ses talents d'actrice n'avaient pas été éprouvés sur une scène mais probablement dans une arrière-cour de Langley ou d'autres lieux inconnus. En tout cas, après de longues recherches, j'ai trouvé que ses références étaient celles d'une femme qui avait travaillé dans des entreprises liées au renseignement. De Pékin, où elle était en poste dans le conseil d'administration d'une grande entreprise américaine, elle avait déménagé à Kuala Lumpur pour y défendre les familles des disparus, et quand j'en ai parlé au père des victimes françaises, concerné par ses actions au premier chef, il m'a dit avoir pensé que cette femme était extrêmement suspecte et que son « agenda », comme disent les Américains, n'avait rien à voir avec la défense des familles endeuillées mais plutôt avec leur contrôle.

Puis, comme par enchantement, quelques mois plus tard, cette femme a disparu de l'enquête, mieux, elle s'est évaporée.

Et c'est alors, quelques semaines après la parution de mon article, qu'allongé sur le lit d'un hôtel de province où j'essayais de trouver le sommeil avant de donner une petite conférence sur un tout autre sujet, j'ai reçu l'appel d'un de mes amis les plus proches, un infatigable journaliste d'investigation comme il en reste peu dans les rédactions où ils gênent souvent leurs riches actionnaires. Il était à Londres, il venait de déjeuner avec un haut responsable des services de renseignement extérieur anglais, le fameux MI6. La conversation se passait cordialement, et alors qu'elle était sur le point de se terminer, l'espion lui demanda à sa grande surprise s'il confirmait les liens d'amitié qui nous liaient, ce qu'il fit sans hésiter. C'est alors que l'homme lui délivra une construction littéraire de son cru visant à envelopper le message selon lequel il ne comprenait pas, alors que je présentais tous les signes d'une vie heureuse et réussie, pourquoi je prenais le risque d'être éliminé par ses services en poursuivant cette enquête désespérée. Le message était sérieux et il m'indiquait clairement que ma vie était en danger si je m'obstinais à poursuivre dans le sens qui incriminait les États-Unis et leur allié, la Grande-Bretagne. Celle-ci était à la manœuvre pour aider son ancienne colonie à travers la société anglaise qui possédait les vraies données sur le parcours de l'avion depuis sa disparition. La menace était consistante et je l'ai prise comme telle parce que je connaissais les techniques qui permettent de se débarrasser d'un individu gênant sans que jamais cette disparition ne soit suspectée d'être criminelle. Reste que, quand on menace quelqu'un avec une telle véhémence, c'est qu'il est sur la bonne voie. À moins que, sorti des méandres infiniment tortueux du cerveau d'un agent du MI6, l'idée n'ait germé de me menacer pour me faire croire que j'enquêtais dans la bonne direction.

49.

Trois semaines plus tard, Julia m'a appelé pour me proposer de la rejoindre à Amsterdam. Elle était alors en poste à La Haye, la capitale administrative des Pays-Bas, ce pays qui exaspérait Louis XIV pour son dynamisme économique quand la France ne parvenait pas à se sortir de la domination de la rente sur toute autre forme de création de richesses, vexation qui conduisit le pire de nos rois à lui faire la guerre. Julia était là pour une raison qu'elle ne m'avait pas mentionnée, gardant sur toutes ses activités la plus grande discrétion. Nous avons passé la nuit dans un hôtel très chic du centre-ville qui donnait sur les canaux. Au réveil, nous nous faisions face à la table où le petit déjeuner nous avait été servi. Julia n'était pas très loquace à cette heure qu'enveloppaient encore les brumes du sommeil. Tout en beurrant un toast, j'ai engagé la conversation :

– Je m'étonne qu'après toutes ces années tu ne me dises jamais rien sur ton travail. Je pense que tu me fais assez confiance pour coucher avec toi, mais pas assez pour m'entretenir des affaires que tu traites. Tu sais, j'ai des copains dans le renseignement, ils donnent le change, un petit truc par-ci, un petit truc par-là, une anecdote qui ne les compromet pas, alors que toi, on dirait que tu as emballé sous vide tout ce que tu fais et tout ce que tu sais. Pourquoi es-tu à Amsterdam, par exemple ? Eh bien, je le sais.

Elle m'a jeté un regard d'une noirceur inquiétante mais je n'ai pas désarmé. J'ai poursuivi :

– Certains prétendent que le hasard n'existe pas, mais il arrive que le secret soit menacé par les coïncidences. Il se trouve que j'ai un ami qui était à la même réunion que toi hier. Tu l'as impressionné physiquement, au point qu'il a mentionné « une Américaine travaillant pour le département d'État très belle, très excitante, très froide, et distante comme savent l'être les Américaines qui accèdent à de hautes responsabilités ». La description était juste. Comme c'est quelqu'un de discret, il m'a juste lâché que cela concernait un problème avec les Mexicains qui se servent de la Hollande comme plaque tournante de leurs activités, au point d'y installer en toute impunité des labos pour les drogues de synthèse, transformant le pays des moulins et des digues en narco-État. On s'inquiète dans les coulisses, et c'est bien normal parce que pendant qu'on mettait à raison le paquet sur le terrorisme, on a oublié ce phénomène majeur que constitue la pénétration des mafias dans les systèmes politiques, un de mes sujets de prédilection, tu le sais. Du coup, j'ai compris que tu travaillais sur ce dossier, et tes différentes affectations en Europe en témoignent.

Julia – c'est ce qui faisait sa force – n'était jamais désarmée. Elle n'a rien démenti ni confirmé, comme si elle avait déjà oublié ce que je venais de dire. Puis, quand elle a vu que je n'attendais plus de commentaire de sa part, elle a embrayé sur mes propres préocupations :

– J'ai vu que tu travaillais sur la disparition du MH 370, difficile de ne pas le savoir puisque tu as publié un long article dans un des plus fameux magazines français. Mais tu ne m'en as jamais parlé. Je ne savais même pas que tu avais fait un voyage aux Maldives.

– Tu ne dois pas savoir non plus que j'ai été menacé de mort par les services anglais si je continuais mon enquête ? J'ignore si cela vient d'eux directement ou s'ils agissent pour le « grand frère », vexé que j'aie « débusqué » un agent de la CIA.

– Il arrive que la vérité soit éblouissante au point que, si on la fixe, on devient aveugle. Hier soir, tu m'as dit que tu partais la semaine prochaine aux États-Unis pour y présenter ton nouveau film. Si je peux me permettre un conseil, annule.

– Annuler ? Pourquoi ?

– Je ne pense pas qu'ils aient l'idée de te supprimer, mais on pourrait trouver de la coke dissimulée dans ta chambre d'hôtel, ou alors des images pédopornographiques dans ton ordinateur, et l'un comme l'autre pourrait te valoir entre dix et vingt ans dans un pénitencier d'État. Parce que je me préoccupe de ton bien-être, j'ai enfreint la règle qui veut que je ne pose jamais de questions à mon contact privilégié à la CIA sur des sujets te concernant, mais cette fois, je l'ai fait, et je n'ai eu qu'une réponse : « Il va trop loin. »

– Alors qu'est-ce qu'on dit aux familles des 239 victimes ? Qu'elles ne sont que des dégâts collatéraux et qu'elles doivent se résoudre à ne jamais savoir ce qu'il est advenu de leurs proches.

– Tu peux peut-être leur expliquer aussi que ces victimes ont probablement empêché qu'il y en ait d'autres, dix fois, cent fois plus nombreuses. Tout ce que je peux te dire, c'est que c'est une sale histoire, une très sale histoire. Je n'en connais rien personnellement mais c'est ce qu'on m'a dit.

J'imaginais qu'en parlant de sale histoire, elle visait les États-Unis, qui faisaient beaucoup d'efforts pour étouffer cette tragédie, la plus intrigante de ce début de siècle.

*

La journée s'est ensuite déroulée comme un dimanche pluvieux. Un déjeuner dans un restaurant italien confortable, puis l'après-midi j'ai insisté pour revoir le musée Van Gogh. Voilà quelqu'un qui s'était mis une balle fatale parce que son travail n'était pas reconnu et qui n'avait jamais su l'ampleur qu'il avait prise ensuite dans l'histoire de la peinture. Il ne fait pas bon être un précurseur alors que, quand on est reconnu de son vivant, on est prévenu d'avoir de bonnes chances de passer à la trappe dans les mois qui suivent sa disparition. Il y a bien des exceptions à cette règle apparente, comme Picasso, mais qu'importe, la mort agit toujours dans une forme de négation de la vie et de ses chimères. Je faisais part de cette réflexion déprimante à Julia alors que nous admirions un des derniers tableaux du maître avant son suicide à Auvers-sur-Oise et elle n'a rien répondu. Elle a attendu que nous passions au tableau suivant pour murmurer sans me regarder que notre relation était finie pour toujours, pour la simple raison qu'elle allait se marier bientôt et être nommée ambassadrice, assez de bonnes excuses pour devenir fidèle. J'ai continué à voix basse :

– J'avais bien l'impression que notre relation était en train de s'éteindre comme une bougie consumée dans un candélabre. Il y a un mur infranchissable entre nous qui fait semblant de s'ouvrir quand on fait l'amour et qui se referme aussitôt après. C'était ça ou m'épouser. Mais tant qu'à te lasser d'un mariage, ce qui va sûrement t'arriver, je préfère que ce soit avec quelqu'un d'autre.

Nous sommes ressortis du musée la main dans la main, comme si notre échange n'avait pas eu lieu. Nous sommes retournés à l'hôtel où nous avons fait l'amour une dernière fois avant de nous séparer. J'imaginais qu'on finirait par se revoir, comme à chaque fois, mais les mois passant, j'ai dû me rendre à l'évidence, c'était terminé pour de bon.

50.

Quelques semaines plus tard, un ministre de la Culture se préparant à un voyage officiel en Russie m'a proposé de figurer parmi les intellectuels qui l'accompagnaient mais les officiels russes ont refusé ma présence. Motif invoqué ? J'étais pour la première fois accusé officiellement d'espionnage.

C'est une position assez particulière dans la configuration géopolitique contemporaine que d'être *persona non grata* des deux côtés du détroit de Béring. Alors que mon oncle, pilier du SOE anglais dans la lutte contre les sous-marins allemands, avait été décoré par le roi d'Angleterre, les services de Sa Majesté me promettaient une fin prochaine, et les États-Unis, le pays où mon grand-père avait obtenu sa médaille du courage pendant la même guerre en parvenant à survivre à ces mêmes sous-marins qui terrorisaient l'Atlantique Nord, ce pays où j'aurais pu naître et où j'avais travaillé, menaçait de ruiner ma réputation et de me mettre au frais pour un moment.

Si les Américains m'avaient considéré comme un espion

au service de la France, la situation aurait été différente, étant donné que les services français savaient probablement très précisément ce qui s'était passé.

Ma première réaction a été de ressortir un calibre enfoui dans un garage et de le porter. La période s'y prêtait, les actes terroristes isolés se multipliaient.

Un seul fait m'a convaincu ensuite d'y renoncer. J'avais quitté Paris, et quand j'y venais, je descendais toujours dans le même hôtel près de la gare de l'Est, ce qui était probablement une erreur, mais si un ou plusieurs services occidentaux ont décidé de vous surveiller, je ne pensais pas qu'on pouvait leur échapper. Un soir, alors que je dînais dans le restaurant de l'hôtel avec deux amis, dont l'un était armé – mais juste pour des raisons de service –, nous sommes sortis fumer une cigarette dans la rue assez tardivement. Un SDF s'est alors approché de nous. Il m'est apparu faussement alcoolisé, parce que, s'il en avait la démarche, il n'en avait ni le teint ni les stigmates. Il s'est approché de moi en me demandant de l'argent, et comme je l'éconduisais, j'ai vu sa main droite glisser dans son dos. Mon ami armé a vu la même chose et tout en nous reculant, nous nous sommes préparés à sortir nos armes. Le SDF l'a vu et a aussitôt ressorti sa main pour nous montrer qu'elle était vide, tout en s'excusant et en accélérant le pas. Je n'ai jamais vraiment su si cet incident avait été fortuit et jusqu'où il aurait pu mener mais il a été le seul à attiser ma vigilance.

51.

Enfant, le mot « probabilité » revenait souvent dans les conversations familiales, parce que mon père en avait fait sa spécialité dans son domaine, celui de la physique nucléaire. Lui qui disait n'être certain que de ses doutes jugeait un grand nombre d'évènements de la vie et de l'actualité à l'aune de cette science et m'en avait transmis le goût, par l'admiration qu'il m'inspirait.

Un accident d'avion relève de faibles probabilités parce que les efforts poursuivis pendant des décennies ont fini par réduire énormément les risques de voler dans un avion de ligne dont tous les circuits de fonctionnement sont multipliés pour en faire le moyen de transport le plus sûr. On sait qu'il existe toujours une part d'aléas, mais elle est improbable. La violence, la fatalité et le caractère souvent définitif d'un accident d'avion nous font oublier à quel point celui-ci relève d'une infime probabilité. Alors quelle est celle que deux avions de la même compagnie, du même type, réputé le plus sûr, connaissent le même sort tragique à quelques semaines d'intervalle ?

Quatre mois après la disparition du vol MH 370, Malaysia Airlines connaissait une seconde tragédie. Le même gros porteur, un Boeing 777, qui faisait la liaison entre Amsterdam et Kuala Lumpur était abattu par un missile sol-air au-dessus de l'Ukraine avec 298 personnes à bord. Même compagnie, même modèle, mêmes circonstances inextricables. Comment un missile militaire pouvait-il avoir descendu un avion de ligne ? Les premières informations qui me sont parvenues prétendaient que c'était une grossière erreur. Les séparatistes du Donetsk auraient tiré sur un avion civil en le prenant pour un appareil militaire ukrainien. Évidemment, je n'y ai pas cru une seconde. Quelques semaines plus tard, il apparut sans contestation possible que le lance-missile et le missile, tous deux énormes, avaient été acheminés depuis la ville de Koursk par l'armée russe en toute discrétion. Ce lance-missile, sans son engin de mort, avait regagné la Russie juste après le tir. Si mon père avait été encore vivant, j'aurais pu lui poser la question d'une autre façon : « Existe-t-il la moindre probabilité que rien ne lie la désintégration des deux avions à quelques semaines d'intervalle ? » J'étais convaincu qu'il m'aurait répondu que c'était quasiment impossible, en tout cas tout à fait improbable. D'autant que les photos du missile montraient un engin impressionnant monté sur un lance-missile qui ne l'était pas moins. Ce monstre avait été déplacé pour un seul tir qui, selon moi, ne pouvait pas être destiné à un appareil de l'aviation ukrainienne, sinon pourquoi ne pas avoir laissé le lance-missile sur place pour continuer à éliminer d'autres avions ukrainiens ?

Peu m'importait d'avoir été le premier à me poser la question du rapport entre les deux catastrophes, le plus étonnant, c'est qu'elle ne soit venue à l'idée de personne, la plupart des médias se satisfaisant de traiter les deux drames séparément. Étant interdit de Russie, je n'ai pas pu mener l'enquête sur cette seconde tragédie et les liens que je supposais étroits avec la première. Pourtant, les services russes ont essayé de me tamponner par l'intermédiaire d'une journaliste travaillant pour une agence de presse de son pays, se disant intéressée par mon travail littéraire. Mais le petit poisson n'a pas mordu à l'énorme hameçon.

52.

Comme chaque année, Pavel m'a invité dans son chalet luxueux à Courchevel pour passer des vacances de neige. Comme chaque année, j'ai décliné. Le ski, j'en avais soupé durant mon enfance à Grenoble et dans le Vercors, ainsi que lors de mon long passage dans les troupes alpines, et cela ne me disait rien d'en faire dans cette station huppée, lassé du principe même de remonter pour redescendre, comme le ferait le petit bonhomme d'un jouet mécanique en tôle. Mais surtout, je détestais cette ambiance de débauche d'un argent mal gagné, souvent criminel, dont la station profitait les yeux fermés.

On ne pouvait plus parler d'amitié entre Pavel et moi depuis qu'il s'était rallié à Poutine au nom du réalisme et de la fatalité. Mais il restait une forme de nostalgie de cette amitié qui continuait à nous lier, ne serait-ce que pour nous masquer l'impasse dans laquelle se trouvait une relation qui avait connu de si grandes heures. J'ai accepté de le voir à Paris, où il passait deux jours sur le chemin du retour vers la Russie. Il m'a présenté sa nouvelle épouse, une caricature de la femme russe inféodée à un patriarche corrompu. Alors qu'elle était encore jeune, son visage était déjà complètement refait, elle semblait ne plus avoir un tissu d'origine, ce qui lissait d'une façon inquiétante ses expressions, celles-ci n'étant de toute façon que l'acquiescement béat au luxe dans lequel Pavel lui permettait de vivre moyennant son effacement. J'en ai été très gêné. Nous avons passé le dîner à parler de choses et d'autres, c'est-à-dire de rien, et vers la fin du repas, la jeune femme s'est éclipsée pour se refaire une beauté impossible.

J'ai mis à profit le temps de son absence pour aiguiller Pavel sur l'affaire de l'avion descendu en Ukraine. J'ai perçu sa résistance dans un premier temps, mais comme il a senti lui-même que cette résistance aurait pu condamner définitivement notre amitié, il s'est entrouvert sur le sujet.

– Poutine est derrière. C'est lui qui a ordonné de faire passer le missile de la Russie aux séparatistes. Je le sais d'un certain ami. C'était du pain bénit de pouvoir réaliser cet attentat en le faisant porter à d'autres.

– Et pourquoi, d'après toi ?

– L'effet de symétrie. C'est quelque chose qui compte beaucoup pour lui, qu'aucune considération morale ne peut arrêter. Aucun mort n'a d'importance à ses yeux, c'est ce qui désarçonne les Occidentaux.

– L'effet de symétrie ?

– Les Américains ont descendu le premier avion.

– Pourquoi, d'après toi ?

– Parce que probablement quelque chose nous était destiné dans les soutes ou en accompagnement d'un passager. Ils ont essayé de prendre le contrôle et ils ont échoué en mettant l'avion dans l'océan. Ou alors, et je pense que c'est la théorie de Poutine, ils l'ont tout simplement explosé.

J'ai bu une gorgée d'un vin hors de prix que le serveur venait de nous servir avec délicatesse. J'ai répondu :

– C'est une hypothèse, mais connaissant le personnage, qu'est-ce qui nous dit qu'il n'était pas derrière le détournement de l'avion pour le précipiter sur Diego Garcia, pièce maîtresse du renseignement américain dans l'océan Indien, en le faisant passer pour une opération terroriste, histoire de donner un signe à Obama, ce Noir qui s'est permis de l'humilier en décrétant que la Russie ne serait jamais rien d'autre qu'une petite puissance régionale comparable à l'Espagne, ce qui entre parenthèses n'est pas faux ? Et comme son opération a échoué parce que les Américains ont descendu l'avion avant qu'il atteigne son but, il a tenu à leur montrer que descendre un avion de ligne ne lui faisait pas peur non plus, et il l'a fait en choisissant le même modèle, de la même compagnie, en profitant du survol de l'Ukraine. La réponse du berger à la bergère en quelque sorte. Ce qui pousse à imaginer que l'histoire de ces deux tragédies est celle d'une parfaite réciprocité, c'est que, côté occidental, personne ne s'est vraiment offusqué, comme si tout cela n'avait pas vraiment eu lieu.

Il faudra encore des années d'efforts pour comprendre à quoi Poutine a voulu répondre exactement en condamnant à mort les passagers et l'équipage du MH 17. Au final, près de cinq cents individus totalement étrangers à ce qui s'est tramé ont payé de leur vie la désintégration des deux avions, une véritable opération de guerre entre deux puissances qui ont considéré ces vies comme les dommages collatéraux d'un conflit qui montait jusqu'à se déployer avec la guerre en Ukraine.

Je n'ai plus jamais eu de nouvelles de Pavel, mais j'ai appris qu'il était mort du Covid, à un âge qui avait déjà largement dépassé l'espérance de vie d'un Russe.

53.

Je n'ai pas gommé Julia de mes souvenirs, mais elle s'y est désincarnée, victime du temps et de ses impitoyables effacements. Et c'est alors que j'étais sur le point d'achever d'écrire ce livre qu'elle s'est manifestée, prise d'une soudaine nostalgie de ce que nous avions vécu ensemble et même s'il lui en a coûté de me le dire, je le sentais, des regrets s'étaient formés avec le temps. Des regrets de ne pas avoir construit ensemble mieux que ces étreintes fortes et espacées. Je lui ai demandé si avec moi elle n'avait pas vécu l'illusion de sa liberté, alors qu'elle était pieds et poings liés par sa volonté de réussir, aussi bien dans le monde de l'argent que dans celui du pouvoir. Sa carrière diplomatique avait connu de vraies accélérations, jusqu'à lui offrir une ambassade de taille en Europe de l'Est.

Elle m'a invité à la résidence de son ambassade quelques semaines après notre conversation téléphonique, pour un déjeuner privé en tête à tête. Elle a envoyé son chauffeur me chercher à l'aéroport et après être passé par les méandres de la sécurité, je l'ai attendue assez longuement dans un petit salon contigu à la salle à manger. Elle est entrée avec l'attitude d'un médecin débordé qui déboule dans sa salle d'attente pour y chercher un patient. Elle a esquissé un geste pour me serrer la main avant de se rétracter, trouvant probablement que c'était aller trop loin dans la banalisation de notre relation, mais elle n'a pas cherché à m'embrasser pour autant. Nous nous sommes assis chacun à un bout d'une table ovale. Je me sentais calé entre deux fortes préoccupations et la faire redescendre au niveau de notre intimité m'a paru insurmontable. Alors, immanquablement, le silence s'est installé, de plus en plus oppressant. Quand elle est finalement parvenue à faire le vide, elle s'est détendue et m'a naturellement demandé comment j'allais.

– Mieux, ce serait abuser.

– Un Français qui va bien, c'est aussi rare qu'un Russe sobre, non ?

La glace était brisée.

– Je me suis remarié et j'ai deux nouveaux garçons.

– À ton âge, est-ce bien raisonnable ? Comment vont les grands, que je n'ai vus qu'une fois dans le Vermont ?

– Aussi bien que possible, ils ont des enfants, ils ont trouvé leur équilibre et nous sommes toujours aussi proches. Et toi ?

– Je suis également mariée.

– Avec Burt, j'imagine.

– Comment as-tu deviné ?

– Tu m'as toujours un peu sous-estimé, mais il ne faut pas être grand clerc pour imaginer que tu as épousé quelqu'un qui te laisse beaucoup de liberté. Où est-il en ce moment ?

– Cela relève du secret défense.

– Donc en Ukraine. J'imagine qu'il a participé depuis des années au basculement de l'Ukraine dans le camp occidental. Poutine l'a mal pris, mais saviez-vous que ça irait jusqu'à la guerre ?

– Je ne peux pas te répondre.

J'ai poursuivi comme si je n'avais pas entendu son objection :

– Vous le saviez quand vous avez fait la balance des avantages et des inconvénients, les avantages l'ont emporté, vente d'armes, hausse des prix du pétrole et du gaz etc., de bonnes affaires. Mais toutes vos intentions n'étaient pas mauvaises, loin de là...

– Il ne fallait pas le faire ?

– Si, mais il aurait probablement fallu prévenir les Ukrainiens que ce serait au prix de centaines de milliers de morts et d'une amputation définitive de leur territoire. C'est à cette seule condition que reviendra la paix, si la guerre ne s'installe pas durablement en Europe. Vous ne voulez pas qu'ils perdent la guerre et vous savez qu'ils ne peuvent pas la gagner. Drôle d'équilibre. Maintenant, il reste à espérer que si Trump revient, vous ne les laisserez pas tomber.

– Si Trump revient, je risque d'être mise à la retraite.

– Tu n'es pas obligée de me croire, mais si j'avais l'âge, je serais parti me battre aux côtés des Ukrainiens, pour la simple raison qu'on ne peut pas laisser la monstruosité, le mensonge et tout ce qui fait la négation de l'être humain prospérer. On sait que le moteur essentiel des États-Unis, c'est avant tout leurs intérêts, mais selon la façon dont Trump gérera le conflit s'il revient, vous pourriez perdre tout honneur.

– J'en suis consciente.

– Et si tu es mise à la retraite, tu feras quoi ?

– J'irai me mettre au vert dans le Vermont, et quand j'aurai besoin de bruit, je retournerai à New York. Tu viendras me voir à l'occasion ?

– Certainement. Mais avant que nous nous quittions, je voulais que tu saches une chose : contrairement à ce que tu as pensé à une époque, j'ai fait ma part.

Elle a eu d'abord un sourire ambigu avant de lâcher avec un calme fascinant :

– Je le sais. Depuis longtemps, je sais tout sur toi.

– C'est ce que tu crois...

DU MÊME AUTEUR

LA CHAMBRE DES OFFICIERS, 1999.

CAMPAGNE ANGLAISE, 2000.

HEUREUX COMME DIEU EN FRANCE, 2002.

LA MALÉDICTION D'EDGAR, Gallimard, 2005.

UNE EXÉCUTION ORDINAIRE, Gallimard, 2007.

EN BAS, LES NUAGES (recueil de nouvelles), Flammarion, 2008.

L'INSOMNIE DES ÉTOILES, Gallimard, 2010.

AVENUE DES GÉANTS, Gallimard, 2012.

L'EMPRISE, Gallimard, 2014.

QUINQUENNAT, Gallimard, 2015.

ULTIME PARTIE, Gallimard, 2016.

L'HOMME NU (avec Christophe Labbé), Robert Laffont et Plon, 2016.

ILS VONT TUER ROBERT KENNEDY, Gallimard, 2017.

INTÉRIEUR JOUR, Robert Laffont, 2018.

TRANSPARENCE, Gallimard, 2019.

LA VOLONTÉ, Gallimard, 2021.

CONTER LES MOUTONS, J.C. Lattès, 2022.

L'HOMME SANS CONTACT (avec Christophe Labbé), L'Observatoire, 2022.

PAYSAGES TROMPEURS, Gallimard, 2022.

TSUNAMI, Albin Michel, 2023.

L'ORGIE CAPITALISTE, Allary Éditions, 2024.

Composition : IGS-CP
Impression : Imprimerie Floch, septembre 2024
Éditions Albin Michel
22, rue Huyghens, 75014 Paris
www.albin-michel.fr
ISBN : 978-2-226-47811-5
N° d'édition : 251751/01 – N° d'impression : 105473
Dépôt légal : octobre 2024
Imprimé en France